»Gelassenheit, Zusammenhalt und Power: Wenn man Miriam Stein gelesen hat, will man unbedingt eine weise Frau werden!«

SUSANNA RIETHMÜLLER, BRIGITTE

AF648133

MIRIAM STEIN

# Weise Frauen

GOLDMANN

MIRIAM STEIN

# WEISE FRAUEN

WARUM UNSERE GESELLSCHAFT
MEHR WEIBLICHES WISSEN BRAUCHT –
EINE SPURENSUCHE

GOLDMANN

Wir haben uns bemüht, alle Rechteinhaber ausfindig zu machen, verlagsüblich zu nennen und zu honorieren. Sollte uns dies im Einzelfall aufgrund der schlechten Quellenlage bedauerlicherweise einmal nicht möglich gewesen sein, werden wir begründete Ansprüche selbstverständlich erfüllen.

Der Verlag behält sich die Verwertung der urheberrechtlich geschützten Inhalte dieses Werkes für Zwecke des Text- und Data-Minings nach § 44 b UrhG ausdrücklich vor. Jegliche unbefugte Nutzung ist hiermit ausgeschlossen.

FSC www.fsc.org
MIX
Papier | Fördert gute Waldnutzung
FSC® C014496

Penguin Random House Verlagsgruppe FSC® N001967

2. Auflage
Originalausgabe Oktober 2024
Copyright © 2024: Wilhelm Goldmann Verlag, München,
in der Penguin Random House Verlagsgruppe GmbH,
Neumarkter Str. 28, 81673 München
produktsicherheit@penguinrandomhouse.de
(Vorstehende Angaben sind zugleich Pflichtinformationen nach GPSR)

Redaktion: Doreen Fröhlich
Umschlag: Uno Werbeagentur, München
Satz: Vornehm Mediengestaltung GmbH, München
Druck und Bindung: GGP Media GmbH, Pößneck
Printed in Germany
EB · CF
ISBN 978-3-442-31751-6

www.goldmann-verlag.de

Für Lilly, Doreen und Franziska

# Inhaltsverzeichnis

E I N L E I T U N G

# Meine Suche nach dem Wert des weiblichen Wissens

Weisheit ist aus der Mode gekommen. Könnte man zumindest denken: Wenn ich Nachrichten schaue oder Social Media verfolge, scheinen weise Kommentare oder Entscheidungen so gestrig zu sein wie Festnetztelefone mit massiven Wählscheiben – manchmal tauchen sie als nostalgische Schmuckstücke in Einrichtungskonzepten auf, haben aber schon lange keine Funktion mehr im Alltag. Womöglich ist die klassische Weisheit dem Altersshaming zum Opfer gefallen. Weisheit ist zwar nicht per se einem bestimmten Geschlecht oder Lebensabschnitt zugeordnet, doch generell wird sie in der westlichen Welt bärtigen, runzeligen Männern zugeschrieben, die in Ringparabeln referieren und Eigenverantwortungsmonologe halten. Hier vermute ich den Kern des gegenwärtigen Imageproblems der Weisheit: Als »alt« möchte niemand mehr gelesen werden, selbst Männer nicht. Weisheit verkommt eher zur mitleidigen Verpackung der sozialen Stinkbombe Älterwerden. Keiner will die in den Händen halten, wenn sie zündet. Sind Menschen lieber »dumm«, weil »jung«, als »weise«, aber dafür »alt«?

In Zeiten, in denen Selbstoptimierung, Aufmerksamkeits-Ökonomie und Soziale Medien die Charakterbildung maßgeblich beeinflussen, hat man, oberflächlich betrachtet, wenig davon, Weisheitsbestrebungen zu folgen. Weisheit ist schwer zu definieren, heikel in der Monetarisierung; man kann nicht wirklich mit ihr angeben oder hausieren gehen. Ich schätze, dass an der Ziellinie der idealen individualistischen Persönlichkeitsentwicklung im 21. Jahrhundert eher Attribute wie »reich und mächtig« oder auch »gesund und glücklich« stehen. Menschen investieren ihren Restschatz an Ressourcen proportional zu wachsenden Lebensjahren lieber in Anti-Aging-, sorry, *Longevity*-Produkte als in schwammige Risikoinvestitionen wie Weisheit. Die Weisheit wird zum Kollateralschaden der Sehnsucht nach dem Dauerbad im Jungbrunnen.

Wie konnte die Krone der Erkenntnis nur zum Trostpreis der zweiten Lebenshälfte verkommen? Wäre es nicht verantwortungsvoll, sogar politisch relevant, die Weisheitssuche und das weise Handeln wiederzubeleben? Die beiden großen Ws, Würde und Weisheit, die zu Rosinen geschrumpften Früchte des Lebens, wieder erstrebenswert zu machen? Was zählt überhaupt als Weisheit? *Metzlers Lexikon* schreibt: »Der Begriff kennzeichnet nicht nur den Besitz von Wissen, sondern auch die dem Streben nach Einsicht entsprechende Lebensführung, weshalb der Weise als Ideal für die Einheit von Wissen und Leben steht.«[1]

*Die* Weise hoffentlich auch. Obwohl man es ihr schwer gemacht hat – der Zugang zu herkömmlichen Weisheitsquellen, wie Schulen oder Universitäten, war Frauen lange untersagt, seit etwa 100 Jahren dürfen sie überhaupt erst studieren. Zwar sind durch die gesamte Menschengeschichte vereinzelte Beispiele anerkannter weiser Frauen bekannt, wie die griechische Mathematikerin und Philosophin Hypatia, die mittelalterliche Geistliche, Mystikerin und Generalistin Hildegard von Bingen oder die englische Philosophin Anne Conway, die alle im klassischen Feld der Weisheit akzeptiert und veröffentlicht wurden. Generell herrschte jedoch ein akademisch anerkannter Aberglaube, nach dem Frauen nicht rational denken könnten und somit unqualifiziert für wahres Expertentum seien. Schade, dass man sowohl die Fähigkeiten von Frauen als auch den Weisheitsbegriff so limitiert betrachtet hat. Vielleicht wäre Weisheit heute relevanter, wenn man ihr gestattet hätte, alltagstauglich zu werden.

Eine der beeindruckendsten weisen Frau der Gegenwart ist für mich Margot Friedländer. Im Sommer 2024 strahlte die 102-Jährige vom Cover der deutschen Ausgabe des Modemagazins *Vogue* eine Aura der Weisheit in ein Zeitschriftenregal voller Hiobsbotschaften. Als die Holocaustüberlebende 2019 für ihre Verdienste mit dem Talisman-Preis der Deutschland-Stiftung für Integration ausgezeichnet wurde, befand ich mich im Publikum. Friedländer trug ein schwarzes Kostüm mit zwei Schleifen am Revers, dazu ihre Bernsteinkette, das letzte Andenken an ihre Mutter. Sie saß aufrecht neben der Festrednerin, der damaligen Bundeskanzlerin Angela Merkel. Aus der Ferne betrachtet hatte Friedländer etwas Damen- und Mädchenhaftes zugleich, sie blickte mit wachen Augen, Charme, Witz, Gravitas und Mut ins Publikum. Nicht nur hatte sie den Holocaust überlebt, sondern sie hatte sich mit weit über 80 Jahren, in einem Alter, in dem viele Menschen kaum noch für sich selbst sorgen können, entschieden, in ihr schwer belastetes Heimatland zurückzukehren und dort ein neues Kapitel aufzuschlagen. Ihre Geschichte, ihre eigene Weisheit, trug Margot Friedländer nicht wie ein schweres Mahnmal, sondern wie eine federleichte Superkraft bei sich. Alter und Bedürftigkeit gehören nicht automatisch zusammen.

Friedländer verlor ihre Eltern und ihren Bruder im Holocaust, versteckte sich selbst monatelang im Untergrund, wurde 1944 entdeckt und ins Konzentrationslager deportiert. Wie durch ein Wunder überlebte sie, wanderte in die USA aus und ließ sich in New York nieder. Im Alter von 88 Jahren kehrte sie nach Berlin zurück, um »mit euch zu sprechen, euch die Hand zu reichen. Aber euch zu bitten, dass ihr die Zeitzeugen sein sollt, die wir nicht mehr sehr lange sein können. Was war, können wir, wie gesagt, nicht ändern. Es darf nur nie wieder geschehen. Es ist in eurer Hand, dass ihr vorsichtig seid«.[2]

Neben Friedländer wirkten die anwesenden Spitzenpolitiker:innen und Medienvertreter:innen getrieben und rastlos, erschöpft – irdisch. Friedländer erzählte, wie sie sich bei ihrer ersten Rückkehr nach fast sechs Jahrzehnten »wieder als Berlinerin« fühlte. Damals hatten ganz normale Bürger:innen ihr eigenes Leben für sie riskiert und sie als verfolgte Jüdin versteckt. »Sie sahen nicht weg, sie waren Menschen«, sagte Friedländer, und das kühle Gebäude aus Glas und Stahl, das Macht und Modernität ausstrahlen soll und nur wenige Jahre nach seiner Erbauung eher von unerreichten Ambitionen zeugt, leuchtete. Weisheit kann wärmen und nähren.

Die US-amerikanische Schauspielerin und Comedienne

Julia Louis-Dreyfus interviewt für ihren Podcast »Wiser than me«, weiser als ich, seit 2023 prominente Frauen, die älter sind als sie selbst. »Wir hören zu wenig von älteren Frauen und ihrer Weisheit«, sagte die 63-Jährige kürzlich in einer Talkshow, »wir hören von älteren Männern – sorry, ist so, aber kaum von älteren Frauen.«[3] Das habe sie ändern wollen. Gerade Frauen in der zweiten Lebenshälfte scheinen eher selten für ihre eigenen Rechte einzustehen, beispielsweise in Sachen Gesundheit oder auch Auskommen im Alter. Vielleicht gibt es zu wenig differenzierte, ja individualisierte Rollenbilder für Frauen ab 45 Jahren – erst recht keinen dezidierten Feminismus.

Julia Louis-Dreyfus hat recht – Frauen häufen in ihrem Leben Weisheit an, doch ihre Weitsicht bleibt verborgen, nur wenigen hört man zu. Dabei gibt es die »weise Frau« oder die »weise Alte« genauso so lange wie die Menschheit selbst. Sie ist ein Archetyp und existiert in zahlreichen Kulturen. Hilfsbedürftig oder harmlos war sie nie.

Dieses Buch ist eine Ode an verschollenes, entwertetes »Frauenwissen« und deren Hüterinnen, die verlorenen Schwesternschaften. Ich vermisse ihr Wissen im Alltag, eine »feministische Weisheit«, die ehrlich, direkt, manchmal mürrisch, kantig, aber auch warm und praktisch sein kann. Ich bin jetzt 47 Jahre alt. Bei jedem Ärztinnenbesuch frage ich mich, warum meine Malaisen die moderne Medizin mitunter an die Grenze ihrer Möglichkeiten bringen – von den Wechseljahren bis zu Herz- und Schilddrüsenproblemen werde ich durch ärztliches Schulterzucken daran erinnert, dass die Gelehrtenmedizin am männlichen Körper erforscht wurde. Nicht nur der Körper, auch mein Intellekt scheint an Wert zu verlieren – wiegt die Erfahrung, die ich sowohl im Beruf als auch im Leben gesammelt habe, weniger schwer in der gesellschaftlichen Wertewaagschale als die Tatsache, dass meine Haut faltiger und meine Hüfte runder wird? Anstatt diese Veränderungen an meinem Körper als verdiente Spuren meiner Jahre, als Manifeste meiner Lebenserfahrung zu deuten, lerne ich sie als Last, als Makel zu verstehen, die ich am besten so restlos wie möglich beseitigen sollte.

Allein bin ich nicht. Das Durchschnittsalter in der ganzen westlichen Welt[4] steigt rapide. In den nächsten Jahren wird es in Deutschland, Österreich und der Schweiz erstmals mehr Menschen über 67 als unter 20 geben.[5,6,7] Alter und Altwerden muss neu gedacht werden, auch kulturell. Für eine stabile Zukunft wird es unumgänglich, dass Menschen in der zweiten Lebenshälfte sich aktiv einbringen – vor allem Frauen. Über Kindererziehung und Enkelkinderbetreuung überlässt man ihnen einen massiven Anteil der sozialen Gestaltung, aber eine Stimme gestattet man ihnen später nicht.

Denn die schlingernde, humpelnde Gesellschaft der Gegenwart, deren demokratische Bewegungsabläufe rosten, die deutlich anfälliger für Krankheitserreger unterschiedlicher autoritärer Natur wird, ist meiner Meinung nach reif für eine zeitgemäße Version der »weisen Alten«, einer tröstenden, empathischen Hüterin der sozialen Gesundheit, einem Medium zwischen der irdischen und der mit postfaktischen Gespenstern bevölkerten Geisterwelt. Sie kann – Schulter an Schulter mit ihren weisen Schwestern – dem »starken Mann« gegenübertreten, der eher vereinzelt auftritt. Vielleicht findet man in einer feministischen Weisheit ein Gegengewicht zur hitzköpfigen Autorität des *Strongman*. Verteidigen und erschaffen kann man auch mit einer funktionierenden und dadurch starken Gemeinschaft. Zusammenhalt *aller*, ich betone, *aller* Communitys, sexueller Identitäten und Glaubensrichtungen machen das Menschliche, Alltägliche und Wertschätzende aus. Ich suche eine Weisheit, die im Alltag leuchtet, auch außerhalb von politischen Auditorien, Ehrungen oder Fachliteratur. Eine, die mich wie ein warmes, wegweisendes Licht durch die nächsten Jahrzehnte meines Lebens begleitet. Wo findet man die?

Ich bin weder Psychologin noch Historikerin und wähle deswegen einen gänzlich unwissenschaftlichen Ansatz, einen persönlichen. Dazu bin ich zunächst einer Spur der Entwertung gefolgt: Warum glauben viele Frauen, dass sie »von Natur aus« nicht so gut kooperieren können wie Männer, obwohl es genug historische Beispiele gibt? Warum wurden bestimmte Frauenexpertisen und deren Protagonistinnen in der Vergangenheit so marginalisiert? Und wie sähe die Welt eigentlich aus, wenn man Frauenwissen nicht entwertet hätte?

Weise Frauen gibt es selbstverständlich nicht nur in Europa. Sie lebten und leben überall auf der Welt. Ich habe sie bei den Mapuche, einem indigenen Stamm in Chile, und in Südkorea gesucht, in Indien und in Afrika. Sie praktizieren Varianten von Weisheit, die sich vom westlichen Feminismus unterscheiden, sich aber als nicht weniger selbstbestimmt verstehen. Eine zeitgemäße feministische Weisheit berücksichtigt diese immense kulturelle Vielfalt, die zahlreichen Facetten des gleichberechtigten Lebens. Vielleicht ist das Wort »Feminismus« zu klein und zu emotional aufgeladen, um all diese

Nuancen unterzubringen. Ich benutze es trotzdem, wissend, dass man vielleicht irgendwann ein neues braucht.

Die weisen Frauen, die ich gesprochen habe, bedienen sich unterschiedlicher Wege, ihre Weisheit zu praktizieren. Von der kommunalen Feuerstelle über archaische Rituale bis zum Hightechlabor arbeiten sie innerhalb ihres Kreises an den gleichen Themen: zusammenfügen, verstehen, nähren, verteilen. Erhalten, bewahren, weitergeben.

So entsteht eine subjektive Auswahl weiser Frauen aus der Vergangenheit und der Gegenwart, wie meine 80-jährige Nachbarin, eine Forscherin im Silicon Valley oder eine Heilpraktikerin, die über 20 Jahre im erotischen Journalismus gearbeitet hat. Dazu stelle ich mich meiner eigenen Geschichte, meiner inneren Richterin, meiner eigenen verinnerlichten Abwertung. Nur wenn ich die überwinde oder zumindest erkenne, kann Raum für Weisheit entstehen. Heraus kommt ein hoffentlich inspirierendes Netz aus Welten, Zeiten und Schauplätzen gelebter weiblicher Weisheit. Dieses Buch ähnelt eher einem Teppich aus Geschichten als einer didaktisch-akademischen Annäherung an Vertreterinnen der Erkenntnisgewinnung.

Eine feministische Weisheit für die Gegenwart sollte Wissen über soziale Strukturen, Kommunikation, Organisation, Heilkunde, Spiritualität, Nachhaltigkeit, Sex und Care berücksichtigen, das über Jahrtausende der Menschengeschichte von Frauen ausgetauscht und weitergegeben wurde. Diese Überlieferungen wurden seit Jahrhunderten von der patriarchisch geprägten Wissenschaft als volkstümlicher Humbug, als minderwertige Expertise oder als weibischer

Aberglaube abgetan und überwiegend vernichtet. Im Folgenden wird es demnach nicht vordergründig um die großen Akademikerinnen oder Herrscherinnen gehen, denen es gelang, sich in Männerwelten durchzusetzen. Es gab sie immer, und ihnen gebührt Respekt. Meine Auswahl an weisen Frauen taucht größtenteils nicht auf dem Radar großer Historienbücher auf, weil ihre Expertise entweder unterbewertet, verzerrt oder vernichtet wurde oder ihr Handlungsradius außerhalb der westlichen Geschichtsschreibung liegt (oder beides).

Mit Perspektive auf die Zukunft halte ich es für wichtig, dieses weiblich konnotierte Wissen gleichwertig zu behandeln und sichtbar zu machen. Woher sollen sonst beispielsweise künstliche Intelligenzen künftig die Weisheit der Menschheit in ihrer Gänze begreifen? Zumal KI in Sachen Weisheit ohnehin Nachhilfe braucht – beim Herumexperimentieren mit einer Rechtschreibsoftware während des Verfassens dieses Buches wurde das Wort »weise« konsequent durch »klug« ersetzt – so *out* ist Weisheit.

In der Psychologie versuchen Forschende sich seit den 1980er-Jahren an einer zeitgemäßen Interpretation. Die Psychologin Prof. Dr. Judith Glück forscht an der Universität in Klagenfurt zur angewandten Weisheit. Sie hat Menschen gefragt, wie sie diese Weisheit definieren: Ihre Studienteilnehmer:innen nannten Expertise, Gemeinschaftsdenken, Gelassenheit, Reife, Neugierde, Selbstvertrauen und Toleranz. Sie selbst sieht Offenheit, Selbstkritik, Nachdenklichkeit und eine realistische Einschätzung der eigenen Grenzen als Merkmale der Weisheit. Nach diesen Aspekten – und einigen mehr, die mir wichtig erschienen – sind die Kapitel dieses Buches geordnet. Vielleicht gelingt es mir mit ihrer Hilfe, mich einer gegenwärtigen Weisheit anzunähern.

Denn – wie wird man eine »weise Frau«? Was zeichnet weise Frauen aus? Für die Psychoanalytikerin und Autorin des Buchklassikers *Die Wolfsfrau: Die Kraft der weiblichen Urinstinkte,* Clarissa Pinkola Estés, steht die Figur der »weisen Alten« für die »Fähigkeit, nicht nur mit den Augen, sondern mit den Augen des Herzens, mit den Augen der Seele, mit den Augen der schöpferischen Kraft und der belebenden Kraft der Psyche sehen zu können«.[8] Als Friedländer auf der Preisverleihung ans Rednerpult trat, um ihre Dankesrede vorzulesen, setzte sie eine Lesebrille auf. Ich wette, ihre »Seelenaugen« bräuchten keine. Friedländer ist übrigens keine Oma und keine Mama, keine Wissenschaftlerin, keine zertifizierte Expertin und keine Politikerin. Sie war Schneiderin, arbeitete in einem Reisebüro. Ihre Expertise besteht im Behüten und Erzählen von Erinnerungen.

Weise Frauen wissen, dass der Austausch von Gepflogenheiten und Lebensweisheit altersunabhängig ist, dass Gespräche über die Generationen hinweg unentbehrlich für eine feministische Weisheit sind. Sie kennen keinen Ageism, keine Altersdiskriminierung. Stattdessen wissen sie, dass jede Phase des Lebens Weisheit benötigt und beinhaltet. Eine feministische Weisheit bezieht sich auf eine Grundlage aus unterschiedlichem, vielseitigem Wissen und die tiefe Überzeugung, dass dieses Wissen als Expertise ernst genommen wird. Feministische Weisheit ist durchlässig und zugewandt, faktenbasiert, warm, wertschätzend und verbindend. Auch Männer können sie praktizieren, jede:r Mensch, alle Geschlechter. Sie liebt, kämpft und verzeiht.

Die weisen Frauen, denen ich auf meiner Spurensuche begegnet bin, haben mich gelehrt, dass jede von uns das Potenzial in sich trägt, weise zu werden. Wir müssen es nur als solches begreifen und praktizieren. Ein weiser Mann – der Psychoanalytiker Carl Gustav Jung – hat die zweite Lebenshälfte als die innere, spirituelle ausgerufen: »Eine immer tiefer werdende Selbsterkenntnis ist wohl unerlässlich für die Weiterführung eines wirklich sinnvollen Lebens im Alter.«[9] 2022 waren etwa 25 Millionen Frauen in Deutschland über 40 Jahre alt, in Österreich etwa 2,6[10] und in der Schweiz etwa 2,4 Millionen Frauen.[11] Es werden jährlich mehr. Um die Zukunft zu meistern, erfordert es ein Weise-Frau-Sein: schaffen, mitreden, einstehen, arbeiten – jede so, wie es am besten zu ihrer einzelnen Geschichte und der individuellen Fitness passt. Eine Gesellschaft, in der weise Frauen, in all ihren Inkarnationen, im Mittelpunkt standen, gab es noch nie. Wie sähe die aus? Wäre das nicht eine aufregende Perspektive?

KAPITEL 1

# Gemeinschaft

## Vom Wert des Kooperierens: Arbeiterinnen in England und Deutschland im Mittelalter

»Viele junge Frauen glauben, dass die Arbeit (zur Gleichberechtigung) bereits geschafft sei. Sie ist noch nicht geschafft. Und wir müssen uns gegenseitig unterstützen. Vergesst nicht: Es gibt einen besonderen Ort in der Hölle, an dem Frauen landen, die andere Frauen nicht unterstützen.«

Diesen Satz sagte die mittlerweile verstorbene ehemalige US-Außenministerin Madeleine Albright 2016, als sie die damalige Präsidentschaftskandidatin der Demokraten, Hillary Clinton, bei einer Wahlkampfveranstaltung im US-Bundesstaat New Hampshire euphorisch ankündigte. Sie sagte den Satz nicht zum ersten Mal, bereits ein Vierteljahrhundert vorher hatte sie ihn als US-Botschafterin bei der UNO an Kolleginnen weitergegeben. Sie erwähnte ihn immer wieder, in unterschiedlichen Kontexten ihrer bemerkenswerten Laufbahn – nur hatte sie bei ihrer jüngsten Äußerung Social

Media nicht auf dem Schirm. Nachdem Albright Clinton in New Hampshire vollmundig ankündigte, wurde *Madame Secretary* zum Meme und ging mit ihrer Aussage viral.

Albright schuf ein geflügeltes Wort, ein Versprechen, aber vor allem einen Fluch. Der Satz geistert weiterhin, wie ein Zombie, durch Instagram-Kommentare und andere Orte des Internets, wann immer Frauen andere Frauen für vermeintlich unsolidarisches feministisches Fehlverhalten abstrafen wollen. Ausdrücken wollte Albright etwas ganz anderes: Wenn wir einander helfen, können wir alles erreichen. Ihr Statement stellte sich als verhängnisvoll heraus, auch für sie selbst. Ein paar Tage später entschuldigte sie sich mit einem ausgiebigen Kommentar in der *New York Times*: »Ich habe einen großen Teil meiner Karriere als Diplomatin gearbeitet. In diesem Beruf spielen Worte und Kontext eine entscheidende Rolle. Man könnte also annehmen, dass ich es hätte besser wissen müssen, als einer großen Gruppe von Frauen zu sagen, sie sollen zur Hölle fahren.«[1] Die Kontrolle über den Satz war zu diesem Zeitpunkt bereits verloren, der Fluch blieb. Die Erklärung sowie, bedauerlicherweise, auch ihre kluge Urheberin geraten immer mehr in Vergessenheit.

Dabei ist die Sehnsucht vieler Frauen nach Unterstützung untereinander riesig – vor allem am Arbeitsplatz. Gleichzeitig erleben viele von uns in der Berufswelt eine andere Realität. Weibliche Chefinnen haben oft gerade bei ihren Mitarbeiterinnen einen schlechten Ruf – diese fühlen sich mitunter nicht unterstützt, sondern noch stärker von Chefinnen, als von Chefs, benachteiligt.

Studien belegen diese Beobachtung. Man verortet die Ursachen der Unzufriedenheit in der Anspruchshaltung der Mitarbeiterinnen: Sie fordern von »weiblichen Vorgesetzten, solidarisch zu handeln und sich mit anderen weiblichen Arbeitnehmern zusammenzuschließen, um Frauen in Führungspositionen zu bringen«.[2] Ob Albrights Höllenfluch diese Erwartungshaltung – und den aufkommenden Frust, wenn dem nicht nachgekommen wird – mitverursacht hat, kann logischerweise nicht nachgewiesen werden. Fakt ist, dass ihr kühnes Zitat immer wieder auftaucht, wenn Frauen andere Frauen – auch zu Recht – kritisieren.

In solchen Debatten klingt schnell Resignation durch: »Frauen können eben doch nicht miteinander«, seien »von Natur aus bitchy«, weil »eifersüchtig«, wenn eine vermeintlich attraktivere Frau mehr Aufmerksamkeit von einem Mann bekäme[3] – eine nachvollziehbare, aber traurige und voreilige Schlussfolgerung. Die Wahrheit wird selbstverständlich wesentlich komplexer und diverser gewesen sein. Menschen, somit Frauen, existieren seit über 300.000 Jahren.[4] In diesem langen Zeitraum waren Frauen mehr als Gattinnen und Männer nicht nur Anführer. Auch gibt es genug Indizien, dass Frauen schon immer starke und belastbare Netze flochten – auch hier, mitten in Europa. Es reicht, etwa 400 Jahre zurückzublicken – klingt viel, ist es aber im Gesamtbild von Hunderttausenden Jahren wirklich nicht.

Im Mittelalter fanden in Großbritannien unglaubliche Female-Empowering-Ereignisse statt: »Ankunftspartys«, quasi. Sie müssen spektakulär gewesen sein, zogen sich manchmal über Tage hin, Ausnahmezustand, Belagerung und Grenzerfahrung inklusive – es ging sprichwörtlich ans Eingemachte, mitunter sogar um Leben und Tod. Entsprechend wichtig waren diese Veranstaltungen für Freundinnenkreise, vermutlich wurden tagelang Speisen vorbereitet und Terminpläne danach ausgerichtet. Wer nicht dabei war, verpasste Gespräche, Neuigkeiten und eine einzigartige gemeinsame Erfahrung. Die Teilnehmerinnen dieser Runden nannte man *Godsibbs* im Altenglischen, *sibblings of God*, Geschwister Gottes – »Patinnen«, würde man heute sagen. Sie begleiteten den Eintritt der Kinder ihrer Freundinnen ins Leben. Die sozialen Ereignisse waren Geburten.[5]

Unvorstellbar, dass eine Frau allein oder gar mit ihrem Mann ihr Kind willkommen heißt. Die *Godsibbs* begingen Niederkünfte mitsamt ihren Widrigkeiten und körperlichen sowie emotionalen Extremen als Gruppe. Sie standen einander bei, spendeten Trost und gingen sich zwischendurch vermutlich gehörig auf die Nerven. Streit und Langeweile gehörten genauso dazu wie Schmerzen, Furcht und medizinische Notsituationen, dafür waren Hebammen anwesend. Am Ende jeder Willkommensfeier stand ein neues Leben und die erste Geburtstagsparty.

Ich versuche, so ein Geburtsfest im Kopf durchzuspielen: Ich läge in den Wehen, während meine »Patinnen« mir Suppe einflößen, den Hintern ab- und Fruchtwasser aufwischen, Orangen pellen und mir Tipps geben, in welcher Position ich das Kind am besten rauspresse: stehend? Hockend? Im Vorbeigehen am Rande des Schlachtfelds, wie einst mongolische Kriegerinnen? Ich habe meine Geburt mit einer Hebamme, zwei Schichtärztinnen und meinem Mann im Kreißsaal 6 der Berliner Charité bestanden. Das reichte, mehr Menschen hätte ich überhaupt nicht ausgehalten.

Dass westliche Geburten in Abgeschiedenheit stattfinden,

ist ein Phänomen der Neuzeit. Die *Godsibbs* des 16. Jahrhunderts tauschten sich in den langen Stunden, in denen die werdenden Mütter in den Wehen lagen, vielleicht über Gesundheit, Kindsväter, Babypflege, Stilltechniken, aber sicherlich vor allem banale Dinge aus: Wie viel Seifenlauge es zu welchem Preis gab, welcher Kammerdiener für welchen verfeindeten Fürsten spioniert, welcher Bäcker zu viel Geld für schlechtes Brot nimmt oder wie viel Kilo das neue Samtkleid der armen Herzogin wohl wiegen möge – Alltägliches, Nützliches und auch Geheimes, Politisches und Professionelles wurde besprochen. Historikerinnen glauben mittlerweile übereinstimmend, dass lediglich Frauen aus dem Adel und dem Großbürgertum *nicht* arbeiteten, für den Großteil der normalsterblichen Frauen war »der Verdienst aus einer Berufstätigkeit oder einer gelegentlichen Arbeit eine Notwendigkeit«. Richtige Ausbildungen bekamen Mädchen allerdings nicht, man brachte ihnen nur das Nötigste bei. Frauen arbeiteten eher mit den Händen, im Gesinde als Köchinnen, Küchenmädchen, Kinder- und Krankenwärterinnen, Viehmägde, im Kleinhandel auf den Straßen und an Haustüren, oder sie brauten Bier[6], um ihre Familien zu ernähren. Viele Berufe führten sie in die Häuser bessergestellter Männer. Ich nehme an, dass die Hausherren ihre Angestellten kaum zur Kenntnis genommen haben, die somit uneingeschränkte Einblicke in deren Privatleben bekamen, indem sie Abfälle wegbrachten, Mahlzeiten kochten – scheinbar wertlose, sogar schmutzige Tätigkeiten und wertloses Wissen, aber: Offenbart sich das Wesen eines Menschen nicht häufig genau dort? Im Alltag? In Vorlieben und Abneigungen?

Wie viele Frauen genau als *Godsibbs* unterwegs waren,

habe ich nicht herausfinden können. Geburtspartys fanden wahrscheinlich ständig statt, denn Frauen bekamen im Mittelalter mitunter zehn Kinder. Sicher ist, dass Neuigkeiten aus den Häusern der Wohlhabenden mutmaßlich schneller als Pockenviren durch die Stuben reisten: Eine Küchenhilfe, die bei Herrn X arbeitet, erzählt den *Godsibbs* während einer Geburt, dass neuerdings Wertgegenstände bei ihrem Hausherrn verschwinden und seine Klamotten obendrein nach Rauch und Bier stinken.

»Ahh, der Herr X von den Tuchmachern?«, fragt eine Freundin, die als Kellnerin in der Schänke arbeitet. »Den habe ich neulich mit den Hütchenspielern gesehen.«

Nachdem das Baby gesund zur Welt kam, erzählt die Bäckerin zu Hause ihrem Gemahl, dem Bäcker, von den Beobachtungen ihrer Freundinnen über Herrn X. Am nächsten Tag kommt der Bänker zum Bäcker. Der plaudert brühwarm aus:

»Haben Sie schon gehört? Herr X von den Tuchmachern ist dem Glücksspiel verfallen.«

»Interessant«, antwortet der Bänker und kehrt zurück in die Bank, wo er das Kreditgesuch von Herrn X kritisch beäugt und ablehnt.

Herr X ist außer sich. »Warum bekomme ich keinen Kredit?«, brüllt er.

»Weil die Frau vom Bäcker auf der Geburt der Köchin gehört hat …«

Man kann sich den Rest denken. Und die Moral von der Geschicht?

Diese *Godsibbs*! Zerreißen sich das Maul!

Nicht etwa: Herr X hätte sich seiner Spielsucht stellen sollen.

Oder: Dieser Bäcker! Kann aber auch nichts für sich behalten!

Kein Wunder, dass das Gerede der Frauen während der Geburten massive gesellschaftliche Relevanz bekommen haben muss. Die Konversationen waren die *Gala* und das Instagram ihrer Zeit. Warum sonst hätte kein Geringerer als der Großdichter William Shakespeare das Wort *Godsibbs* erstmals in einer etwas anderen Schreibweise, als *to gossip,* im Stück »Ende gut, alles gut« (1601-1603) als Verb für »tratschen« benutzen sollen?[7] Die Berichte der *Godsibbs* müssen demnach durch alle gesellschaftlichen Stände und Schichten gedrungen sein. »Alles muss raus«, sagte meine Hebamme im Kreißsaal, und ganz ähnlich ist es vermutlich mit Körperflüssigkeiten und Dorfgeheimnissen im Mittelalter gewesen.

*To gossip* hat als Verb für »tratschen« die Jahrhunderte bis heute überlebt. Mittlerweile ist es populärer denn je, es hat einen leichten Sensationsbeigeschmack, etwas Klebriges, Verruchtes, Spaßiges – aber nichts Wertvolles. Die Geburt als kommunales Frauenfest hingegen hat nicht überdauert. Wie viel Wissen über Geburten, Neugeborenenpflege, Mutterschaft, Eheberatung, aber auch gesellschaftliche Kommunikationsstrategie und Durchsetzungsvermögen verloren ging, kann man nicht mehr nachvollziehen. Die Weisheiten, die die *Godsibbs* zwischen Herrn Xs misslicher Lage und dem Kind, das sich Wehe für Wehe durch den Geburtskanal kämpfte, austauschten, wurden aus der Historie getilgt. In den nachfolgenden Jahren wurden aus den Patinnen eines Neugeborenen nervige Klatschweiber, deren Gerede bestenfalls inhaltlos und schlimmstenfalls sogar schädlich sein soll.

Auch in Deutschland gab es *Godsibbs*. Hier hieß das Ritual

ganz weltlich »Weiberzeche«. Direkt nach der Geburt wurde mit Brot, Käse, Kindbettsuppe und jeder Menge Wein ein Fest mit der Wöchnerin und ihren Freundinnen gefeiert. Ganz pragmatisch wollten sich die erschöpften Frauen nach einer auszehrenden Geburt gemeinsam stärken, logisch eigentlich. Wie bei den *Godsibbs* kamen Nachbarinnen, Freundinnen und Hebammen zusammen, um Kinder in der Welt willkommen zu heißen, und wie in England festigten auch deutsche Geburtsfeste die Bande zwischen den Frauen, das Zugehörigkeitsgefühl und die Solidarität.

Offensichtlich jedoch ging es auf diesen Partys ein wenig *zu* hoch her: »Die Obrigkeit musste eingeschaltet werden.«[8] Weil die Feiern »außer Kontrolle« gerieten, wurde die Weiberzeche verboten. In Süddeutschland lebte sie als einmal pro Jahr stattfindende Sause weiter, zumeist im Zuge der »Weiberfastnacht«. Andere Weiberzechen wurden Anfang des 19. Jahrhunderts vom Post-Birth-Bash zum Kaffeekränzchen – solch keusche Runden wurden als sittlicher, weniger versoffen und losgelöst von der Geburt als weniger gefährlich wahrgenommen. Heute zelebriert man vor allem im englischsprachigen Raum »Baby-Showers«, »Gender-Reveal-Partys« oder, etwas verruchter, »Hatchelorette«- (to *hatch*, schlüpfen) und »Dadchelor«-Sausen als Instagram-freundliche Feste. Sie sind weniger intim als eine Weiberzeche, aber sicher eine gute Gelegenheit, mal wieder richtig zu *gossipen*.

Zu Beginn des 17. Jahrhunderts wurde selbst der Tratsch kriminalisiert. Frauen, die zu offen über andere lästerten, konnten von ihren Ehemännern in einen eisernen Maulkorb eingeschlossen und im wahrsten Sinne des Wortes zum Schweigen gebracht werden. Natürlich öffentlich sichtbar – Schandmaske, so hieß dieses legale Folterinstrument im deutschsprachigen Raum, *Scold's Bridle* in England.[9] In den folgenden Jahren wurden Frauen systematisch aus den Kreisen ihrer Freundinnen isoliert. Es hieß damals, dass zu viel Gerede unter Frauen schlecht für die Gesellschaft sei, in Form der »üblen Nachrede« hat diese Kriminalisierung es bis heute ins Strafgesetzbuch geschafft.

Die kurze Geschichte des englischen Worts für Tratsch, *to gossip*, und der Weiberzeche ist ein Beispiel dafür, wie wunderbar funktionierende Frauengesellschaften zur schlechten, schädlichen oder zumindest wertlosen Charaktereigenschaft verdreht wurden. Wer würde eine »Hatchelorette«-Party mit einer gesellschaftlich relevanten Feierlichkeit verwechseln? Beim »Baby-Shower« tauscht man eher Babyprodukte als Mutterschaftswissen oder gar Weisheit aus. Entsprechend lehnen gerade feministisch denkende Frauen, die keine Lust oder auch kein Budget für eine »Gender-Reveal-Party« haben, solche Events ab. Auch ich hatte kein Interesse daran. Stattdessen habe ich ganz darauf verzichtet, meine Fähigkeit, Leben zu geben, zu zelebrieren. Es kam mir gar nicht in den Sinn.

***

Wenn die Geburt ein Frauenevent war, wurde vermutlich sowohl die erste Blutung als auch ihr Ausbleiben gefeiert. Ein paar Überbleibsel solcher Rituale findet man noch: Der Stamm der Apache in den USA zelebriert die erste Menstruation eines Mädchens mit der Sonnenaufgangs-Tanz-Zeremonie, und in der Provinz Ninghua in China feiert die Dorfgemeinschaft den Übergang von fruchtbaren Frauen in die Gemeinschaft des »Peng«, der postmenopausalen Frauen, mit einem mehrtägigen Bankett und der Gabe von buddhistischen Gebetsperlen. Schwer vorstellbar, dass diese zwei an völlig unterschiedlichen Orten der Welt entdeckten Gemeinschaftsrituale die einzigen waren. Was gab man Mädchen mit auf den Weg zur Fruchtbarkeit, zum Frausein? Welche Funktionen bekleideten postmenopausale Frauen? Jeder dieser Anlässe war und ist eine Party wert.

Man könnte sogar noch viel weiter in der Zeit zurückreisen, um Quellen für solche Rituale zu finden. Wer weiß: Unter Umständen entstammen die mysteriösen prähistorischen »Venus-Figurinen«, die zu Beginn des 20. Jahrhunderts gefunden wurden, solchen Zeremonien. Dabei handelt es sich um geschnitzte Frauenfiguren aus Elfenbein. Talisfrauen, die man Mädchen zur ersten Menstruation überreicht hat? Damit wären sie, wie man vermutet, ein Fruchtbarkeitssymbol.

Die berühmteste, die »Venus von Willendorf«, benannt nach ihrer Fundstätte am Donau-Ufer, ist elf Zentimeter hoch und zeigt eine vollbrüstige, schwere Frau mit deutlich sichtbarer Vulva. Gesicht und Füße haben die fast 30.000 Jahre seit ihrer Anfertigung nicht überstanden. Ähnliche Figuren hat man auch in der Slowakei und in Anatolien gefunden, bis heute rätselt die Wissenschaft über ihre Funktion. Möglicherweise bewahrten Frauen die Skulpturen als Schönheitsideal auf, vielleicht waren sie Kinderspielzeug, eine Vorfahrin der Barbie-Puppe.

Mich würde interessieren, welche Funktion die *Godsibbs* beispielsweise in den Figurinen gesehen, was die Frauen der

Weiberzechen damit assoziiert hätten. Herausfinden wird man es nicht mehr. Sicher ist jedoch, dass bis ins späte Mittelalter hinein Frauen in »Netzwerken« gearbeitet haben, dafür gibt es Belege. Es existieren mehrere Gemälde aus dem mittelalterlichen Italien, die Weberinnen abbilden, zum Beispiel von Francesco del Cossa, etwa 1470, oder Francesco da Ponte Bassano im späten 16. Jahrhundert. Der französische Maler Alexandre-Évariste Fragonard malte noch im frühen 19. Jahrhundert Weberinnen, so wie auch der russische Künstler Alexej Wassiljewitsch Tyranow – alle Bilder zeigen mindestens zwei Frauen, die zusammenarbeiten. Vermutlich gab es viel mehr solcher Darstellungen. Weberinnen, die mitunter in großen Gruppen zusammenkamen, müssen ein alltäglicher Anblick gewesen sein.

Ein anderes Beispiel für jahrhundertelange Frauenkooperation sind Waschfrauen. In Europa trafen sie sich zur zweimal im Jahr stattfindenden »großen Wäsche«. Dort wurden Kleidungsstücke und Aussteuer gereinigt, indem Waschfrauen die Stoffe gerieben, gewrungen und geklatscht haben – der Ausdruck »klatschen und tratschen wie die Waschweiber« fand dort seinen Ursprung.[10] Auch hier vollzog sich irgendwann eine inhaltliche Verzerrung: vom physischen Klatschen der Wäsche zum angeblich schädlichen Klatschen im Sinne von Tratschen. Wie die Geburten war die große Wäsche eine soziale Angelegenheit, die häufig im öffentlichen Raum, am Brunnen oder am Fluss, später im für alle zugänglichen Waschhaus stattfand. Wäscherinnen, Mägde, Arbeiterinnen, aber sicherlich auch Hauswirtinnen, Bäuerinnen und sogar adelige Frauen kamen zum Großreinemachen zusammen.

Hierzulande war Waschen Frauensache, wie auch in Ostasien, China, Japan und Korea. Im Römischen Reich hingegen sorgten die *Fullones*, männliche *Wäscher*, Tuchwalker, für saubere Kleidung.[11] In Indien sind die Dhobi, Wäscher, bis heute überwiegend männlich[12], denn Waschen ist schwere körperliche Arbeit. Die große Wäsche glich vom körperlichen Aufwand her eher dem Berliner Marathon als einem Schützenfest – irgendwo zwischen körperlicher Erschöpfung und sozialem Ausnahmezustand. Nebenbei tauschte man sich ausgiebig aus, denn auch Wäscherinnen hatten gute Einblicke in Haushalte.

Den negativen Beigeschmack des Ausdrucks »klatschen und tratschen« führe ich eher auf Vorurteile der Geschichtsschreibenden als auf die Kooperationsfähigkeiten und Gespräche der Wäscherinnen zurück. Vermutlich tauschten auch sie wie die *Godsibbs* soziales Kapital aus: Wissen ist bekanntermaßen Macht, vor allem das Wissen um Verborgenes, das Wäscherinnen mitunter in der schmutzigen Wäsche der Herrschaft vorfanden. Vermutlich diente sowohl die Entwertung dieser Gespräche als »Gerede« oder »Indiskretionen« als auch die schrittweise stattfindende Isolierung der Hausfrau in die eigene Waschküche der bewussten Aufsplittung von Frauengruppen. Indem die männlich geprägte Gesellschaft die Waschfrauen generell als »Tratschen« brandmarkte, mussten die Geheimnisse, die dort gelüftet wurden, nicht mehr gefürchtet werden. Die Frauen hatten ihren Status als glaubwürdige Erzählerinnen verloren. Man hätte sie nie als »weise Frauen« bezeichnet, sondern als unliebsame, einfach gestrickte Hilfsarbeiterinnen. Wiederholt man solche Erzählungen lang genug, werden sie irgendwann zur unangefochtenen Wahrheit.

Bei uns zu Hause ist Wäschewaschen übrigens Männerarbeit. Mein Mann faltet mittlerweile viel besser Wäsche als ich – gelernt von der Expertin Marie Kondo. Erzählt er davon, wie Kondos Technik seine Wäsche-Skills verbessert hat, denkt niemand an reaktionäre Haushaltslehre, Kapitalisierung von Haus- oder Fetischisierung von Handarbeiten. Im Gegenteil: Wie modern und progressiv mein Mann doch ist! Er macht die Wäsche und faltet wie Marie Kondo! Ein Mann profitiert von »Frauenwissen«! Vermutlich tratscht er sogar manchmal dabei!

Den diskreditierten Wäscherinnen hilft das nicht mehr. Lernt man über Jahrzehnte oder gar Jahrhunderte, dass Frauen in Gruppen nichts als Schaden anrichten, ist es schwer, dieses falsche Wissen aus dem eigenen System zu löschen. Man traut einander nicht mehr, denn jede Kollegin, selbst Freundin, könnte mit giftiger Zunge sprechen – *special place in hell, indeed.* Ich erinnere mich gut daran, dass die »Gesprächskreise«, die meine Mutter in den 80er-Jahren besuchte, als »Tratschmaschinen« verschrien waren. Frauengruppen, oder gar Frauenkulturen, bildeten sich im Privaten, Häuslichen, Verborgenen, weit weg von den Rathäusern und Kirchen, in denen gesellschaftliche Leitlinien formuliert wurden. Ihre Gespräche durchdrangen die Fassaden der prunkvollen Kathedralen und Regierungsgebäude. Die Frau, die die Unterwäsche des Ratsherrn wusch, hätte gigantische Shitstorms lostreten können – wäre sie sich ihrer Macht bewusst gewesen. Frauengruppen sind absichtlich entwertet worden, lange bevor die Leistungsgesellschaft proklamierte, dass man nur limitierte Plätze in Führungspositionen für Frauen freimachen könne.

Die Folgen sind bekannt: Die entsetzliche »Stutenbissigkeit« galoppiert noch immer durch die Frauenkulturen. Die Comedienne Carolin Kebekus hat es in ihrem Buch *Es kann nur eine geben* folgendermaßen ausgedrückt: »Was, wenn die mir jetzt den Platz wegnimmt?«, weil »nur eine von euch kann Germany's Next Topmodel werden«.[13] Am Ende des Konkurrenzkampfes gäbe es im Patriarchat immer eine Siegerin, auf dem Weg dahin gelte es, Konkurrentinnen zu eliminieren.

»Frauen finden es einfacher, sich gegenseitig zu bekämpfen«, schreibt die verstorbene Feministin bell hooks. »Wut gegenüber Männern ausdrücken fühlt sich bedrohlicher an, ihre Macht zur Vergeltung gefährlicher.«[14] »Von Natur aus« konkurrieren Frauen somit nur in den Köpfen derer, die solche Konkurrenzkämpfe initiieren. Um das Ausmaß des missverständlichen Wahnsinns zu vervollständigen, sei hier nochmals gesagt: Alle Pferde beißen sich, auch Hengste![15] Trotzdem spricht niemand von Hengstbissigkeit. Frauen mussten seit Anbeginn der Zeit kooperieren. Sie haben ihre Kinder zusammen zur Welt gebracht, haben harte körperliche Arbeit zusammen verrichtet.

Haben die Wäscherinnen sich gegenseitig gemocht und bewusst unterstützt? Waren alle befreundet? Unwahrscheinlich. Ist das wichtig? Sie hatten ein gemeinsames Ziel, und das wurde über Jahrhunderte erreicht. Es muss funktioniert haben. Die Wäsche wurde sauber, Kinder wurden geboren.

Feministische Weisheit vertraut darauf, dass Frauen sehr wohl in der Lage sind, in Gruppen zu funktionieren. Sie berücksichtigt, dass innerhalb der von Männern für Männer gemachten Berufswelt Firmenstrukturen nicht als gemeinschaftliches System angelegt wurden. Vielmehr basiert die gewinnorientierte Marktwirtschaft auf dem Prinzip von Konkurrenz und Erfolgsdruck. Klar, das gilt auch für Männer. Und ja, natürlich ist es für alle Geschlechter schwer, innerhalb eines solchen Konstrukts überhaupt zusammenzuarbeiten.

Von den *Godsibbs,* den Waschfrauen oder auch Teenagerinnen, die sogar Hand in Hand aufs Klo gehen, weil sie eigentlich alles lieber mit Freundinnen machen als allein, lerne ich, dass es keinerlei natürliche oder gar genetische Veranlagung gibt, die die Kooperation unter Frauen erschwert. Konflikte gehören zur Zusammenarbeit, zum Zusammenleben. Man kann sie lösen. Auch Frauen, die keine Freundinnen sind, können einander unterstützen. Ein biologisches Alarmsystem unter Frauen ist ein Mythos – genauso wie ewige Harmonie untereinander. Selbstverständlich kommt es auch in Frauennetzwerken zu Streitigkeiten, wie bei Männern auch. Zur Hölle fahren sollte deswegen niemand. Konflikte können diskutiert, bestenfalls beigelegt werden, schlimmstenfalls im Bruch enden. Auch das ist menschlich.

Feministische Weisheit entsteht und festigt sich im Verbund. Nicht nur, weil man einander unterstützen kann, sondern weil in sozialen Communitys Grenzen ausgelotet, die eigene Offenheit und Toleranz trainiert sowie Reibungen akzeptiert werden können. Die Hände, die arbeiten, halten einander. Feministische Weisheit hilft dabei, dieses verlorene Wissen wiederzubeleben.

KAPITEL 2

# Expertise

## Vom Wert des Nährens und Haushaltens: Köchinnen in Italien

»Offensichtlich gilt in unserer Gesellschaft die Regel, dass eine Arbeit umso schlechter bezahlt wird, je offensichtlicher sie anderen Menschen nützt«[1], schrieb der verstorbene Anthropologe David Graeber. Das trifft auch auf Hausangestellte und Köchinnen zu. Wie viele weise Frauen fremde Haushalte zusammengehalten, organisiert und bekocht haben, ohne jemals dafür angemessen anerkannt worden zu sein – weder in Sachen Respekt geschweige denn Bezahlung –, lässt sich nicht mehr nachvollziehen. Stellvertretend für all diese Frauen möchte ich die Geschichte von Maria und den Pasta Grannies erzählen.

Gehört habe ich sie von Luisa Weiss. Die Food-Expertin und Kochbuchautorin wuchs abwechselnd bei ihrer italienischen Mutter in Berlin und ihrem US-amerikanischen Vater in Boston auf. Luisa und ich teilen eine emotionale Verbindung zu den Küchen unserer Heimatländer – insbesondere den abwesenden. Heimweh lässt sich für mich am besten durch koreanischen Kimbap oder für Luisa mithilfe von märkischen Tagliatelle stillen.

Als Kind verbrachte sie jeden Sommer mit ihrer Mutter in den Marken, einer Region im Nordwesten Italiens. Touristen bevorzugen die benachbarten Regionen Umbrien oder die Toskana. Die Marken, *Marche* auf Italienisch, sind bis heute relativ unberührt geblieben. In den 70er-Jahren hatte Luisas Familie dort ein ehemaliges Pfarrhaus gekauft. Die Familie engagierte eine Nachbarin, eben diese Maria, da Luisas Mutter den Rest des Jahres in Berlin lebte. In deren Abwesenheit sollte Maria sich um das Haus kümmern. Sie gilt als eine der besten Köchinnen des Dorfes, Luisa hat viel über die regionale Küche von ihr gelernt. Mittlerweile geht Maria auf ihren 90. Geburtstag zu, ist Mutter von drei erwachsenen Töchtern und Großmutter von neun Enkelkindern. Seit über 80 Jahren arbeitet sie als professionelle Köchin, heute in Rente. Richtig gerechnet, ihre »Karriere« begann im Alter von sieben Jahren.

In den Nachkriegsjahren hatte ihre eigene Familie sie als Hausmädchen (Betonung hier auf *Mädchen*) zu einer wohlhabenden Familie geschickt. »Wohlhabend ist hierbei relativ«, erzählt Luisa, »diese Leute hatten genug zu essen, um eine weitere Person durchzufüttern.« Nach dem Krieg migrierten viele junge Frauen und Mädchen aus armen ländlichen Gebieten in die Städte, um sich dort gegen Kost und Logis als Haushaltshilfen zu verdingen. Luisa sagt: »Die Arbeiterinnen trugen das Wissen über Land-, Hauswirtschaft und Kulinarik von Generationen in sich.« Gewürdigt wurde es nicht, sondern als selbstverständlich hingenommen: Die Arbeitskräfte – und somit ihr Wissen – waren billig.

»Woher wusste Maria eigentlich als Siebenjährige, in einem Alter, in dem Kinder heute eingeschult werden, wie man kocht?«, frage ich Luisa.

»Sie hat es von klein auf gelernt.« Damals sei es normal gewesen, dass man Mädchen von Kindesbeinen an beibrachte, wie man Pasta herstellt und kocht. Es sei überlebenswichtig gewesen, denn fertige getrocknete Pasta war für die meisten ländlichen Italiener:innen ein unerschwinglicher Luxus. Familien waren darauf angewiesen, dass Mädchen und Frauen nicht nur kochen, sondern auch Grundnahrungsmittel selbst herstellen konnten. »Sie lernte auch, wie man schlachtet, Gemüse anbaut und Obst und Gemüse einmacht.«

Luisas Mutter hatte zu Hause nichts mehr von diesem Wissen mitbekommen. Auch sie wuchs in Rom mit märkischen Hausmädchen auf. Es habe zu den Privilegien der Mittelklasse gehört, nicht selbst kochen zu müssen. »Manchmal kochten die Großmütter am Wochenende, aber sonst nicht.« Später galt »Nicht-selbst-Kochen« als Zeichen von Emanzipation. Indem Frauen die Küchen mieden, entsagten sie dem traditionellen Frauenbild. Deswegen schwebt um die Frauenkochen-Sphäre immer wieder ein Hauch des Rückständigen. Ich halte diese Sichtweise für ebenso eingeschränkt wie die, die behauptet, dass alle Frauen kochen müssen – niemand muss, aber der Prozess des Ernährens ist emotional und für mich auch nach 15 Jahren Mutterschaft noch sinnstiftend.

Luisa fing in jungen Jahren, wie gesagt, aus Heimweh an zu kochen. Nach der Scheidung ihrer Eltern zog sie mit ihrem

Vater von Berlin nach Bosten und verbrachte die Sommer bei ihrer italienischen Mutter mit Maria in den Marken. Durch die Zubereitung von Speisen aus Deutschland, den USA und Italien verknüpfte sie die Fäden ihrer multikulturellen Herkunft. Sie erkannte, dass sie, solange sie die Rezepte ihrer Kindheit nachkochte, überall das Gefühl von Heimat entstehen lassen konnte. Als Luisa im Alter von 17 Jahren erstmals mit Maria Tagliatelle machte, erzählte die ihr, dass sie mit sieben Jahren »so klein war, dass sie sich einen Stuhl an den Tisch schieben musste, um genug Kraft aufzubringen und den Nudelteig mit dem notwendigen Schwung dünn genug ausrollen zu können«.

Neben der Arbeit besuchte Maria die Volksschule, lernte Lesen und Schreiben, heiratete und bekam ihre drei Töchter in ihren frühen Zwanzigern. Als sie 29 Jahre alt wurde, starb ihr Mann. Von nun an kümmerte sie sich allein um die Kinder, den Haushalt und die Arbeit.

»Gab sie ihr Wissen an ihre Töchter weiter?«, will ich von Luisa wissen.

»An alle drei.« Mittlerweile arbeitet eine als Köchin, eine andere wurde Akademikerin, und die Dritte ist Erzieherin in einer Kita. »Trotzdem führen sie eine Art hybrides Leben – sie bestellen eigene kleine Äcker, halten Nutztiere und Bienen.«

Seit ihrer Pensionierung lebt Luisas Mutter wieder in Italien. Obwohl Maria schon lange nicht mehr für Luisas Onkel und Tante arbeitet, verbindet sie nach wie vor eine enge Freundschaft mit der Familie. Heute besucht Luisas Mutter Maria regelmäßig, bringt sie zum Schwimmen, leistet ihr Gesellschaft. Lange Jahre sammelten sie zusammen Pilze und wilden Spargel, mittlerweile fühlt Maria sich nicht mehr fit genug für diese Exkursionen.

Für Landromantik taugt ihre Geschichte trotzdem nicht. Ihr Körper leidet unter der frühen und harten körperlichen Arbeit, sie arbeitete wirklich rund um die Uhr, weil sie zusätzlich natürlich ihre Töchter großziehen musste, »sie hatte es schwer«. Trotzdem, sagt Luisa, hält sie innerhalb des Dorfes alte Traditionen am Leben. Essen und Versorgung sind ein geteiltes Gut. »Nach der Tomatenernte kommt das Dorf zusammen und kocht die Früchte gemeinschaftlich als Passata ein, weil die Qualität von gekaufter Passata niemals mit der selbst gemachten vergleichbar wäre.«

Der Wert der Weisheit von Frauen wie Maria gelangte in den vergangenen Jahren ins Bewusstsein der Öffentlichkeit – über Social Media. Die pensionierte britische Food-Autorin und Beraterin Vicky Bennison zog Anfang des 21. Jahrhunderts in die Marken und traf dort ihre eigene Maria, eine kochende »Großmutter«. Überwältigt vom Wissensschatz dieser Frauengeneration gründete sie die »Pasta Grannies«, einen YouTube-Kanal, in dem die *Nonne,* wie Großmütter auf Italienisch heißen, ihre Rezepte teilen. Die Filme zeigen die Damen in ihren Küchen beim Pastamachen. »Die Videos, in denen Pasta- und Soßenarten vorgestellt werden, die oft nicht über die Dorfgrenzen hinaus bekannt sind, erinnern an ein beruhigendes Plätschern aus altem Fachwissen und aufrichtigem Respekt in den wilden Gewässern der digitalen Foodmedien«[2], schrieb die *New York Times* über die Filme. Die etwa zehn- bis fünfzehnminütigen Clips haben in ihrer Bildsprache nichts mit den polierten, schnell geschnittenen Bildern der »Netflix-Food-Porn«-Ästhetik zu tun, man bekommt stattdessen wirklich einen Blick ins Leben der Frauen.

Mittlerweile verfolgen 950.000 Abonnent:innen auf YouTube und eine Million Follower:innen auf Instagram die traditionellen Pastamacherinnen. Jede der »Grannies« ist zweifelsohne eine Expertin, eine Weise ihres Fachs. Wie Luisa Weiss' Maria waren auch die knapp 500 Pasta Grannies aus ganz Italien von der plötzlichen Popularität ihres Wissens überrascht. »Ich hätte nie gedacht, dass meine Rezepte etwas Wichtiges sein könnten«, sagt die Köchin Rosa Turri der *New York Times*. »Sie kommen doch nur aus den Händen einer alten Frau.«

Wäre es nicht schön, wenn Turri und ihre Kolleginnen wüssten, wie wertvoll ihr Wissen, ihre Hände und sie selbst sind?

»Für Maria war Kochen und Einmachen keine freie Wahl, sondern eine Notwendigkeit«, erzählt Luisa Weiss. »Wenn ich Tagliatelle mache, ist das für mich aufwendig, während es für sie so alltäglich wurde wie Zähneputzen.«

Die Expertise von Köchinnen, Sekretärinnen oder Schneiderinnen wurde und wird als so banal betrachtet, dass man nicht auf die Idee kommen würde, sie überhaupt in der Nähe von großen Worten wie Weisheit anzusiedeln. Überliefert ist entsprechend wenig. Die Kulturwissenschaftlerin Evke Rulffes schreibt in ihrem hervorragenden Buch *Die Erfindung der Hausfrau: Geschichte einer Entwertung*: »Das Verschwinden der Frauen aus der Geschichte liegt auch darin begründet, dass die universitäre Geschichtsschreibung in ihren Anfängen im 19. Jahrhundert ausschließlich von Männern betrieben wurde.«[3]

Texte in Bibliotheken wurden im Mittelalter immer wieder als »Hexenkunst« oder »Häresie« kategorisiert und mitunter vernichtet. Auch die Historikerin Janina Ramirez betont in ihrem Buch *Femina: Eine neue Geschichte des Mittelalters aus Sicht der Frauen*: »Der Titel dieses Buchs – *Femina* – war der Hinweis, den man bei Texten an den Rand kritzelte, die von einer Frau geschrieben wurden. Deshalb wären sie es nicht unbedingt wert gewesen, aufbewahrt zu werden.«[4] Viele Quellen und Aufzeichnungen gingen verloren, weil sie als altbacken, unwichtig und rückständig abgestempelt worden sind. Somit wurde traditionelles »Frauenwissen« schlicht vergessen oder so erfolgreich diffamiert, dass ich es selbst gelegentlich nur mit großer Vorsicht genießen möchte. Frauen wurden, so die Psychologin Clarissa Pinkola Estés, zu »psychologischen Außenseitern ihrer eigenen Kultur gemacht«.[5]

Seit Beginn des Jahrtausends drängen überall auf der Welt mehr Frauen in historische Lehrstühle und leisten dort wertvolle Arbeit – sie puzzeln die Geschichte unserer Vormütter aus spärlichen Quellen zusammen. Immer klarer erkennt man, dass das gegenwärtige Bild, das wir von Geschlechtern haben, überwiegend aus den letzten 200 Jahren stammt. Warum das wichtig ist? Weil ich glaube, dass Frauen nach Jahrhunderten der Unterdrückung, Fehlinformationen und Verblendung selbst nicht genau wissen, was »ihre Kultur«, wie Pinkola Estés sagt, ausmacht. Koche ich gern, weil ich gern koche, oder weil man mir einredet, eine Frau müsse nähren und Kochen sei deshalb meine »natürliche« Expertise? Hausarbeit, schreibt die italienisch-amerikanische Feministin Silvia Federici, sei Frauen nicht nur aufgezwungen, sondern sei in »ein natürliches Attribut des weiblichen Körpers und der Persönlichkeit verwandelt worden«, das, so die 82-jährige Denkerin, »angeblich aus der Tiefe des weiblichen Charakters« käme.[6] In welcher Epoche genau diese »Tiefe des weiblichen Charakters« und meine »weibliche Natur« angesiedelt sind, wird kaum spezifiziert.

In der Prähistorie? Dann müsste ich, je nachdem, auf welchem Kontinent meine Natur sich aufhält, naturgegeben eisangeln, auf Wildpferden durch die Steppen reiten und plündern oder erste Experimente mit Gartenbau machen wollen. In meiner Natur läge es, Sex zu haben, schwanger zu sein und Kinder zu bekommen. Aber ob ich diese selbst großgezogen hätte, würde von den Gepflogenheiten meiner Horde abhängen – ebenso wie die Frage, ob ich mit dem Kindsvater in einer Paarbeziehung leben möchte. Wenn meine Natur im Rom der Antike zu Hause ist, bin ich meinem Mann, dem *pater familias,* unterstellt und darf kein Eigentum besitzen. Dann ignoriere ich aber schon die vielen tausend Jahre davor, in denen sich die weibliche Natur – zumindest in einigen Stämmen – wild und weise ausgetobt hat.

Die viel beschworene »Natur der Frau« stellt sich nicht nur als launisch, sondern auch orts- und zeitabhängig heraus, außer man bindet sie an die echte *Natur,* den Ozean, den Mond oder die Erde. Diese Natur, also im Sinne von Flora und Fauna, ist allerdings alles andere als unterwürfig. Sie nährt und gebärt, zerstört und erneuert aber auch. Die Geschichte kann Vielschichtigkeit, Komplexität und Weisheit benennen, aber keine absoluten Wahrheiten liefern. Von der Idee einer einzigen Kleinfamilien-Urkultur, von der alle Frauen abstammen, sollte man sich verabschieden.

Blickt man in die Sozialen Medien, stolpert man bereits seit einigen Jahren über eine Renaissance von aufwendigen Haushaltsarbeiten. Kritiker:innen sprechen von einer »Fetischisierung« alter Handwerke wie Pastamachen, aber auch Brotbacken oder Einkochen oder, schlimmer noch, einer Rückkehr zu Rollenbildern aus dem 20. Jahrhundert, wenn Menschen in hübschen Bildern ihre hauswirtschaftlichen Erfolge teilen. Als »Tradwives« bezeichnet man mittlerweile Mommy- und Haushalts-Influencerinnen. Der Begriff stammt laut der österreichischen Extremismusforscherin Julia Ebner aus der rechtsradikalen Szene.[7] Gemeint sind eigentlich Content Creatorinnen, die nicht nur Hausarbeiten ausüben, sondern neben Kochen, Backen und Kindererziehung weibliche Unterwerfung praktizieren und als »natürlich« proklamieren. Dieses Verständnis – und damit auch dieses Wort – hat nichts mit dem Wissen und der Weisheit von Maria und den Pasta Grannies gemeinsam. Es hat nichts mit dem souveränen Handwerk oder der Präzision zu tun, die die weißhaarige Rosa Turri ausstrahlt, wenn sie ihren Pastateig mit hellgrünem Erbsenpüree anreichert, ausrollt und von Hand in »Heustreifen-Pasta« schneidet. Ich sehe keine Unterwerfung. Ich sehe einen Profi.

Die Pandemie hat den Trend zum Kochen, Backen und Haushalten in den Sozialen Medien verstärkt. Auch ich backe zwischen Kapiteln und Artikeln mittlerweile grenzprofessionell Brot, fermentiere Kimchi und mache Pasta selbst. Anders als Maria darf ich diese Arbeit als Zerstreuung angehen.

»Schadet die Fetischisierung der Neubewertung von altem Haushaltswissen?«, frage ich Luisa Weiss.

»Ich glaube nicht, dass Fetischisierung etwas Schlechtes

ist, solange man sich darüber im Klaren ist«, antwortet die Autorin.

Nicht nur die Kochkunst, auch die Fürsorge von Hausangestellten wird massiv unterbewertet. Die Missbilligung von Hausarbeit, Kinderfürsorge und Kochen in Familien ist ein Teufelskreis. Mütter hierzulande beispielsweise, die mit Arbeit und Fürsorge überfordert sind und es sich leisten können, lagern die Hausarbeit an Care-Arbeiterinnen aus. Damit stehen sie eigentlich in der Tradition ihrer vorindustriellen Vormütter. Die Hausmutter, schreibt Evke Rulffes weiter in ihrem Buch, fungierte damals wie eine Art Geschäftsführerin, die Haus und Gesinde organsiert. Erst das Konzept der bürgerlichen Hausfrau sah vor, dass Dienstleistungen, die »vorher gegen Bezahlung ausgeführt worden waren«, wie Stillen, Kochen, aber auch Einkaufen und Putzen, von einer Person, nämlich der Ehefrau, ausgeführt werden solle.[8]

Weil die Auslagerung heute somit zur Wieder-Professionalisierung einer Umsonst-Leistung wird, verdienen Hausangestellte vergleichsweise miserable Löhne. Au-pairs bekommen durchschnittlich Kost und Logis plus 280 Euro Taschengeld im Monat.[9] Eine Reinigungskraft verdient in Deutschland zwischen 13 und 26[10] Euro pro Stunde, eine Babysitterin laut der Plattform betreut.de etwa 15 Euro.[11] Zum Vergleich: Der Mindestlohn beträgt in Deutschland aktuell 12,41 Euro pro Stunde[12], in Österreich zwischen 11 und 14 Euro.[13] In der Schweiz sieht es besser aus: Durchschnittlich 30 Franken, also etwa 31 Euro, bekommt eine Reinigungskraft pro Stunde.[14] Einen Mindestlohn gibt es dort nicht, er variiert von Kanton zu Kanton. Minijobberinnen in Deutschland oder geringfügig Beschäftigte in Österreich und in der Schweiz sind zudem nicht automatisch arbeitslosen- und krankenversichert. Sie sorgen nicht ausreichend für ihre Rente vor. Auf diese Art und Weise wird sowohl den Care-Arbeiterinnen als auch den Müttern gespiegelt, dass ihr eigener Wert als »Haushaltschefin« oder auch als Hausfrau kaum mehr als Mindestlohn wert ist. »Kindererziehung ist kein privates Hobby«, schreibt die Journalistin und Autorin Angela Garbes in ihrem hervorragenden Buch *Essential Labor,* sondern »eine der wenigen wirklich wichtigen Arbeiten, die ein Mensch verrichtet«.[15]

Garbes' Mutter kam als Krankenschwester von den Philippinen in die USA. 25 Prozent der internationalen Care-Arbeiterinnen stammen von den Philippinen, 11 Prozent der Gesellschaft. 2022 schickten sie 31 Milliarden US-Dollar zu ihren Familien auf den Philippinen[16], man sagt, dass Fürsorge das Hauptexportprodukt des Landes sei.

Dass die Arbeit der Hausfrauen wertvoll sei, propagierten auch die politischen Väter des Ein-Verdiener-Modells. Doch im Angesicht von Armut und Abhängigkeit der Hausfrauen war ihr Versprechen leer. Innerhalb einer feministischen Weisheit ist die gelebte Expertise aus Haushalten, Kinderbetreuung (nicht ausschließlich Mutterschaft!) und Versorgung ebenso wertvoll wie andere Lehrberufe aus der Erwerbstätigkeit. Schon in den 1970er-Jahren forderte Silvia Federici »Lohn für Hausarbeit«.[17]

»Expertise« sollte nicht von akademischen Graden oder Meisterbriefen abhängig sein. Jahrelange Berufserfahrung macht aus allen arbeitenden Fachkräften Expert:innen. Trotzdem hat man Wäscherinnen, Köchinnen, Kinder- und

Hausfrauen nie angemessen entlohnt. Über Jahrzehnte häuften und wandten sie Fachwissen an und bekamen als Dankeschön ein geringes Einkommen und eine beschissene Rente. Frauen wie Maria wurden lebenslang als niedere Arbeitskräfte abgetan.

Dabei war es Frauen einfach jahrhundertelang nicht gestattet, sich Wissen anzueignen, zur Schule zu gehen, höhere Bildung zu erlangen – mehr noch: Man sprach Frauen die Möglichkeit ab, überhaupt Expertinnen werden zu können (was glücklicherweise zu keinem Zeitpunkt einzelne Frauen davon abgehalten hat, Expertinnen zu werden) und somit Macht für sich zu beanspruchen.

Erste sogenannte höhere Töchter- oder Mädchenschulen wurden Anfang des 17. Jahrhunderts gegründet. Allerdings ging es hier weniger um die geistige Bildung, sondern eher um eine Vorbereitung gut gestellter Mädchen auf ihre zukünftigen unbezahlten Rollen als Hausfrau und Mutter – ein bisschen Technik brauchte die »natürliche Begabung« anscheinend doch. Diese Ausbildung beinhaltete immer eine Lehre des Kleinhaltens, des Ausschließens, des »Das-verstehst-du-nicht«. Auch meine Mutter besuchte eine Haushaltungsschule. Erst kurz vor der Wende zum 20. Jahrhundert war es Frauen im deutschsprachigen Raum gestattet, Abitur zu machen, wenig später zu studieren. Ausgerechnet die so freie Kunst brauchte fast 20 Jahre länger, um Frauen das Studium zu gestatten. Im Jahr 1918, als das Frauenwahlrecht in Deutschland und Österreich (die Schweiz war das letzte europäische Land, das 1971 Frauen volles Bürgerinnenrecht zugestand) bereits erkämpft worden war, öffneten auch die Kunstakademien ihre Klassen für Frauen.[18] Als arbeitende, eigenständige Künstlerinnen respektiert wurden sie häufig erst Jahrzehnte später, einige erst lange nach ihrem Tod.

Auch lesende Frauen wurden aus dem Expert:innenkreis ausgeschlossen, im 18. und 19. Jahrhundert galten sie als »lesesüchtig« und daraus folgend »unkontrollierbar«.[19] »Die dabei entstehenden geschlechtlichen Kodierungen – weibliches Lesen gilt als emotional, irrational, männliches als sachlich-nüchtern – prägen die europäische Kulturgeschichte über viele Jahrzehnte, teilweise bis heute«, schreibt die Literaturwissenschaftlerin und Journalistin Astrid Herbold im *Tagesspiegel*.[20] Ausgewiesene »Frauenliteratur«, »Chick-Lit« wie der Roman *Schokolade zum Frühstück* der britischen Autorin Helen Fielding, der Anfang des 21. Jahrhunderts Millionen Leserinnen begeisterte, oder die aktuellen »BookTok«-Romance-Bestseller, werden selten wegen ihres »literarischen Werts« gelesen. Sie gewinnen keine Preise, stehen nicht für den kulturellen Kanon.

In Ausbildungsfragen haben Frauen Männer heute längst abgehängt – knapp 60 Prozent der Jurastudierenden[21] und 70 Prozent der Medizinstudierenden[22] sind beispielsweise weiblich. Dass Frauen – und somit auch mit ihrer »Kultur« assoziierte Medien – als weniger kompetent und ernsthaft wahrgenommen werden, habe ich selbst häufig erlebt.

Während meiner Arbeit bei einer »Frauenzeitschrift« traf ich immer wieder Künstler:innen und Schauspieler:innen, die kategorisch Interviews mit Journalist:innen von »Frauentiteln« ablehnten. Sie wünschten nur mit »ernsthaften« Autor:innen zu sprechen. Ohne Frage: Die Aufsplittung in Zeitschriften nach angeblich genderorientiertem Interesse ist streitbar. Mit generellen Absagen kommt man meines

Erachtens nicht weiter. Viele Versuche, beispielsweise frauengesundheitliche Themen wie Periode oder Wechseljahre in »ernsthaften« Medien unterzubringen, scheitern immer noch. »Das interessiert unsere Leser nicht« und »diese Themen sind unsexy«, höre ich. Die Notwendigkeit von dezidierten Frauenmedien bleibt somit weiterhin bestehen. Ganz nebenbei bemerkt: Man kann ziemlich klug über »Frauenthemen« in »Frauenzeitschriften« berichten, wie ich selbst in fast zehn Jahren bei einer Frauenzeitschrift herausgefunden habe.

Eine feministische Weisheit wertet die Expertise, ob wissenschaftlich, geisteswissenschaftlich oder angewandt, als gleichwertig. Expertise aus allen Bereichen des Lebens ist vertiefbar und gesellschaftlich relevant. Letztendlich ist ein Leben ohne Lebensweisheiten kaum denkbar. Wenn ich Tagliatelle mache, benutze ich Luisa Weiss' Rezept, das sie von ihrer ganz persönlichen Pasta Granny Maria übernommen hat. Ich mache diese Nudeln am liebsten zusammen mit meinem Sohn. Dabei erzähle ich ihm von der weisen Frau aus Italien, die, seit sie sieben Jahre alt war, als Köchin arbeiten musste, und deren Rezepte nun in der dritten Generation von den Marken bis Berlin nachgekocht werden. Ausreichend entlohnt wird sie damit nicht mehr, aber zumindest gewürdigt. Es steckt eine Prise Weisheit in unserem gemeinschaftlichen, einträchtigen Pastamachen.

Manchmal versuche ich mir die zahllosen Töpfe, in denen Frauen, ob Küchenangestellte, Köchinnen oder Hausfrauen, gekocht haben, bildlich vorzustellen. Vermutlich würden sie die Ozeane füllen. Jeder Topf steckt voller Wissen und Erfahrung und bleibt doch im Meer der Selbstverständlichkeit versunken. Ich sehe sie rühren und schnibbeln, die Rücken krumm von jahrelanger harter Arbeit. Vielleicht haben sie sich, wie Rosa Turri, eine kleine Fußbank unter die Arbeitsfläche gestellt, um den Rücken zu entlasten. Sie konservieren und schälen, kochen literweise Tomatensoße, Marmelade und Obst für den Winter ein, kneten tonnenweise Teig, rollen, formen und terminieren, *Meal Prep* heißt das mittlerweile, das klingt gleich professioneller. Sie wissen, wie lange Focacciateig gehen und perfekter Pastateig ruhen muss. Sie bekommen keinen Applaus und keine Awards, keine Likes und keine Follower:innen. Indem ich Marias Rezepte koche, halte ich die Weisheit meiner Vormütter buchstäblich in den Händen.

KAPITEL 3

# Gelassenheit

## Vom Wert des Zeitlassens: Die Hüterinnen der Arbeitswelt

Andere Hände, andere Verantwortung, selbes Prinzip: »Zeit« gibt es in unterschiedlichen Varianten und Zählweisen, mittlerweile überwiegend in der ablaufenden und nicht vorhandenen Version. Bei manchen Menschen türmt sich die tägliche Terminlast so erdrückend auf, dass sie von anderen geplant und in übersichtliche Halb- und Ganzstunden-Meetings, Videokonferenzen und Lunchbreaks unterteilt werden muss. Prädestiniert für diese Organisation von Zeit scheinen nervenstarke Frauen, die Teams assistieren und den in Deutschland zu 70 Prozent männlichen Chefs den Tages- und Wochenplan organisieren. Dennoch wird die Zeit der Chefs häufig als wichtiger angesehen als die der Frauen, die über sie verfügen.

Schade eigentlich, denn im Grunde agieren sie als Büromatriarchinnen, bei denen alle organisatorischen und häufig auch emotionalen Fäden zusammenlaufen. Sie sind Dreh- und Angelpunkt der Arbeitswelten und nicht selten starke bis gefürchtete Autoritäten. Nur beanspruchen sie diese Relevanz selten für sich selbst, sondern eher für den Chef, dem sie natürlich unterstellt sind, dessen Rücken sie freihalten und dessen *Deadlines* sie souverän managen. Nähme man die *Deadline* wörtlich, hieße das, dass Assistentinnen ihren Chef quasi mit ihrem Leben schützen. Zum Dank wurden sie historisch kleingeredet, begrapscht und belächelt, wahlweise als »Tippse« degradiert oder als »Vorzimmerluder« verrufen. Sie jonglieren Termine, beantworten Anfragen, wimmeln Nervensägen ab, erfinden Notlügen, kaufen Geburtstagsgeschenke, verfassen Anschreiben und Protokolle, organisieren Dienstreisen, Konferenzen und Office-Partys und erinnern und erinnern und erinnern, damit der Chef (oder gelegentlich die Chefin) keine der anberaumten *Deadlines* verpasst. *Dead-lines* – mit einem einzigen markigen Wort halten Streitkräfte Einzug in den Büroalltag.

Das Wort *Deadline* entstammt der englischen Militärsprache. Ganz genau gemeint ist damit die Linie, die während des US-Bürgerkriegs um Gefängnisse gezogen wurde. Überschritten Gefangene diese Linie, riskierten sie, erschossen zu werden.[1] In Deutschland kennt man ein ähnliches, gegenwärtigeres Wort, »Todesstreifen«. Es stammt aus Zeiten der deutsch-deutschen Grenze und meint das Minenfeld, das Bürger:innen von der Flucht aus der DDR abhalten sollte. Es ist so schwer mit Schmerz und Ungerechtigkeitsgefühlen beladen, dass kaum vorstellbar ist, diesen Begriff auch in Zukunft als alltägliches Wort im Sprachgebrauch der Arbeitswelt zu benutzen. Sicher hätten die Insassen der amerikanischen Gefängnisse es auch nicht für möglich gehalten, wie lapidar ihre *Deadline*, ihre tatsächliche Todesdrohung, modernen Menschen über die Lippen geht. Trotzdem spricht man sie – auch ich – beinah täglich aus. Das Wort steht stellvertretend für eine Herangehensweise an Arbeit und Expertise, die weiblich konnotiertes Wissen von vornherein ausschließt: Nur mit den Waffen der Männer kann die Arbeitswelt organisiert werden. Wie also soll die Arbeit gleichberechtigt und integrativ funktionieren, wenn der Zugang von Anfang an männlich geprägt ist?

Benutzt man das Wort *Deadline*, sagt man prinzipiell: Bei Unpünktlichkeit droht nicht weniger als eine Exekution durch ein imaginäres Erschießungskommando. Kein Wunder, dass so vielen Menschen schon beim Gedanken daran der Schweiß ausbricht. Man hört sich schließlich sprechen. Auch wenn man selbstverständlich weiß, dass ein Abgabetermin in der Regel kein Kampf um Leben und Tod ist, seine Bedeutung – und der Stress – bleiben. Auf diese Art baut man maximalen Termindruck auf, der hoffentlich zur Umsetzung und Einhaltung beiträgt. Natürlich braucht jegliche Form der Organisation Abgabetermine, aber muss man Menschen dafür in den ultimativen Abgrund blicken lassen? Würde eine Arbeitskultur, in der feminine und maskuline Wertesysteme gleich viel wert wären, auch so viel Rigorosität einfordern?

*Deadlines*, als Schlagwort und als tatsächlicher Abgabetermin, gehören zum modernen Leben wie WiFi und Online-Banking, notwendig, praktisch, weil griffig und letztendlich effizient. *Deadlines* bestimmen beispielsweise Zahlungsvereinbarungen, Arbeits- und Schulanfangszeiten, Bürgeramts- und Arzttermine, Abgaben und Terminplanung im Schul- und

Arbeitsleben. Im Deutschen spricht man auch vom »Stichtag«, dessen Ursprung aufs 14. Jahrhundert zurückgeht und den Tag meint, an dem mittelalterliche Ritter sich mit Lanzen aufstechen, um ein Turnier zu gewinnen.[2] Es scheint, als habe man sich immer schon Schlimmstes androhen müssen, um menschliches Zusammenleben erfolgreich zu organisieren. Die Hüterinnen der Zeit in modernen Büros halten in der Regel keine Waffen in der Hand, sie kommandieren keine Scharfschütz:innen, sondern fungieren als Botinnen jener Kommandos. Genau dafür schlägt ihnen immer wieder der Zorn entgegen, der eigentlich der vorgesetzten Person selbst gilt: *Don't shoot the messenger*!

Ich halte die ständige Konfrontation mit dem Tod für eine unnötige Aggressionserklärung in einem ohnehin schon stressigen Arbeitsalltag. Ich habe beobachtet, dass die meisten langjährigen Teamassistentinnen eigene, ausgesprochen pazifistische Strategien entwickelt haben, ihre Vorgesetzten auf Linie zu halten. Viele ziehen die Abgabetermine ein paar Tage vor, um nicht mit dem Äußersten drohen zu müssen. Oder sie bereiten selbst alles so weit vor, dass der Chef oder die Chefin wirklich nur noch unterschreiben muss. Es wäre sicherlich sinnvoll, sich mit ein paar Vorzimmerprofis zusammenzusetzen und neue Begrifflichkeiten auszuhandeln. Sie wären auf jeden Fall weiser und weniger furchteinflößend.

Denn ganz ehrlich: Wie verrückt ist es bitte, dass Menschen generell nichts mehr als den eigenen Tod fürchten – und sich dennoch jeden Tag gegenseitig damit drohen? Ein Formular ausfüllen, einen Antrag einreichen, eine Transaktion unterschreiben, all das ist doch keine Auseinandersetzung auf Leben und Tod, oder? Wäre es nicht deutlich weiser, eher mit Erinnerungen ans Verantwortungsbewusstsein zu arbeiten? Statt: Zu spät – wir sehen uns im Todesstreifen?!

***

Zumal die digitale Leistungsgesellschaft Biografien mit einer endlos erscheinenden Abfolge von Abgabeterminen pflastert – von frühestem Alter an, der Weisheit förderlich ist das nicht. Auf dem ersten Elternabend am Gymnasium unseres Sohnes legten Lehrer:innen uns nahe, den Kindern Armbanduhren zu kaufen. Sie sollten lernen, sich die Zeit einzuteilen, unabhängig vom allgegenwärtigen Mobiltelefon, das in meinem Leben beispielsweise die Armbanduhr ersetzt hat. Die Kinder seien noch zu verspielt. Sie sollten lernen, nicht mehr zu spät aus der Pause zu kommen, hätten keine Zeit mehr zu verlieren und sich an einen festen Terminplan zu gewöhnen. Sie bräuchten dringend eine Uhr, damit der Ernst des Lebens im Kinderzimmer Einzug hielte. Während ich zuhörte, fühlte ich mich ein bisschen wie eine Familienassistentin, die nun Zeitpläne für ihren Sohn ausarbeiten und ihn schlimmstenfalls mit *Deadlines* konfrontieren muss. Ist es nicht der große Luxus der Kinder, in unserem Teil der Welt *nicht* täglich mit dem Überleben kämpfen zu müssen?

Menschen werden immer älter, und es sollen gleichzeitig immer früher grundlegende Entscheidungen für dieses mitunter acht Jahrzehnte lange Leben gefällt werden. Wer weiß schon heute, wie der Alltag in 60 Jahren aussehen wird? Was für Qualifikationen dann als wertvoll gesehen werden? Wussten die Mädchen, die in Italien als Haushälterinnen arbeiteten, dass irgendwann eine englische Filmcrew kommen und sie mit 80, 90 Jahren viral gehen lassen würde? Sogar erfolgreiche Wissenschaftlerinnen haben nicht immer stringente Überfliegerinnenbiografien. Einige kämpften mit dem Abitur oder gingen erst spät in die Forschung. Nicht selten, weil sie sich nicht klug und nicht wissend genug fühlten, um naturwissenschaftlich zu arbeiten. Wusste ich als Abiturientin, dass ich Aktivistin für Frauenmedizin und Wechseljahre werden würde? Durch die ständige Verknappung wird Zeit bereits zum Luxusgut erklärt, bevor man überhaupt ein Verständnis dafür entwickeln kann, wie sie eigentlich funktioniert und wie man seinen eigenen Rhythmus in diesem Zeitsystem findet.

Die Weisheitsforscherin Dr. Judith Glück beobachtet ähnliche Anzeichen von Stress und Überforderung bei ihren Studierenden an der Universität Klagenfurt. Die angehenden Psycholog:innen sind jung, um die 20 Jahre. Dr. Glück erzählt: »Die Studierenden beschreiben einen massiven Leistungsdruck, der gar nicht von der Familie zu kommen scheint. Ich empfinde diesen Druck als stärker als früher. Das liegt bestimmt auch an den Sozialen Medien, wo sie ständig vermeintliche Perfektion sehen.« Glück beschreibt, dass die Studierenden sich gegenseitig in Sachen Leistungen und Konkurrenzdenken stressen: »Wenn ich an meine Studienzeit denke, muss ich sagen, dass ich keine Möglichkeit gehabt hätte zu schauen, wie die anderen abschneiden. Selbst wenn – es war mir egal.« Mittlerweile wird aus gesunder Konkurrenzvorstellung und Ehrgeiz Versagensangst, ablaufende Zeit, eine anhaltende Salve von *Deadlines*. Der Weisheitssuche sei dieser Druck, so Dr. Glück, nicht zuträglich.

Ihre Psychologiekollegen Dr. Robert Waldinger und Marc Schulz, Autoren der »Harvard Study of Adult Development«, geben ihr recht. Sie schreiben in ihrer buchgewordenen Studie *The Good Life*: »Uns steht nur eine begrenzte Menge an Zeit zur Verfügung – Sie wissen nicht, wie viel es ist.«[3] *The Good Life* ist die »weltweit längste Studie über ein erfülltes Leben«. Die Forschenden befragen die gleichen Studienteilnehmer:innen seit 80 Jahren nach den messbaren Faktoren von Lebensglück. Ein Resultat besagt, dass der »Wert der Zeit« im Mittelpunkt der Antworten der 80-Jährigen stände, so die Autoren. Wenn man gelebte Zeit nur als etwas sähe, das abläuft, werde das eigene Leben zu einem einzigen Verlust. Kein Wunder, dass solche Gedanken zu Stress führen. Wie notwendig ist diese überspitzte Form des Verlustdenkens in diesem Teil der Welt mit seinen hohen Lebenserwartungen eigentlich noch?

Eine Teamassistentin verwaltet zusätzlich zu den beruflichen auch ihre privaten Zeitpläne. Sie muss mit ihren Zyklen und ihrer »biologischen Uhr« leben, der gnadenlosesten aller Zeitmessgeräte. Bei Frauen werden die fruchtbaren Lebensjahre als »produktiv« bewertet, an deren Ende eine *Deadline* mit besonders großem D wartet. Entsprechend scheint sich das anerkannte Fenster eines erfolgreichen Frauenlebens mit etwa Mitte 40 zu schließen. Danach fallen arbeitende Frauen in ein gesellschaftliches Entwertungssystem, als fungierten Wechseljahre wie eine Brücke ins berufliche Ödland – dorthin verirren sich Personaler:innen ausgesprochen selten.

So richtig geheuer ist die Mitte des Frauenlebens auch Feministinnen nicht. Simone de Beauvoir empfand 1949 nichts als Verachtung für diesen Lebensabschnitt. Polemisch beobachtete die damals Anfang-40-Jährige in ihrem Buch *Das andere Geschlecht*, dass Frauenbiografien aus der Perspektive zwischen 40 und 50 Jahren dünn und enttäuschend ausfielen, als hielten sie sich quasi aus Trotz »für etwas Besseres«. »Sie (die mittelalte Frau, Anmerkung der Autorin) setzt der Armut ihrer Existenz dem nebulösen Reichtum ihrer Persönlichkeit entgegen.«[4] Seitenlang beschreibt de Beauvoir das Selbstmitleid, das Frauen in dieser Lebensphase überkäme. »Erst ganz am Ende ihres Lebens, wenn sie dem Kampf entsagt hat, wenn der nahe Tod ihr die Angst vor der Zukunft nimmt, findet die alte Frau gewöhnlich zu einer heiteren Gelassenheit.«[5] Kein Wunder, dass man in der populären feministischen Literatur das Thema großflächig umschifft hat.

Dabei ist zumindest das angeblich immer lauter werdende Ticken »der biologischen Uhr« keineswegs »natürlich«, sondern menschengemacht, oder, genauer gesagt, menschenerdacht. Die natürliche Fruchtbarkeit endet im deutschsprachigen Raum durchschnittlich im Alter von 51 Jahren, aber die Vorstellung, dass die Jahre bis dorthin mithilfe einer fiktiven Uhr unter Stress heruntergezählt werden, ist einem Journalisten namens Richard Cohen zu verdanken.

Der titulierte am 16. März 1978 im Lokalteil der *Washington Post*: »The Clock is Ticking for the Career Woman«, die Uhr tickt für die »Karrierefrau« – damit meinte er in den späten 70ern vermutlich eher Teamassistentinnen als Vorständinnen. Im Text beschreibt Cohen, dass alle arbeitenden Frauen, die er kennt, heimlich Kinder haben wollten, sich aber, unabhängig von ihrem Berufs- und Beziehungsstatus, nicht trauen! Seine Beispielfrau nennt er »Composite

Woman«[6], eine aus unterschiedlichen realen Frauen zusammengesetzte Repräsentantin für die Hälfte der Menschheit im gebärfähigen Alter (Richie schien einen überaus repräsentativen Querschnitt von Frauen in seinem Umfeld zu haben). Tatsächlich waren seinerzeit die Geburtenraten zurückgegangen, 1976 bekamen US-amerikanische Frauen nur noch 1,5 Kinder, im Vergleich zu 3,5 im Jahr 1957. Die »Pille und der Feminismus« hätten für den ersten soziologischen Einschnitt gesorgt: Frauen zögen es vor zu arbeiten und weniger, Mutter zu sein. Die USA schrumpften, weil Frauen lieber ins Büro gingen, als Kinder aufzuziehen – so zumindest lautete die gängige Erzählung.

Artikel, die den Bevölkerungsschwund aufgrund von egoistischen Frauen proklamieren, funktionierten damals wie heute Bombe. Wenig erhitzt die Gemüter mehr als die Abkehr von Frauen von ihrer angeblich immer liebevollen Natur. Vor diesem Hintergrund wurde die tickende Uhr zum geflügelten Wort. Es flatterte so hoch und weit, dass Frauen heute, wie die Autorin Moira Weigel im Buch *Dating – eine Kulturgeschichte* von 2018 schreibt, »daran gewöhnt sind, in Bildern wie der ›biologischen Uhr‹ zu denken, als wären sie gar keine Metapher, sondern einfach neutrale Beschreibungen von Fakten über den menschlichen Körper«. Das ist ein bisschen so, als würden Männer in ein paar Jahrzehnten davon ausgehen, dass »toxische Männlichkeit« ein natürlicher Zustand, eine biologische Beschaffenheit sei – was natürlich Quatsch ist. Wie die biologische Uhr: Auch sie ist nicht gottgegeben. Ein Typ namens Richard Cohen hat sie erfunden! Der weibliche Körper hat keinen eingebauten Selbstzerstörungsmechanismus! Ja, alle Frauen erleben die

Menopause, aber dass ein angebliches Uhrticken ihr Leben von der ersten bis zur letzten Periode dominiert, stimmt einfach nicht. Damit würde das ganze fruchtbare Frauenleben, wie Dr. Robert Waldinger und Marc Schulz schreiben, zu einem einzigen Verlust. Frauen lösen sich nach dem Ende der Fruchtbarkeit nicht auf, sie existieren weiter – manchmal sogar als weise Frauen!

Dass die Wirtschaftskrise der 70er-Jahre ein wirtschaftliches Auskommen mit dem Einverdienermodell für viele Familien schlichtweg unmöglich machte, verschwieg Cohen großzügig. Stattdessen setzte er arbeitende Frauen sowie sämtliche Generationen danach unter unnötigen Zeitdruck und macht somit die für die Weisheit wichtige Gelassenheit schwer zugänglich.

Mitarbeitende in Personalabteilungen hören besonders aufmerksam auf dieses ganz spezielle Ticken der sogenannten biologischen Uhr, verstärken es durch angeblich drohende Leistungsabfälle aufgrund von PMS, potenzieller Schwangerschaft oder Wechseljahrsbeschwerden. Sie spielen es in verzerrter Lautstärke an die Frauen zurück: Heute haben wir leider nur einen begrenzten Arbeitsvertrag für dich.

Dieser Druck, obwohl noch in ferner Zukunft verborgen, dringt bereits heute bis zu jungen Frauen wie meiner 17-jährigen Nachbarin durch. Noch vor wenigen Jahren glaubte sie noch ein bisschen an den Weihnachtsmann, und jetzt soll sie eine Entscheidung für den Rest ihres Lebens treffen. Sie besucht eine integrierte Gesamtschule mit Montessori-Schwerpunkt, deren Lernkonzept eigentlich den Leistungsdruck abfedern soll. Gestresst fühlt sie sich trotzdem. »Nicht unbedingt von meinem nahen Umfeld, auch von meinen

Eltern und von meinen Freunden, selbst von meiner Schule nicht. Aber trotzdem habe ich das Gefühl, ich muss bis in zwei Jahren dringend einen Plan haben. Wenigstens darüber, was ich genau werden möchte.« Wie Judith Glück beobachtet hat, vergleicht sie sich ständig mit ihrer Peergroup. Hat dort eine Person einen Plan, fühlt sie sich im Rückstand. Ist Weisheit ein Lebensziel für sie?, frage ich sie. »Weisheit ist in meiner Wahrnehmung schon ziemlich definiert. Deswegen will ich es auch nicht so benutzen. Es steht für mich eher für einen weißen Mann.« Denke sie an weibliche Vorbilder, sähe sie Frauen, die aufgeklärt, schlau und schlagfertig sein. »Sie sind gerade ein Vorbild für mich. So möchte ich werden.« Eine weise Frau also, auch wenn sie diesen Begriff lieber meidet. Zeit, ein neues Bild von Weisheit zu etablieren, um es auch für junge Menschen greifbar und anwendbar zu machen. Weisheit sollte nicht auf dem Wissensolymp mit ein paar zweifelsfrei klugen Männern veröden, sondern inmitten aller Menschen leuchten. Wie würde es sich für lang erprobte Büroassistentinnen anfühlen, wenn man ihre Erfahrung, ihr Wissen über das Handwerk des Zeithütens, aber auch des Miteinanders unter dem Schirm der Weisheit anerkennen würde? Wie würde sich ihre Haltung, ihr Selbstwert verändern? Könnten sie dann gelassener, weniger gestresst durch ihr Leben gehen?

Die Autorin Teresa Bücker fragt in ihrem Buch *Alle Zeit: Eine Frage von Macht und Freiheit* , wem diese »Fristen« im Leben eines Menschen eigentlich gehören. »In einer Gesellschaft, in der Zeit als ökonomisches Gut verstanden wird, werden zudem die Bedürfnisse vieler verdrängt. Eine solche Zeitkultur bleibt eindimensional, sie kann oft sogar unglücklich oder auch krank machen«, schreibt Bücker. Sie beobachtet außerdem, dass Menschen ihre »freie Zeit« in die zweite Lebenshälfte schieben.[7] Und was machen sie dann mit dieser so wertvoll aufgesparten Freizeit? Nutzen sie sie, um ihre Weisheit zu trainieren?

KAPITEL 4

# Reife

## Vom Wert eines generationsübergreifenden Austauschs: Meine Nachbarinnen in Berlin

Jeden Tag beobachte ich von meinem Schreibtisch im Hinterhaus meines Wohnhauses meine Nachbarin die Treppen von unserer gemeinsamen Etage ins Erdgeschoss und in den Hof hinuntersteigen. Sie bringt den Müll weg. Manchmal dreht sie anschließend noch eine Runde durch den Garten, betrachtet die Büsche, Bäume und Stauden.

Meine Nachbarin schläft ab und zu in den Tag hinein, dann sind ihre Jalousien nicht vor elf Uhr geöffnet, ich beneide sie darum. Manchmal sehe ich sie später zum Einkaufen oder Spazieren gehen oder Freund:innen besuchen. Im Winter trägt sie fabelhafte Mäntel aus italienischer Wolle, im Sommer Polohemden mit Jeans. Als ich sie beim Einzug vor etwa acht Jahren kennenlernte, färbte sie sich noch die Haare – wahlweise feuerrot oder violett. In der Pandemie ließ sie die Farben herauswachsen. Jetzt trägt sie ihre Haare *au naturel,* ein leuchtendes Weiß, dem geometrischen Pagenkopf von damals ist sie treu geblieben. Wenn sie verreist ist – zu ihrem Bruder am Rhein, ihrem Sohn in München oder Freund:innen in Frankreich –, gießen wir ihre Rose auf dem Balkon, eine Pflanze, die dem wenig heimgärtnerinnenfreundlichen Klima unserer Straße (starker Wind, direkte Sonneneinstrahlung) standhalten kann. Diese Rose blüht im Sommer so prächtig, dass der Duft von ihrem Teil des Balkons auf unseren herüberzieht.

Sie ist im gleichen Jahr geboren wie meine Mutter, 1944. Abgesehen von ihrer Rose, dem Haushalt, einigen sozialen Kontakten, ihrem Sohn und seiner Familie trägt sie keinerlei Verantwortung mehr. Finanzielle Sorgen bleiben ihr glücklicherweise erspart, denn sie hat ihr ganzes Leben gearbeitet und entsprechend vorgesorgt. Sie bezeichnet sich als absolut frei. Manchmal fehle ihr die Auseinandersetzung mit Schönheit oder Mode, aber im Großen und Ganzen sei sie erleichtert, dass sie keine Energie mehr dafür aufbringen müsse. Fühlt sie sich weise? »Nein. Ich werde natürlich ein bisschen gelassener im Alltag. Wenn mir was runterfällt, eine Tasse oder so, denke ich, na ja, mein Gott, dann ist sie halt kaputt. Weg damit. Aber zum Beispiel über Politik kann ich mich immer noch aufregen, da bin ich gar nicht milder geworden!« Zeit hat sie jetzt ohne Ende. Sie vermisst jedoch den Austausch, die Reibung, das Arbeiten, eine daraus folgende Struktur und soziale Anknüpfungspunkte. Freiheit und Rente bedeuten für sie nicht unbedingt ein erfüllteres Leben. Sie langweilt sich. Was macht man nun?

Eine Bekannte überlegt, dem Verein »Omas gegen Rechts« beizutreten. Mitmachen kann jede Frau ab 50 Jahren. Sie ist eine selbstbestimmte, beruflich erfolgreiche 61-Jährige und somit, aus meiner End-Vierziger-Perspektive, eine Respektsperson, ein *Role Model* für eine zeitgemäße Frau in der zweiten Lebenshälfte, quasi. Nichts an ihr würde ich stereotypisch »omahaft« nennen: Sie ist ehrgeizig, verdient ihr Geld als Autorenfilmerin und trägt am liebsten olivgrüne Arbeiterhosen mit coolen Mänteln und Stiefeln. Sie spricht mit fester Stimme, lacht laut und hat etwas absolut Altersloses an sich – sie steht, in anderen Worten, mitten im Leben. Und ist dabei zufällig über 60 Jahre alt. Nicht ihr Alter definiert sie, sondern ihre eigenständige Persönlichkeit und Entscheidungsfähigkeit. Sie denkt gar nicht daran, aufzuhören zu arbeiten, plant auch keinen Ruhestand. Engagieren möchte sie sich trotzdem. Nur: Warum eigentlich »Oma«?

Ich frage mich: Warum gibt es keine »Matriarchinnen gegen Rechts«? »Lady-Bosse gegen Rechts«? »Frauen-in-der-zweiten Lebenshälfte gegen Rechts« – »Anything-but-Oma gegen Rechts«? Vereine mit solchen Namen würden meinem Bild von meiner Bekannten – und somit perspektivisch auch mir selbst – viel eher gerecht. Ich werde auch bald 50. Mit einer Oma identifiziere ich mich noch lange nicht. Kann man überhaupt alle Frauen ab 50 unter diesem Begriff zusammenfassen? Auch diejenigen, die keine Mütter und demnach auch keine Großmütter sind? Man nennt auch nicht alle Frauen in ihren 30ern Mamas und erst recht nicht alle Männer Papas – warum wollen aktivistische Frauen über 50 freiwillig »Omas« heißen?

In meiner Vorstellung muss man »Omas« über die Straße helfen, ihr technisches Wissen reicht gerade für die Fernbedienung des Fernsehers und ein Tastenhandy aus. Omas werden zwar als »die Besten« tituliert, gelten manchmal als »rüstig«, »frech« und gelegentlich »schrill«, aber insgesamt enden sie pflegebedürftig – laut einem Report des Weltwirtschaftsforums leben Frauen weltweit länger, sind aber zu 25 Prozent ihres Lebens häufiger krank als Männer.[1] In der gesellschaftlichen Kosten-Nutzen-Rechnung gelten sie deswegen als teuer, als Last. Entsprechend klingt »Omas gegen Rechts« in meinen Ohren gut gemeint, inhaltlich jedoch zahnlos.

»Meinst du, die werden mit dem Namen ernst genommen?«, frage ich meine Bekannte. Sie stutzt und überlegt. In diesem Augenblick fällt mir ein, dass sie vierfache Großmutter ist. Ihre Enkelinnen und Enkel rufen sie ständig »Oma«, ihre Assoziationen mit dem Wort stammen aus ihrer gelebten Erfahrung mit dieser Rolle. Sie, die gestandene Filmemacherin in Cargo-Pants, ist *auch* eine Oma.

»Warum denn nicht«, antwortet sie, »für mich klingt Oma nicht negativ. Wir leisten wahnsinnig viel, und keiner würdigt diese Arbeit.«

Natürlich. Durchschnittlich acht Stunden betreuen Großeltern pro Woche ihre Enkelkinder, und ungefähr 60 Prozent aller Omas springen im Notfall bei der Kinderbetreuung ein.[2] Mein »Oma-Bild« bedarf einer Neuausrichtung.

Nicht nur meins, wie sich herausstellt. Das Ansehen von Omas, aber auch Opas, lässt echt zu wünschen übrig. Laut einer Studie überschätzen hierzulande 81 Prozent der Befragten die Zahl der alten Menschen, die in Pflegeheimen betreut werden müssen. 2022 waren es ganze sechs Prozent. Auch in der Schweiz berichten Menschen über 65 zu 23 Prozent von Altersdiskriminierung.[3] In Österreich gibt es unterschiedliche Renteneintrittsalter für Männer und Frauen, Österreicherinnen können, als Ausgleich für die geleistete Sorgearbeit, schon ab 60 Jahren in Rente gehen. Klingt gut, führt aber dazu, dass Unternehmen Frauen mit 60 altersbedingt kündigen – selbst wenn die Mitarbeiterinnen weiterarbeiten möchten.[4]

Laut einer Studie der Antidiskriminierungsstelle des Bundes werden Menschen hierzulande recht früh als alt angesehen, zuerst mit 50 und dann mit 61 Jahren. Gemessen daran stünde meine 61-jährige Bekannte jetzt schon mit einem Bein im Altersheim – mehr noch, laut der Studie würden Menschen über 60 von Jüngeren als gesellschaftliche »Blockierer« wahrgenommen[5]: alt gleich ausgedient, Ende Gelände.

Dabei vergibt man massiv Potenzial zur gesellschaftlichen Teilhabe. Der Verein »Omas gegen Rechts« zählt im Sommer 2024 in Deutschland und Österreich 30 000 Mitglieder. Wie die »Omas for Future« oder die Schweizer »KlimaSeniorinnen« leisten sie zeitgemäße aktivistische Arbeit.

Als Frau im mittleren Alter, auf dem schwankenden, perimenopausalen Weg zur Nicht-mehr-Fruchtbarkeit, möchte ich unbedingt mein Oma-Bild revidieren, denn reife Frauen – Großmütter – haben einen viel größeren Anteil am Erfolg der *Homo sapiens* als angenommen. Nach der »Großmutter-Hypothese« führte in prähistorischen Zeiten die aktive Mitarbeit von nicht mehr fruchtbaren Frauen zu einem evolutionären Vorteil. Stämme mit gesunden Großmüttern bekamen mehr Nachkommen, weil der Einsatz der weisen Alten den fruchtbaren Frauen gestattete, schneller wieder schwanger zu werden. Auf diesem Weg setzten sich Gene durch, die eine lange Lebensspanne von Frauen nach den Wechseljahren bewirkten. Formuliert hat diese Hypothese Dr. Kristen Hawkes, eine US-Anthropologin, die weder Kinder geschweige denn Enkelkinder hat.

Die gesellschaftliche Zukunft ist also eher reif als jung. Ende 2022 gab es rund 6,11 Millionen Menschen in Deutschland, die in den Club der 80-Jährigen aufgerückt sind. Fast 60 Prozent aller 80- bis 84-Jährigen in Deutschland sind Frauen[6], ab 85 Jahren sind es sogar zwei Drittel.[7] In Österreich zeigt die Bevölkerung ab 60 Jahren einen Frauenüberschuss von etwa 55 Prozent.[8] In der Schweiz ist das Verhältnis Männer-Frauen um die 60 noch ausgeglichen. Ab 80 Jahren steigt der Frauenanteil kontinuierlich an.[9]

Und die könnten ein entscheidender Faktor auf dem Weg zu einer gemeinschaftlicheren Zukunft werden. Wenn man sich die nächsten Jahrzehnte nicht als dauerhaft überlastetes Pflegeheim, sondern als Austauschort von feministischer Weisheit vorstellt, die verbindet und Gelassenheit praktiziert, dann würde das Wort »Überalterung« vielleicht zur »Verachtsamung« oder zur »Barmherzigung« unserer Gesellschaft weiterwachsen.

Statistisch wirksam wäre es: Jede zweite Person 2022 war in Deutschland über 45 und jede fünfte über 66 Jahre alt.[10] Der Anteil der über 67-Jährigen wird bis 2030 auf 18 Millionen Menschen ansteigen. Ihnen gegenüber stehen »nur« 16 Millionen Menschen unter 20.[11] In Österreich leben seit 2021 mehr Menschen über 65 als Kinder und Jugendliche unter 20[12], Tendenz steigend. In der Schweiz soll die Gruppe der Renter:innen bis 2050 um zwei Drittel zunehmen.[13] Erstmals in der Nachkriegsgeschichte wird es mehr Menschen im mittleren Leben, »Omas« und »Opas« oder »Rentner:innen«, als »Jugendliche« geben, die meisten davon werden Frauen sein.

Nicht nur Deutschland, auch die USA, Russland, Großbritannien, Schweden, Portugal, Italien, Finnland, China, Japan und Südkorea erleben eine historisch einzigartige Verschiebung der gesellschaftlichen Zusammensetzung in Sachen Alter. Das heißt: Auch dort werden schon bald mehr Menschen im mittleren und fortgeschrittenen Alter als im jugendlichen und jungen leben. Westliche Gesellschaften werden also in den nächsten Jahren bestenfalls deutlich an Weisheit gewinnen.

Schon 2002 haben die UN das verstanden und einen Plan erarbeitet, um dem Rest der Welt diese frohe Botschaft mitzuteilen. Der ehemalige Generalsekretär Kofi Annan unterzeichnete den »Madrider Internationalen Plan der Veränderungen zum Altern«.[14] Sprachlich wird der Weisheit angemessen aufgefahren, staatsmännisch, würde man sagen – weiser wäre natürlich staatsmenschlich, aber ich will nicht kleinlich werden. Also: Absender ist niemand Geringeres als »die Vertreter der Regierungen auf der zweiten Weltversammlung« selbst, die einen »internationalen Aktionsplan« verfassen möchten. Man strebe eine »Entwicklung der Gesellschaft für alle Altersgruppen« an. Vorbildlich! Es geht vielversprechend weiter, in Artikel 2 (von 19) wurden die Zahlen noch mal mit etwas Pathos zusammengefasst:

*Wir freuen uns über die steigende Lebenserwartung in vielen Regionen der Welt, die eine der größten Errungenschaften der Menschheit ist. Wir erkennen an, dass die Welt einen beispiellosen demografischen Wandel durchlebt und dass bis zum Jahr 2050 die Zahl der 60-Jährigen oder Älteren von 600 Millionen auf fast 2 Milliarden ansteigen wird, womit sich ihr Anteil an der*

*Gesamtbevölkerung voraussichtlich von 10 Prozent auf 21 Prozent erhöhen wird.*

Aktionsbedarf sollte somit unausweichlich sein. Tatsächlich steht in Artikel 10 das hier:

*Das Potenzial älterer Menschen ist eine starke Basis für die künftige Entwicklung. Sie gestattet der Gesellschaft, sich zunehmend auf die Fähigkeiten, die Erfahrung und die Weisheit (!!!, Anmerkung der Autorin) älterer Menschen zu stützen und sich darauf zu verlassen, dass sie nicht nur zur Verbesserung ihrer eigenen Lebenslage initiativ werden, sondern auch aktiv an der Verbesserung der gesamten Gesellschaft mitwirken.*

Auf den Punkt, geradezu poetisch formuliert! Welch wunderbare Institution die Vereinten Nationen doch sind! Und tatsächlich: Im Folgenden geht es um Forschung, um finanzielle Absicherung, um Pflege und Versorgung der physischen und mentalen Gesundheit. Es geht um Aufklärung über Prävention, Ernährung, um »helfende Umfelder« und um Wertschätzung und Anerkennung, als hätten Weisheitsforschende und Delegierte, die feministische Weisheit praktizieren, unter den Autor:innen gesessen. Die Richtlinie ermutigt internationale Regierungen, diese Vorschläge umzusetzen. Das Madrider Abkommen, kurz MIPAA, liest sich so optimistisch, euphorisch geradezu, dass 159 Regierungen weltweit es unterzeichnet haben.

Bloß: Kein:e Politiker:in, kein:e Journalist:in und keine Person, mit der ich in den vergangenen Jahren über das Älterwerden gesprochen habe, hat jemals etwas davon gehört. Nichts von dem scheint umgesetzt worden zu sein. Dort, wo eine verflixte Handlungs-*Deadline* mal von Nutzen gewesen wäre, wurde sie großzügig ignoriert: Fehlanzeige, Stress in der Umsetzung scheint es nicht gegeben zu haben. Man geht supergelassen an die laut Papier notwendige Transformation. Eine ganze Konferenz, ein 73 Seiten starkes Papier, das von Reife, sogar von Weisheit zeugt, entfachte aller großen Worte zum Trotz eine Wirkung von quasi null.

Stattdessen hat in den vergangenen 20 Jahren die Fokussierung auf die Jugend als ideale Lebensrealität zu- statt abgenommen. Die Folgen bezeuge ich jeden Tag. Ich beobachte sie an meiner 17-jährigen Nachbarin, die aus einem privilegierten Elternhaus stammt und sich dauergestresst fühlt. Meine 80-jährige, nicht minder privilegierte Nachbarin langweilt sich. Wie sich solche Lebenssituationen in weniger abgesicherten Umfeldern aushalten lassen, kann man nur erahnen – auch Altersarmut ist statistisch weiblich. Was passiert also mit der UN-Erklärung, mit dem Plan zur »Verweisheitlichung« der Gesellschaft?

Wenig. Anstatt das Altern gesellschaftlich zu integrieren, versucht man es zu einem angeblich lösbaren Problem zu stilisieren. Natürlich ist es wichtig, Menschen präventiv gesund zu halten, aber das Altern beseitigen zu wollen, bevor man es kulturell durchdrungen, nachdem man es marginalisiert und entwertet hat, klingt verdächtig wie ein Feminismus, der die weiblich konnotierten Kulturen als altbacken und sexistisch abschreibt, statt sie als gleichberechtigt zu bewerten und zu integrieren.

Von individuellen »Longevity-Maßnahmen« wie personalisierter Vorsorgemedizin, Infusions- oder gar Stammzellenbehandlung profitieren im Augenblick bisher nur wohlhabende Bürger:innen in Industrienationen. Einen gesamtgesellschaftlich gerechten Plan wie das MIPAA in ausreichendem Umfang umzusetzen, hat man noch nicht mal angefangen. Das MIPAA wird alle fünf Jahre überarbeitet, zuletzt im Juni 2022 in Rom. Dort nahm man zähneknirschend zur Kenntnis, dass die großen Worte bisher leere Versprechungen blieben, dass viel zu wenig ältere Menschen in die Umsetzung eingeladen wurden und dass letztendlich der Plan selbst nicht bekannt oder gar von öffentlichem Interesse ist. Immerhin wird präventive Medizin allmählich ernster genommen. Man denkt über Lösungsansätze in der Pflegekrise nach – es werden bis 2025 1,8 Millionen Stellen im Gesundheitswesen nicht mehr besetzt sein.[15] Deutsche Minister:innen reisen deswegen in Länder wie Vietnam und werben Fachkräfte an.

Es gehört zu den Widersprüchen der Gegenwart, dass nicht nur Gesellschaften, sondern mitunter auch ihr Führungspersonal altert und trotzdem kaum jemand etwas für eine generationsübergreifendere, lebensumspannende Kultur tun möchte – vielleicht aus Furcht, dass die ohnehin schon reife Führungsperson selbst älter aussehen würde. Die Debatte um die geistige und physische Fitness des im Sommer 2024 81-jährigen US-Präsidenten Joe Biden zeigte eindrucksvoll, dass Alter überhaupt nicht mit Weisheit, sondern mit Verletzlichkeit, Fragilität und Pflegebedürftigkeit gleichgesetzt wird. Einerseits weigerte Biden sich viel zu lange, einzugestehen, dass er als alter Mann in einem System aus öffentlichen Auftritten, die Stärke vermitteln sollen, nicht mehr zuverlässig agieren kann. Die politische Kultur stellt vor allem in den USA quasi athletische Erwartungsansprüche an ihre Protagonist:innen. Reales Älterwerden wird in Washington folglich fast so konsequent verneint wie in Hollywood. Moderne politische Betriebe wirken in puncto Tempo und Organisation eher wie Leistungs-Bootcamps als Ältestenräte. Nur wer hier mithalten kann, ist von Wert.

Der nur vier Jahre jüngere Expräsident und Kandidat Donald Trump heizt diese Debatte verwirrenderweise weiter an, als wäre er mit seinen 78 Jahren ein vom Altern befreiter Jungspund. Vermutlich sind beide zu alt, um in diesem politischen System zu regieren. Deutschlands aktueller Kanzler, Olaf Scholz, befindet sich im besten Rentenalter von 66 Jahren, Angela Merkel war 67 Jahre alt, als sie vor drei Jahren nach 16 Jahren Kanzlerinnenschaft in den Ruhestand ging. Nun hat sie ein über 700 Seiten starkes Buch geschrieben, in dem sie hoffentlich etwas Weisheit weitergibt. Politiker:innen gelten übrigens bis Mitte 50 als »jung«[16], wie der aktuelle Bundestag mit einem Durchschnittsalter von 47 Jahren zeigt – ein Alter, in dem Bürger:innen fast als Senioren-Zielgruppe bezeichnet, altersbedingt aus den Karteien von Personaler:innen und Headhuntern gelöscht werden und geschlossen bei »Omas und Opas gegen Rechts« mitmarschieren könnten. Kamala Harris, die im Sommer 2024 Joe Biden als Präsidentschaftskandidatin ablöste, ist nun 60 Jahre alt – fast noch jung.

Gleichzeitig traut man jüngeren Politiker:innen, gerade Frauen, die Verantwortung nicht zu. Laut einer Studie gibt es für Frauen in Führungspositionen kein richtiges Alter, sie werden entweder als zu jung und unerfahren oder als zu alt gelesen: »Während Männer mit zunehmendem Alter zu Quellen der Weisheit werden, gelten ältere Frauen als veraltet, gereizt und schrill«, sagt eine Studienteilnehmerin dem Management-Magazin *Harvard Business Review*.[17]

Meine 80-jährige Nachbarin arbeitete die meiste Zeit ihres Arbeitslebens als Professorin für Soziologie. »Die Arbeit schlich aus«, erzählt sie mir, sie habe noch Doktorand:innen betreut und hier und da Vorträge gehalten. Gleichzeitig habe sie selbst nicht den Ehrgeiz gehabt, noch mal eine »große Veröffentlichung« anzugehen. Trotzdem würde sie gern wieder ein bisschen arbeiten. Sie hat eine Freundin in ihrem Alter, die in einer Bibliothek Bücher einsortiert. Auch sie sehnt sich nach einer Tätigkeit wie dieser.

***

Mit welchen Aufgaben man ältere Menschen betrauen könnte, beschäftigt nicht nur die UN, sondern auch die Wirtschaft. Die Harvard-Professoren für Wirtschaftswissenschaften David E. Bloom und Leo M. Zucker wiesen im letzten Jahr in einem Text mit dem vielsagenden Titel »Aging is the real population bomb« (Altern ist die wahre Bevölkerungsbome)[18] auf das Potenzial von Frauen und älteren Menschen im Arbeitsmarkt hin: »Die Verstärkung von Aus- und Weiterbildungsprogrammen würde auch die Arbeitsbeteiligung unterrepräsentierter Gruppen wie Mütter und ältere Menschen fördern.« Besonders herausheben möchte ich an dieser Stelle das Wort *unterrepräsentiert.*

Fort- und Weiterbildungen als Maßnahme gegen die schrumpfende Wirtschaft im Zuge der Alterung der Gesellschaft klingen nach einem sachlichen, konstruktiven und umsetzbaren Vorschlag. Na bitte. Die Wirtschaftswissenschaftler haben noch mehr Ideen, eine ganze Liste quasi. Ähnlich wie das Madrider Abkommen schwebt ihnen eine generationsübergreifende Transformation vor: »Institutionelle und politische Reformen können den Zugang zu qualitativ hochwertigen Familienleistungen fördern. Gleichzeitig sollte mehr Flexibilität hinsichtlich des Renteneintrittsalters angeboten werden, um Anreize für individuelles Sparen für den Ruhestand zu schaffen. Wirtschaftssektoren mit Chancen für ältere Arbeitnehmer sollten ebenfalls staatlich gefördert werden. Langzeitpflegesysteme müssen entwickelt und gestärkt sowie die Prävention und Früherkennung von Krankheiten unterstützt werden.«

Dr. Judith Glück vertritt ebenfalls einen generationsübergreifenden Ansatz. Sie schreibt in einem Artikel, dass Studien darauf hindeuten, dass Weisheit im Alter mit »Offenheit und Wachstumsorientierung im jungen Erwachsenenalter zusammenhängt.«[19] Indem man Austausch zwischen den Generationen fördert, schafft man bestenfalls ein Fundament für zukünftige weise Menschen. Ich habe noch ein paar Vorschläge: Ich halte es für weise, Kindern und Jugendlichen in Anbetracht der Länge ihres Lebens mehr Zeit einzuräumen, konkret zu entscheiden, welche Richtung sie beruflich in den nächsten etwa 50 Jahren ihres Lebens einschlagen wollen. Man könnte das Prinzip Halbjahres- oder gar Jahres-Praktikum zu fairen Konditionen wiederbeleben – werden Arbeitskräfte nicht händeringend gesucht? Somit hätten junge Erwachsene die Möglichkeit, mehr Alltagserfahrungen in der Arbeitswelt zu sammeln, bevor sie sich entscheiden. Man könnte generell etablieren, dass eine professionelle Laufbahn nicht unbedingt wie eine nach oben verlaufende Gerade aussehen muss. Sie könnte zum Beispiel wie eine Treppe aussehen, eingeteilt in mehrere Stufen mit Verweil-Ebenen. Glück sagt auch, dass »Karriereleitern« nicht immer nur nach oben zeigen müssten. Quereinsteiger:innen, Umschuler:innen sollten keine Ausnahmeerscheinungen im Arbeitsmarkt sein – Weisheit, so Glück, entsteht gerade in herausfordernden Situationen.

Feministische Weisheit versteht, dass Reife entschiedenen Anteil an weitsichtigen Entscheidungen hat. Erst gelebte Jahre füllen Expertise und Wissen zu einem größeren, leuchtenden Wert wie Weisheit zusammen. Man spricht in der Psychologie auch von »kristalliner Intelligenz«, die mitunter lebenslang wächst. Der verstorbene Psychologe Raymond B. Cattell ging davon aus, dass erworbenes Wissen, Sprache und Kultur Auswirkungen auf die Klugheit eines Menschen haben. Reife, emotionale, nicht nur in Jahren gerechnete, schafft ein Fundament, auf dem eine innere Ruhe und hoffentlich Erkenntnis entstehen kann. Das ist, wie es so schön geschmeidig heißt, unbezahlbar.

Und steht nicht konträr zur Marktwirtschaft oder der mit Jugend assoziierten Tech-Welt. Das Social Start-up *LifeTeachUs* wurde von Ludwig Thiede, Simon Bründl und Hanna Common in Berlin gegründet. Sie engagieren *LifeTeacher,* Menschen aller Altersklasse, die *LifeLessons,* also Expertise, die das Leben lehrt, an Schüler:innen weitergeben. Die *LifeTeacher* werden ehrenamtlich als Vertretungslehrer:innen an Partnerschulen weitervermittelt. Über eine App kommen Schulen und *LifeTeacher* zusammen. Bisher gibt es 300 Expert:innen, das Unternehmen finanziert sich aus Spenden. Dass Kinder und Jugendliche vom Wissen von Bäuer:innen, Handwerker:innen oder Gründer:innen lernen können, steht außer Frage. Bestenfalls gewinnen alle: Der Lehrer:innenmangel kann aufgefangen und der, sorry, Fachidiotie an Schulen entgegengewirkt werden. Bewerbungen von Ruheständlern sind ausdrücklich erwünscht. Gerade Jugendliche, die Berufsentscheidungen treffen, könnten von Lebensweisheiten profitieren. Eine feministische Weisheit setzt auf Austausch zwischen den Generationen, denn der löst einen Prozess der Reifung aus, des Lernens und der Beschulung. Neu ist diese Idee wahrlich nicht, eher uralt. Mal sehen, wie sie am anderen Ende der Welt umgesetzt wird.

KAPITEL 5

# Neugierde

## Vom Wert des kreisförmigen Lebens: Mapuche-Frauen in Chile

Das traditionelle Haus der Mapuche heißt *Ruka*. Architektonisch ist es dem ersten Zuhause des Menschen nachempfunden: der Gebärmutter. Scheint mir logisch, dass, wenn Teile der Menschheit historisch in Phalli bauen, andere sich nach dem Uterus richten. Nun hocke ich in einer *Ruka* und versuche in einer Riesenpfanne aus Wellblech, die mit einer Kette an den Deckenbalken befestigt ist, *Pawes*, fingergroße Pinienkerne, über offenem Feuer zu rösten. Dafür hält man die Pfanne mit den Kernen über die lodernden Flammen der Feuerstelle und bewegt sie so schwungvoll, dass die *Pawes* garen, aber keinesfalls anbrennen. Rosario steht hinter mir und hält den pizzaschieberlangen Stiel der Pfanne, damit ich nicht nach hinten umfalle, während ich versuche, zu schwenken und zu schütteln. Nach einer kurzen Weile erkennen wir beide: Mein Talent zum traditionellen Mapuche-Kochen ist … ausbaufähig. Ich bewege mich ungeschickt und ängstlich, als sollte ich besser mich, nicht die Pfanne ordentlich schütteln. Hinter mir höre ich die anderen Besucher:innen kichern, während Rosario mich halbherzig ermuntert, es weiter zu versuchen. Ich rüttle und schwenke, schaffe es aber nicht, die großen Pinienkerne der Araucana-Pinie gleichmäßig zu wenden, sie fallen immerzu in eine einzige Richtung und türmen sich dort auf. Meine Augen tränen vom Rauch und vom Feuer, ich sehe kaum etwas. Schließlich gibt Rosario auf und übernimmt, denn offensichtlich lasse ich die wertvollen Kerne verbrennen.

Kurz zuvor hatte ich mit einem schweren Stein auf einer Steinplatte Mehl gemahlen, das funktionierte ein bisschen besser. Jetzt tun mir die Arme vom Pre-Einbauküchen-Kochen weh, und der Rauch hat meinen Hals ausgetrocknet. Wie die Gebärmutter besteht die *Ruka* nur aus einem einzigen offenen Raum. Platz für eine praktische Dunstabzugshaube über der Feuerstelle ist natürlich nicht vorgesehen, was dazu führt, dass ich mich wie ein saftiges Stück chilenischer Lachs fühle – gar geräuchert. Zwei dreieckige Öffnungen unter dem Dachbalken sorgen für etwas Belüftung. Dabei sind sie dafür gar nicht vorgesehen. Vielmehr geben sie dem Universum Einblick ins Haus. Glücklicherweise kann außer den Göttern und den Mitreisenden niemand mein Elend bezeugen, denn abgesehen von einer Tür ist die *Ruka* fensterlos. Macht Sinn. Aus der Gebärmutter gibt es auch keinen Ausguck, entsprechend dunkel ist es hier. Ich gestehe: Ich lebe zu Hause in der Fraktion »bodentiefe Fenster«. Die »weibliche« Variante des Wohnraums empfinde ich erst mal als gewöhnungsbedürftig.

Dabei klingt das architektonische Konzept der *Ruka* so weise: Der Eingang des Uterus-Hauses zeigt immer nach Osten, in Richtung der aufgehenden Sonne, damit jeden Tag die ersten Strahlen die Familie wecken. In *Mapudungun,* der Sprache der Mapuche, heißt die Tür *Wülngin,* was wörtlich übersetzt sowohl »wo der Mensch ein- und ausgeht« als auch »wo die Sonne eintritt« bedeutet. Genau in der Mitte zwischen der Tür und unter den Öffnungen befindet sich die offene Feuerstelle – das Herz der *Ruka.* Dieses Feuer darf niemals erlöschen, sonst hört das Herz des Hauses auf zu schlagen. Das heißt aber auch, dass man im Dauerrauch lebt.

Rosario erklärt, dass die *Ruka* traditionell in zwei Teilen genutzt wurde: einer als Ess- und Kochbereich ums Feuer und der andere zum Schlafen. Der befand sich in dem Teil der *Ruka,* der nach Nordwesten zeigte. »Die Mädchen und Frauen schliefen gen Westen«, erzählt sie weiter. Dort liegt in Chile der Ozean. »Der Ozean, der Westen und die Erde sind dem Femininen zugeteilt. Es sind die fürsorgenden Elemente, während das Feuer, der Himmel, Wind und die Vulkane maskulin zugeordnet werden.« Wie viele nicht westliche Kulturen verstehen sich die Mapuche als dual – männliche und weibliche Energien fließen unterschiedlich, sind aber voneinander abhängig.

Die *Ruka,* die Gebärmutter, ist mehr als nur ein Haus, sie vereint nicht weniger als die ganze Welt unter dem Strohdach. Das Heim steht sinnbildlich für das großen Ganze, die *Cosmovision* der Mapuche. Der Theologe Mircea Eliade spricht von der »Gleichsetzung Haus – Körper – Kosmos«.[1] In vielen Kulturen »bewohne« man den Körper und das Haus mit dem gleichen Respekt wie den Kosmos und umgekehrt.

Sowohl die Gesundheit als auch jede Handlung im Haus werde somit Teil einer »heiligen Prozedur«. Alles, was dem Universum zustößt, passiert auch dem eigenen Unterschlupf, dem Körper. Um konkrete Beispiele zu nennen: Gesundes Essen stärkt das kosmische Gleichgewicht, Krankheit signalisiert Spannungen im Universum und in der Natur. Der Abwasch wird zur heiligen Praxis; türmt er sich tagelang auf, ist nicht nur Hausputz, sondern mitunter auch eine spirituelle Reinigung notwendig. Die Mapuche brauchen keine Kathedralen, um Nähe zum Göttlichen aufzubauen. Sie tragen die Welt und ihre Götter in ihren Körpern und Häusern.

Ich bin ans andere Ende der Welt gereist, um herauszufinden, welche Positionen ältere Frauen in einer Kultur einnehmen, die aus der Perspektive der Industrienationen als »rückständig« oder »primitiv« betrachtet wird. Ihre Literatur wird an der Feuerstelle, dem rauchenden Herz, erzählt, deren heilige Stätten Flüsse und Bäume sind und deren Bürger:innen statt in einem Staat in einzelnen Kommunen leben. Deren Weisheit aus der Natur kommt. Wenn die gleißende Sonne in Form zweier gebündelter Scheinwerfer durch die Dreiecke im Dach ins Dunkel der *Ruka* strahlt und den Rauch vom Feuer bündelt, scheint es, als würde die *Cosmovision* ihren Heiligenschein direkt in die bewohnte Gebärmutter projizieren. Etwas »Profanes«, wie Eliade sagen würde, wie Kochen überm Feuer, wird in diesem spektakulären Lichtspiel wahrlich zu etwas Heiligem.

Der Kosmos, oder vielmehr die Heimat der Mapuche, liegt in der *Araucania* im Süden Chiles – von Deutschland aus gesehen am anderen Ende der Welt. Auf 4.000 Kilometern Länge schlängelt sich das Land an der pazifischen Westküste Lateinamerikas entlang, von der Grenze zu Peru im Norden bis zur Südspitze des Kontinents. Im Osten trennen die mächtigen Anden, eine Bergkette aus roten Riesen, Chile vom Nachbarland Argentinien.

Der Süden Chiles ist landschaftlich überwältigend schön. Paradiesisch wäre nicht übertrieben, wie ich finde. Jahrtausendealte gemäßigte Regenwälder bedecken Teile der Landschaft. Heiße Quellen sprudeln aus dem Erdboden, und riesige Seen ziehen sich durch die Berge. Dort leben laut Mapuche-Kultur die Geister der Natur. Durch die *Araucania* oder das *Wallmapu* fließen kristallklare Flüsse wie Adern durch tiefgrüne Täler, schneebedeckte Vulkane strecken sich gen Himmel. *Wall* bedeutet »um« oder »umgeben« und *Mapu* »Erde« in *Mapudungun*. *Wallmapu* heißt demnach »umgebende Erde«, während *Mapuche* die Menschen (-ch) der Erde (Mapu) bezeichnet. Menschen, Tiere und Welt sind unumgänglich miteinander verbunden. Wenn man etwas nimmt, gibt man etwas zurück. Rosario ist 70 Jahre alt und lebt in der Community Quelhue in der araukanischen Stadt Pucón am See Villarrica, dem touristischen Zentrum der Region. Rosario ist eine *Chuchu,* eine Großmutter. Gemeinsam mit ihrem Mann Florencio erklärt sie Besucher:innen die Kultur der Mapuche. Sie lässt uns nicht nur kochen, sondern auch Wolle spinnen, weben und musizieren – Mapuche-Kultur im Schnelldurchlauf.

In der Provinzhauptstadt der *Araucania,* Temuco, besuche ich die Professorin Dr. Lucy Ketterer Romero in ihrem Büro an der Universidad de la Frontera. Die Psychologin forscht in Genderstudies, geschlechtsspezifischer Gewalt, Menschenrecht und indigenen Völkern. Sie ist keine Mapuche, sondern Chilenin. Sie erklärt: »Mapuche-Frauen ›gebären‹ Leben und Kultur. Sie lehren tägliche Gewohnheiten, aber auch die Sprache.« Sie würden ihre Communitys mit Nahrung *und* mit Kultur versorgen, so Ketterer Romero. »Ältere Mapuche werden von den jüngeren als weise angesehen, weil sie die Geschichte des Volkes gelebt und erlebt haben.« Sie glaubt, dass das Geschichten-Erzählen den *Chuchus*, den Großmüttern, eine starke gesellschaftliche Position verleiht, weil sie die Hoheit über die Historie und somit die Identität des Volkes innehaben. »Selbst wenn sie Gewalt erlebt haben, geben sie diese durch ihre Geschichten weiter. Die jüngere Generation der Frauen lernt aus diesen Erzählungen, dass sie sich besser über ihre Rechte informieren müssen. Sie lernt, stärker für sich einzustehen.«

Aus dem Fenster von Ketterer Romeros Büro überblickt man den grünen Campus des Universitätsgeländes, Studierende schlendern über den Rasen, schleppen ihre Rucksäcke, hängen in Gruppen ab. Einige von ihnen sehen so jung aus, dass ich sie für Schüler:innen halten könnte – fast noch wie Kinder. Laut eigener Aussage besuchen etwa 20 Prozent Mapuche-Studierende die Uni.[2] Sie wandeln zwischen den Welten, ihrer naturverbundenen Mapuche-Kultur und dem industrialisierten chilenischen Alltag.

Die westliche Kultur und Wirtschaft kam im Jahr 1540 in Gestalt der Spanier zu den Mapuche. Zuvor lebten sie in einem gegenseitigen Versorgungsprinzip, das Ernten gerecht unter den Mitgliedern aufteilte. Die Organisation dieses Tauschhandels war Frauensache. Die Männer kümmerten sich traditionell um die größeren Tiere, um die Aussaat, den Kartoffelacker und die Weizenproduktion. Die Frauen um die *Rukas*, die kleinen Tiere, die Kinder und die Gesundheit.

Gegen die Übernahme durch die *Conquistas* setzten die Mapuche sich zu Wehr. Mit aller Kraft. Über ein Jahrhundert lang haben sie gegen die Kolonialtruppen Krieg geführt, bis Spanien im Friedensvertrag von 1641 *Wallmapu* als unabhängig akzeptierte.[3] Die Mapuche sind das einzige indigene Volk in Lateinamerika, das weder von den Spaniern noch von den Portugiesen erobert wurde. Trotzdem veränderte die Ankunft der Europäer ihr Leben gravierend: Sie fingen an, Handel zu betreiben. Mit den Eroberern kamen die Infekte, die Kirche, der Alkohol, das europäische Patriarchat. Dazu Lucy Ketterer Romero: »Die argentinische Autorin Rita Laura Segato beschreibt eine Allianz zwischen Eroberern, den lateinamerikanischen und den indigenen Männern. Sie haben eine eigene Hierarchie entwickelt.« Die Anthropologin Segato hat über Jahrzehnte Gender in Lateinamerika beobachtet. Sie kommt zu folgendem Schluss: »Die vorkoloniale Geschlechtsauffassung weist eine duale Struktur auf, die sich deutlich von der binären Geschlechterstruktur der kolonial-modernen Gesellschaften unterscheidet.« Im Westen wäre das Patriarchat das »Eine«, das durch Marginalisierung des »Anderen« funktioniert. »Ich argumentiere, dass die Vereinnahmung und Veränderung der vorkolonialen dualen Geschlechterstrukturen die Ungleichheit verschärft, die Gewalt gegen Frauen erhöht und sie politisch entmachtet«[4], so Segato. Heißt grundsätzlich: Wenn ich als indigener Mann schon unter dem Scheffel der Europäer stehe, kann ich immer noch über Frauen herrschen.

Endgültig besiegt wurden die Mapuche erst vom unabhängigen Staat Chile. 1866, nach einer Reihe von politischen Debatten in der Hauptstadt Santiago über die Mapuche-Bevölkerung – ohne deren Beteiligung –, verabschiedete das Parlament ein Gesetz, das die Ländereien südlich des Flusses Bío-Bío als staatlich oder privat erklärte. Das Gesetz ermöglichte Behörden, diese Ländereien zur Besiedlung durch Nicht-Mapuche zu vergeben. Eine stärkere Geringschätzung kann man einer Kultur kaum entgegenbringen. Zur Veranschaulichung ziehe ich einen kulturell näheren, obgleich weniger drastischen Vergleich: Die Auswirkungen der Treuhand und des Ausverkaufs von Eigentum im ehemaligen Osten Deutschlands versprühen bis heute die Aura von »Hinterwäldlertum« in der ehemaligen DDR. Mit dem Verkauf des Bodens, auf dem man lebt, der, im Falle der Mapuche, auch nährt und als religiöser Kosmos verstanden wird, wurde dem Volk ohne weitere Rücksprache die Lebensgrundlage genommen.

Die Mapuche, kampferprobt, haben sich wieder zur Wehr gesetzt. Chile schickte im Gegenzug die Armee nach Süden, um die *Araucania* zu »befrieden«. Nichts daran war friedlich. Bis 1881 wurden die Mapuche auf 3.000 *Reducciones*, Reservate, umgesiedelt, die nur sechs Prozent ihres angestammten Territoriums entsprachen.[5]

***

Die Aktivistin Bertelina Huenullanca wohnt in einem grünen Tal am Fuß des mächtigen Vulkans Villarrica. Bewohnt wird er im spirituellen Verständnis der Mapuche von einem mächtigen Geist namens *Pillan*. In *Mapudungun* heißt der Vulkan *Rukapillan*, »das Haus des *Pillan*« oder »das Haus des alten Geistes«, der Name kann variieren. Entsprechend ist der *Rukapillan* eine heilige Stätte und eines von vielen Streitobjekten mit dem chilenischen Staat. Der möchte nämlich ein Skigebiet auf dem Vulkan mit seiner ewigen Schneekuppe errichten. Von der Mapuche-Perspektive aus betrachtet entspräche dies dem Bau eines Vergnügungsparks im Vatikan. Respektvoller Umgang sieht anders aus.

Huenullancas Familie lebt in einem chilenischen Haus, auf dem Gelände ihres Bauernhofs hat die Familie eine eigene *Ruka* errichtet. Diese *Ruka* ist nicht für die Präsentation für Touristen gedacht, sondern als Raum der Gemeinschaft, des Austausches und des Geschichtenerzählens für die Familie und die Community, hier sieht es wuseliger, belebter aus als bei Rosario. Bertelina Huenullanca ist 54 Jahre alt und hat sich für die Erhaltung von Wald- und Feuchtgebieten eingesetzt. Die Aktivistin bezeichnet die Naturgeister *Ngen* als »das älteste Gedächtnis der gesamten Menschheit. Sie kennen alle Wesen, die je gelebt haben«, erklärt sie. »Deswegen«, erzählt sie weiter, »umringen Mapuche das Feuer mit Steinen«. Mapuche, vor allem die Frauen der Mapuche, seien mit der Erde verbunden. »Wenn wir der Erde Schaden zufügen, wenn wir dem Ökosystem Schaden zufügen, werden auch die Menschen krank. Krank in den Köpfen, krank in den Knochen, innerlich krank.« Grund dafür sei, dass die Elemente etwas für die Schäden, die Menschen verursacht haben, zurückfordern. »Keiner mag es, verletzt zu werden«, so Huenullanca. Wenn sie die Steine aus der Natur nimmt und damit ihre Feuerstelle umringt, dann zahlt sie den Steinen und dem *Ngen* einen Zoll – eine Gabe dafür, dass sie sie aus der Natur ins Haus geholt hat. Mapuche nehmen nur so viel, wie sie wirklich brauchen. Raubbau an der Natur, die Kommerzialisierung zugunsten von kurzzeitigen Gewinnen, liegt ihnen fern. Nachhaltigkeit ist für sie kein Lernprozess oder umkämpftes politisches Buzzword, sondern Teil ihrer Kultur, ihres Selbstverständnisses.

In einer Kanne, die sie selbst getöpfert hat, serviert sie *Muday*, ein Getränk mit spiritueller Relevanz, das sie selbst aus fermentiertem Mais gebraut hat. Sie bringt nur eine einzige Schale zum Trinken mit, man teilt. Sie befüllt sie mit *Muday* und reicht sie mir. Bevor ich trinken darf, muss ich die ersten Tropfen auf die Steine an der Feuerstelle und den Erdboden gießen, um einen rituellen Tribut zu zahlen: Für das, was ich genommen habe, gebe ich etwas zurück.

Bertelina Huenullanca ist es egal, als »hinterwäldlerisch« oder als »Hippie« bezeichnet zu werden. Denn sie findet westliche Kultur stellenweise auch »rückständig«: »Ich finde es nicht gut, dass es Kinderheime gibt, ich finde es nicht gut, dass es Altenheime gibt«, erklärt sie. Man könne die Fäden, aus denen der gesellschaftliche Zusammenhalt gewebt sei, nicht einfach auseinanderreißen. Wenn alles ausgelagert würde, dann verlerne man, zusammenzuleben, so Huenullanca.

Chiles Diktator Augusto Pinochet, dessen Gewaltherrschaft von 1973 bis 1988 zu den brutalsten des 20. Jahrhunderts gehört, vertrieb die Mapuche aus den *Rukas* von ihrem Land in staatlichen Wohnungsbau, angeblich, um sie zu »zivilisieren«. Die Apartmenthäuser missachteten in der Bauweise die *Cosmovision*. Statt der Gebärmutterform, ausgerichtet an Himmelsrichtungen, gab es zwei Zimmer, Küche, Bad. Was für mich normal ist – Wände, Fenster, Privatsphäre –, hieß für die Mapuche Trennung und Verlust. In Apartmenthäusern fühlten sie sich aus der Natur gerissen und von ihren Gottheiten getrennt – es gab keinen Platz für Himmelsaugen. Die Wohnungen waren für Kleinfamilien entworfen, nicht für generationsübergreifende Sippen oder gar ganze Kommunen. Die Zwangsumsiedlung zerriss das soziale Gewebe der Communitys. Nach dem Ende der Diktatur blieben die Verletzungen – bis heute – zurück.

Bertelina Huenullanca hat sich bewusst für eine Form der traditionellen Mapuche-Lebensweise entschieden. Ihre Türen sind offen – für die Sonne, die Tiere und die Menschen. Angst vorm Älterwerden hat sie auch nicht: »Es gibt immer eine Rolle für ältere Frauen. Sie können arbeiten, solange sie sich fit genug fühlen. Ich sage zu jungen Menschen, geht raus, sucht euch ein ›altes Buch‹, einen älteren Menschen. Fragt die Person so lange aus, bis es euch gelingt, ihre Geschichten zu bergen.« Man hätte in der Vergangenheit zu viele dieser »Bücher« als wertlos weggeworfen. Alte Menschen seien die Museen, die Bibliotheken der Mapuche, ihre konservierte Weisheit, vor allem die Großmütter, die *Chuchus*.

Mein Spanisch reicht in etwa aus, um die Hälfte ihrer Worte zu verstehen. Die andere Hälfte verschwindet im Wortsalat, die Genauigkeit, die Präzision, die ich an Sprache mag, bleibt auf der Strecke. Erst beim Abhören der Gespräche, zurück in Berlin, erschließt sich mir der vollständige Inhalt. Zum halbierten Verständnis gesellen sich Begrifflichkeiten in *Mapudungun*. Sie flattern durch die spanischen Sätze wie die zahllosen Vogelarten, die das *Wallmapu* bevölkern. Bevor man sie wirklich betrachten oder verstehen kann, sind sie schon wieder unterwegs. *Mapudungun*-Wörter erinnern mich an diese Vögel, wunderschön und geheimnisvoll, voller unbekannter Eigenschaften und Bedeutungen, Bausteine einer Kultur, die sich als untrennbar mit der Natur versteht.

Nicht nur die Worte sind fremd, auch der Redefluss ist ein völlig anderer als in Europa. Wissen, Traditionen und Gepflogenheit, die, wie sie von den *Chuchus* mündlich in Geschichten weitergegeben werden, nennt man »Oral History« oder *historia oral* auf Spanisch. Im Deutschen gibt es kein Wort dafür, man nennt die Tradition »Sprechenlassen von Zeitzeugen« oder benutzt den englischen Begriff. Die mündliche Überlieferung gilt erst seit der Aufarbeitung des Holocausts als vollwertige Sparte der Geisteswissenschaft, wie bei der weisen Margot Friedländer. Nicht nur die Mapuche, sondern die meisten »volkskundlichen« Weisheiten von Frauen auf der ganzen Welt wurden in erster Linie mündlich überliefert – eben auch, weil Frauen nur begrenzt in Lesen und Schreiben ausgebildet wurden.

*Oral History* muss allerdings auch gelernt werden – vor allem als Zuhörerin. Nachdem ich Tausende Kilometer im Flugzeug zurückgelegt und Kontinente, den Atlantik und die Anden überquert hatte, saß ich mit schmerzenden Knien und vom Rauch ausgetrockneten Augen im *Ruka* und wünschte mir nichts sehnlicher als eine kompakte, druckbare Mapuche-Weisheit, die wie ein perfektes Puzzleteil in meine Suche passen würde. Etwas, was Frauen im Rest der Welt von diesen Hüterinnen der Kultur über ihre Zukunft ihrer eigenen Weisheit lernen könnten.

Nur interessieren sich die Mapuche-Frauen nicht für meine

lineare, getaktete Zeitvorstellung, mein Bedürfnis nach einer Pointe oder einem inhaltlichen Abbinder. Ihr Zeitverständnis unterliegt dem zyklischen Rhythmus von Tag und Nacht, von Leben und Tod und dem Wechsel der Jahreszeiten. Sie glauben an kreisförmige Bewegungen: Nach dem Tod kehren sie ins Gewebe aus Menschen, Natur und Tieren zurück, um später daraus wiedergeboren zu werden. Diesem Muster folgend fließen auch die Sätze kreisförmig. Es gibt keinen Anfang, keine Mitte und kein Ende. Mein Hintern schmerzt, mein Kopf rast: Ich sehne mich nach einem Schlusswort und bekomme keines. Natürlich nicht. Das Schlusswort wäre ja wieder ein Anfang!

Ich frage gezielt nach »Ausblick«, blicke dabei nach vorn und nach oben. Dort liegt in meiner europäisch geprägten Zeitvorstellung die Zukunft. Vor mir. Wenn Bertelina Huenullanca über die Zukunft nachdenkt, blickt sie zurück – in ihre persönliche Geschichte, da das Vergangene immer auch das Zukünftige prägt. Der westliche Feminismus ist für viele Mapuche-Frauen ein weiterer Mechanismus der Eroberung, der in ihren Augen aggressive Kampf nach Gleichstellung ihnen fremd. Huenullanca erklärt, dass in der *Cosmovision* männlich und weiblich nicht gleich, sondern unterschiedlich, aber gleich*wertig* sei. Mann und Frau können nicht ohne einander. »Natürlich gibt es auch Diskriminierung innerhalb meiner Kultur«, so die Aktivistin weiter, »meine Erzählungen sind keine leeren Hülsen. Ich erzähle, weil ich meinem Volk helfen möchte zu lernen.«

Rita Laura Segato schlägt vor, den feministischen Spruch »Das Private ist politisch« umzukehren. Denn, so die 72-jährige Anthropologin: »Das paradoxe Ergebnis dieses Slogans war ein frommer Glaube an den Staat, in das Erreichen von mehr Gesetzen und öffentlichen Maßnahmen, die geschlechtsspezifische Gewalt in intimen Kontexten begrenzen könnten.« Das habe nicht funktioniert. Sie möchte stattdessen die Politik selbst »domestizieren, entbürokratisieren, sie vermenschlichen, indem man sie in eine häusliche Tonart überträgt, wobei das ›Häusliche‹ jedoch re-politisiert wird.«[6] Klingt feministisch weise.

Lernen lässt sich nun mal am besten aus der Geschichte, dem Erlebten. Nicht alles, was vor mir liegt, muss neuer, besser und schneller sein. Es kann auch ein stetiger Lernprozess sein, ein Gewebe aus meinem Umfeld und meinen sozialen Kontakten. Vielleicht kann man sich die Zukunft in der feministischen Weisheit ein bisschen kreisförmiger erzählen.

Und sie verkörpern. Der touristische Nachmittag bei Rosario endet mit Mapuche-Musik. Oder besser gesagt, Mapuche-Rhythmik. Rosario schlägt die *Kultrun*, die heilige Trommel der Mapuche. Wir klopfen zwei Klanghölzchen aufeinander, während eine spanische Besucherin eine Art Tambourin schüttelt. Im Rhythmus von Rosarios Trommel stampfen wir um das Feuer. In der ersten Runde spüre ich die Blicke der Besucher:innen, die sich gegen den Tanz entschieden hatten. Ich versuche, auf nichts anderes zu hören, an nichts anderes zu denken, als an dieses Geräusch – klick, klick, klick. Dann erinnere ich mich an die Himmelsrichtungen. Die Tür zeigt immer nach Osten, demnach laufe ich gegen den Uhrzeigersinn nach Norden. Ich erinnere mich an die *Cosmovision* und die Gleichsetzung von Haus, Körper und Kosmos: Die *Ruka* ist die Welt, und ich umrunde sie, wieder und wieder. Ich höre auf die Welt in meinem Körper, nehme wahr, wie mein Herzschlag sich langsam dem Rhythmus von Rosarios Trommel anpasst. Ich höre den Rhythmus und fühle ihn in meinen Zehenspitzen. Wir beleben die Welten mit Rhythmus, mit unseren Körpern.

Mapuche-Rituale, so hatte mir Rosario vorher erzählt, müssen in geraden Zahlen vollzogen werden, niemals in ungeraden. Irgendwann höre ich auf, die Runden zu zählen. Mein Körper fühlt sich flüssiger und freier an, je länger ich ums Feuer trampele. Ich verstehe: Bisher fand mein ganzes Leben von den Schultern aufwärts statt, in meinem Kopf. Dort plante ich, von dort aus operierte ich. Der Körper lief mit. Ich habe nie verstanden, dass ich eine innere Stabilität, sogar eine Form von Spiritualität brauchte. Und zwar nicht nur im Kopf, sondern im ganzen Körper. Um feministische Weisheit zu erlangen, muss ich meinen Körper bewohnen und hegen, als wäre er das ganze Universum. Und damit fange ich am besten an meiner Sollbruchstelle an.

## KAPITEL 6

# Selbstvertrauen

Vom Wert des Bemutterns, mit und ohne eigene Kinder: Eine Künstlerin in Brandenburg

Als ich in der siebten Klasse war, bekam ich zum ersten Mal meine Tage. Ich war 13 Jahre alt und kannte Periodenblut von den dicken Binden, die meine Mutter in der Badezimmerkammer lagerte. Die »Regel« meiner Mutter machte einen ohnehin schon nicht ganz einfachen Alltag mit ihr – meine Mutter litt unter einer schweren Angsterkrankung – noch herausfordernder. Hatte sie ihre Tage, verwandelte sie sich in eine jammernde, schmerzverzerrte Version ihrer selbst. Der erste Tag war der schlimmste. Wir duckten uns, wenn sich unsere Wege in unserem Haus aus Versehen kreuzten, der Ausspruch »erster Tag Regel« glich einer familieninternen Alarmglocke, die signalisierte: Achtung! Alle im Zimmer verschanzen! Mutter dreht am Rad!

Als Kind kam es mir natürlich nicht in den Sinn, dass sich diese Tage für meine Mutter noch viel schlimmer angefühlt haben müssen als für uns. Als ich selbst meine Regel bekam, hatte meine Mutter gerade einige Zeit das Bett nicht verlassen, konnte nicht schlafen, wurde von Schwindel und immer stärker werdenden Angstzuständen überrascht. Heute weiß ich, dass die Wechseljahre die Symptome ihrer Angsterkrankung vermutlich verstärkt haben. Helfen konnte ihr – uns – damals niemand. Wo versteckten sich die weisen Frauen, die ihr zuhörten und ihre Beschwerden ernst nahmen? Die uns Kinder versorgten, während sie zu krank dafür war? Es kam niemand. Niemand verfügte über innere Stärke noch Spiritualität – oder, wie man in unserem Teil der Welt vielleicht sagen würde, Nächstenliebe, uns zu helfen.

Ich saß auf der Toilette, betrachtete den roten Fleck in meiner Unterhose aus buntem Frottee und fühlte mich wie ein blutendes Kind. Ich wollte ein Pflaster, keine Binde, ich wollte verheilen, nicht fruchtbar sein. Ich beschloss, eine »Karrierefrau« zu werden, die kannte ich aus dem Werbefernsehen. Dort lebte sie selbstbestimmt und vor allem unabhängig. Ich würde auf keinen Fall eine Mutter werden und Abhängigkeiten schaffen. Ich würde auf keinen Fall wie *meine* Mutter werden.

Bescheid geben musste ich ihr natürlich trotzdem. Sie lag auf dem Sofa, als ich zu ihr sagte: »Ich habe jetzt auch so meine Tage.« Etwas anderes fiel mir nicht ein. Sie richtete sich auf und strahlte mich an: »Jetzt bist du eine Frau!« Ich lächelte müde.

Ich fragte mich, was genau der Grund zum Feiern sei, *das* geworden zu sein. Ich betrachtete meine Mutter und sah eine schmerzbehaftete Frau. Eine, die hinter allen »herputzen« musste, die außer ein paar 100 Euro Kindergeld kein eigenes

Geld besaß, die »tratschte und klatschte«, beim Autokauf für die Farbe zuständig war, irgendwann mal einen Beruf ausgeübt hatte und sich ansonsten – gut für mich – nur für uns Kinder aufopferte. Deren Wünsche man halbherzig erfüllte, um sie ruhigzustellen, nicht weil man ihre Bedürfnisse als wertvoll einstufte. Das klingt alles furchtbar harsch, und das war es auch – hauptsächlich für sie. Jetzt war also auch ich zu einer »Frau« geworden, na großartig. Alle Abwertungen, die über Pastoren, Lehrer und Fernsehsendungen über das Weibliche zu mir durchgedrungen waren, klebten an diesem Wort. Nichts von all dem wollte ich. *Sie* wollte es zu diesem Zeitpunkt auch nicht mehr, im Gegenteil. Meine Mutter hatte so dermaßen genug von ihrem Hausfrauendasein, aber sie fand keinen Weg heraus. Ihre eingeredete biologische Uhr tickte so laut, dass sie ihre eigenen Wünsche nicht mehr hören konnte. Wer würde sie sein, wenn wir ausziehen, wenn sie nicht mehr aktiv als *Mutter* tätig sein würde?

Meine Oma sammelte auf der Wiese hinter unserem Haus Kräuter. Sie pflückte Schlehen und Holunder, Pfefferminze und Fingerkraut, auch Blutwurz genannt, weil der Saft, der aus der Wurzel austritt, so rot wie Blut ist. Sie braute Likör und einfache entzündungshemmende Tinkturen gegen Magenverstimmung. Als junge Frau hatte sie eine Lehre im Reformhaus gemacht und wollte eigentlich Apothekerin werden. Meine Mutter stempelte meine Oma als »rückständig« ab, weil sie ihre alten Gewohnheiten »nicht loslassen« konnte. Sie selbst hat die heilenden Rezepte meiner Oma nicht mehr gelernt, denn alles, was »Mutti« in ihrem Schrank stehen hatte, konnte sie schließlich in der Apotheke kaufen. Vom Herrn Apotheker gemischt, am besten mit dem

Label eines bekannten deutschen Pharmaunternehmens drauf, hatte die Tinktur plötzlich einen Wert: Sie wurde zur Medizin, zum legitimen Heilmittel. Aus dem Kochtopf meiner Oma waren sie olle Mütterchen-Hausmittel. Die eigene Mutter zu entwerten habe ich also nicht nur durch Beobachtung gelernt, sondern auch aktiv vermittelt bekommen.

Meine Periode wollte ich weitestgehend ignorieren. Leider funktionierte das nicht, denn ich blutete, als hätte jemand ein Schlachtmesser in meine Gebärmutter einfahren lassen. So schmerzte es auch. Die Binden verrutschten, und das Blut floss an ihnen vorbei: durch meine Unterhose, durch meine Hose auf die Sitzkissen der Kücheneckbank in der Wohnung meiner Freundin. Auf Bus- und Zugsitze. Ich bekam die Blutung nicht in den Griff, bekam meinen Körper nicht in den Griff. Es gelang mir nicht, sie zu verstecken. Das Blut lief nachts aus. Meine Matratzen sahen aus, als wäre jemand darauf geopfert worden. Und ich schämte mich. So sehr. Weil ich es nicht hinkriegte. Weil es mir nicht gelang, mein »Frausein« diskret zu verstecken.

Während ich meine Tage hatte, nahm ich nun Pullis oder Hemden mit, die ich mir über die Flecken in der Hose um die Taille wickeln konnte. Keine weise Frau kam und erklärte mir, dass mein Zyklus mich mit dem Kalender der Welt verband. Dass mein Blut das Symbol des Ursprungs allen Lebens war. Ich hätte es wahrscheinlich aber auch nicht geglaubt – ich war nicht abergläubisch, sondern würde auf rationales Denken und Naturwissenschaften zurückgreifen. Derweil litt ich unter Zysten, wurde falsch behandelt, aufgeschnitten und stümperhaft wieder zusammengenäht. Ich machte mich selbst und meinen minderwertigen Körper verantwortlich, nicht etwa die ignoranten Ärzte, die, wie ich heute weiß, nicht mal wissen, wie Zysten genau entstehen und wie man sie am besten behandelt. Niemand hatte jemals diese Fragen gestellt, denn Frauen wurden aus der akademischen Medizin ausgeschlossen und zu dauerliebenden Pflegerinnen degradiert. Die Frauen, die blieben, legten sich patriarchale Rüstungen zu, die sicher gelegentlich mit ihren Herzen verschmolzen. »Frauenleiden« wurden als psychosomatisch und minderwertig abgestempelt, sodass sogar manche Feministinnen glauben, dass man »Frauenbefindlichkeiten« nicht »pathologisieren« und somit auch *nicht* behandeln sollte.

Aus der Sicht meines 13-jährigen Selbst entsprach Kinderkriegen keinerlei Machtposition, sondern eher einer Strafe, die Gott gierigen Frauen auferlegt hatte. Ich würde kein Leben kreieren, sondern einen legitimen Platz in dieser Welt finden. Da ich weniger Aufmerksamkeit von Jungen als andere Mädchen bekam, benahm ich mich wie einer. Wenn ich mich wie ein Junge verhielt, würde ich vielleicht am Ende keine Frau werden, sondern ein erwachsener Mensch. Ich wollte wie eine Frau begehrt werden, aber nicht in diesem Körper leben. Also wurde ich Feministin.

Die Geburtsstunde meines persönlichen Feminismus war somit bedauerlicherweise auch Ausdruck einer angelernten Entwertung von Frauen, die ich, mit dem Einsetzen meiner ersten Periode, in meine feministische Lebensplanung integrierte: »Frausein ist immer anerzogen.« Ich konnte genau so ein Arsch sein wie jeder Mann auch. Mädchen waren albern und missgünstig. Ich hörte auf zu essen. Ich landete in einer Kinderklinik, wo man mich fragte, ob ich absichtlich abnehmen wollte. Ich bekam Heißhunger. Ich hatte Angst, dick zu werden. Ich fing an, mir nach dem Essen den Finger in den Hals zu stecken. Ich las dicke Bücher von »großen Männern«, Mann, Hemingway, Kafka, Frisch, Sartre und Camus, in denen die besten Frauen wunderschön, klug, aufopfernd, kränklich und unerreichbar waren. Dass es solche Frauen nur in der Fantasie dieser Männer gab, verstand ich noch nicht.

Ich war davon überzeugt, dass eine »starke Frau« niemals eine Mutter sein könne, weil sie sich durch Mutterschaft immer in eine untergeordnete Frauenrolle begibt. Dass umgekehrt eine Mutter eine starke Frau sein könnte, hielt ich für Propaganda. Die moderne Gesellschaft hat es geschafft, die kreative Energie des Lebengebens in ein kitschiges Abziehbild von freudetrunkenen Vollzeitmamas oder eine Art gesellschaftlichen Suizid der individuellen, befreiten Frau zu verwandeln (ich übertreibe, aber ...).

Beide Erzählungen beißen den Industrienationen schleichend in den Hintern: Der Grund, das Mutterbild bis zur Unkenntlichkeit zu verzerren, war vermutlich, um eine möglichst reibungslose Produktion männlicher Nachkommen (Soldaten, Beamten, Krieger, Erfinder, Entdecker, Entrepreneure, Disruptoren, Vorstände, Präsidenten) zu generieren. Aber wehe, die Mütter »übertrieben« – dann wurde die eben noch fürsorgliche Mutter zur erstickenden, ja herrischen Glucke und der Soldat/Beamte/Krieger/Erfinder zum abhängigen Muttersöhnchen. An dessen Phlegma natürlich die Mutter schuld war. »Da Mütter als unsere Eintrittspforte in die Welt angesehen werden, gibt es nichts Leichteres, als den sozialen Verfall so darzustellen, als sei es die heilige Pflicht der Mütter, ihn zu verhindern – eine Art gesellschaftlich aufgewertete Version der Tendenz in modernen Familien, die Mütter für alles verantwortlich zu machen«, schreibt die Psychoanalytikerin Jacqueline Rose.[1] Mütter, so Rose, können in unserer Gesellschaft nichts richtigmachen. Also entscheiden sich junge Frauen überall auf der Welt gegen die Mutterschaft. Wer kann's ihnen verübeln?

Wenn Geburtenraten fallen, werden als Erstes »die Feministinnen« verantwortlich gemacht, nicht die immer noch patriarchal geprägte Gesellschaft, deren Mutterbild eine Erfindung der letzten 200 Jahre ist. Die digitale Gesellschaft kann kalauernde Künstliche Intelligenzen programmieren, die wie die Schauspielerin Scarlett Johansson klingen (hot!), aber die Rolle der Mutterschaft zeitgemäß und gleichberechtigt zu formulieren und zu integrieren scheint eine unlösbare Herausforderung zu sein. Die Folge ist genau das, was die Harvard-Wissenschaftler David E. Bloom und Leo M. Zucker als die »wahre Bevölkerungsbombe« titulierten: Die Anzahl der weisen Menschen im besten Weisheitsalter übertrifft die der jungen Menschen auf dem Weg zur Weisheit. Wir altern als Gesellschaft.

Weise wäre es, wenn Regierungen handeln würden: Neben den bereits erwähnten kulturellen und medizinischen Präventionsmaßnahmen bräuchte es eine Zeitenwende in der Familienpolitik. Mehr Geld für Familien, bezahlbaren Wohnraum, Frauengesundheit und Bildung. Man müsste Mütter, und Eltern, streng genommen, hofieren wie Energielieferant:innen – es heißt *Human Resources*! Zu Zeiten der Industrialisierung haben Unternehmen Wohnungen und Schulen für ihre Mitarbeitenden gebaut – wäre eine zeitgemäße Variante dieser Idee denkbar? Wie sähe die aus?

Man müsste ganze Wissenschaftszweige auf Frauengesundheit, Kinderwunsch und Endokrinologie abstellen, In-vitro-Fertilisation und Social Freezing, das Einfrieren von Eizellen bei Frauen, im Prozedere vereinfachen, verbessern und von der Krankenversicherung bezahlen lassen. Es müsste mit Hochdruck diskutiert werden, wie man Wohnraum für Familien bezahlbar hält, welche Lehrer:innen zukünftig unterrichten werden und ob alle Menschen sich selbstständig mithilfe eines nachhaltigen Mobilitätsnetzes in ihren Städten und Kommunen bewegen können. Zu wenig von all dem passiert. Deswegen ist feministische Weisheit mehr als ein Gedankenspiel. Rollen für Frauen aller Generationen, den jungen, fruchtbaren, sowie deren Mutterschaft, und den älteren, müssen meiner Meinung nach ganz neu verhandelt werden, egal ob Single, Mutter, Großmutter oder weibliche Person.

Auch wenn junge Frauen heute ihre Zyklen per App tracken und Menstruationstassen verwenden, spiegeln ihnen Personalabteilungen, Arztpraxen und Rentenkassen immer noch Minderwertigkeit wider. Auch wenn Frauen Wahlmöglichkeiten haben, sogar wenn sie sich mal so »richtig selbst in den Hintern« treten und »aufhören zu jammern«, um Kardashian-mäßige Arbeitstiere und Geschäftsfrauen zu werden, lässt sich eine historisch gewachsene Geringschätzung nicht einfach wegcoachen. Ich bin absolut dafür, dass Frauen lernen, Wünsche und Willen zu artikulieren. Ohne Eigeninitiative funktioniert kein Feminismus. Strukturelle Veränderungen ermöglichten es mir, jahrelang in einem Medienkonzern als Führungskraft arbeiten zu können. Die innere Furcht davor, nicht ausreichen zu können, konnte meine Stellung mir jedoch nicht abnehmen. Und eins ist klar: Dieses Gefühl der Minderwertigkeit wird nicht weniger, je älter ich als Frau werde.

Weil ich wahrlich nicht die einzige Frau in dieser Situation bin, ist es von politischer Relevanz, dass die zukünftigen Hüterinnen dieser Gesellschaft als solche anerkannt werden. Das funktioniert am besten Frau-zu-Frau. Ich bin mir sicher, dass, wenn Frauen selbstbewusst und überzeugt ihr eigenes Wissen und ihre Weisheit in sich tragen, sie wahrhaft furchtlos für ihre eigenen Interessen einstehen werden. Wenn Frauen einander beibringen können, diese Körper nicht nur zum Spaß anderer oder auch aus gelegentlich praktizierter Selbstliebe zu kleiden, zu schminken und zu trainieren, sondern sie zu bewohnen, zu bewahren und zu feiern, als wären sie das Universum selbst. Jede so, wie es sich richtig anfühlt, *inside out*. Frauen werden sich als wichtig genug einstufen, um mit voller Überzeugung ihre Meinung kundzutun und Aufmerksamkeit, Platz und Geld zu fordern: für ihre Körper, ihre Sicherheit, ihren Lebensunterhalt, ihre Wohnsituation, ihre Mobilität und ihre Gesundheit. Karriere wird keine Kompensation für eine angebliche körperliche Benachteiligung mehr sein – kein Beweis mehr, dass ich genau so viel wert bin wie ein Mann, denn ich bin es ja vorher schon. Von Geburt an. Weise Frauen werden wissen, dass erfolgreiche Personalführung eine Form der Sorgearbeit, ja des Bemutterns sein kann.

Ich glaube nicht, dass es notwendig ist, physisch Mutter zu werden, um zu bemuttern. Im Gegenteil: Einen besseren, gesunderen Umgang mit dem Mutter- oder Großmuttersein als moderne, gesellschaftliche Rolle erreicht man vermutlich dann, wenn man »Bemuttern« als soziale Aufgabe vom Uterus und der genetischen Verwandtschaft trennt, beziehungsweise, genetische Mutterschaft als sozialen Akt in den

Wertekatalog integriert. Denn Hüten ist natürlich auch eine erweiterte Form des Bemutterns.

Eine der mütterlichsten weisen Frauen, die ich in den letzten Jahren treffen durfte, sah weder wie eine stereotypische Mutter oder Großmutter aus, noch benahm sie sich wie eine. Sie hatte gar keine eigenen Kinder, keine Enkelkinder. Ihr Name war Inge Mahn, und sie war eine der wichtigsten deutschen Nachkriegskünstlerinnen.

»Die dürfen das hier nicht zu romantisch fotografieren!«[2], sagte die Bildhauerin zu dem jungen Fotografen, der über das Gelände galoppierte wie ein Kind auf dem Abenteuerspielplatz. Schwieriger Auftrag. Der ländlichen Idylle konnte man kaum entrinnen, frühlingshafte Sonnenstrahlen tauchten die winterliche Landschaft in sanftes Grün und Blau. Es war November 2020, und die Welt stand still. Ich arbeitete wie alle Menschen, die das Glück hatten, für ihren Job nicht viel mehr als einen Computer mit Internet zu brauchen, zu Hause am Schreibtisch, hatte mein Berliner Viertel kaum verlassen und Monate mit meiner Familie in der Wohnung verbracht. Das Gefühl, wirklich »draußen« zu sein, mit einem Fotografen und einer befreundeten Galerievertreterin, fühlte sich im Angesicht der Pandemie wie ein Abenteuerurlaub an. Wir hatten Glück gehabt – zwischen zwei Lockdowns durften wir Berlin nach einem Besuch im örtlichen Testzentrum inklusive der erleichternden Negativbescheide verlassen und die Künstlerin in ihrem Atelier in der Nähe von Gerswalde in Brandenburg besuchen. Die Künstlerin selbst hatte keinerlei Bedenken, obwohl sie damals mit ihren 77 Jahren zur »verletzlichen Gruppe« gehörte. Ich könnte viele Worte über Inge Mahn verlieren, »verletzlich« wäre keins davon.

Im Ort Groß Fredenwalde trafen wir Mahn, athletisch, in weißem T-Shirt, Lederhose und grauem Bob, bei ihr zu Hause. Sie hatte das ehemalige Bauernhaus vor 15 Jahren gekauft und in karger Stilsicherheit saniert. In der Diele lagen kinderkopfgroße buttergelbe Quitten, gelagert aus der eigenen Herbsternte im Obstkorb. Im offenen Obergeschoss hatte sie frühere Arbeiten sowie Dinge, die sie irgendwann vielleicht mal verarbeiten wollte, aufgebaut. Nichts stand zur Dekoration, alles befand sich im Gebrauch. Ihre komplexen Installationen entstanden in ihrem »Sommeratelier« im Garten. Aus der ehemaligen Scheune des Gehöfts blickte Mahn durch eine voll verglaste Wand direkt in die uckermärkische Zauberhaftigkeit aus hügeligen Wiesen und Waldinseln. Dies war ihre Variante, die Grenzen zwischen Natur und Haus aufzulösen. Hoch oben in den Stahlträgern im Giebel des Ateliers nisteten Rotkehlchen, ihre sorgfältig aufgereihten Werkzeuge hingen an der Wand. Die Künstlerin hatte ein exzellentes Gespür für den Raum. Sie berücksichtigte, in ihren Plastiken oder im Bauernhofausbau, dem Ort und die Gegebenheiten, die Natur, als lebe und arbeite sie in Absprache mit dem historischen Gebälk, den verwitterten Ziegeln, den alten Bäumen und Sträuchern, den Bauernschränken und Betten, den Keramikkrügen und Mausefallen.

Damals, mit 77 Jahren, erlebte Mahn im fünften Jahrzehnt ihres künstlerischen Schaffens einen Karriereschub: Sie stellte im Mailänder Converso und im Dessauer Bauhaus aus. Das letzte Mal wurde ihr diese Art des Erfolges in den 1970ern zuteil. Die Jahre dazwischen unterrichtete sie Kunststudierende. Diese Arbeit verstand sie als etwas, was man mittlerweile als Care-Arbeit bezeichnet.

Bereits in den 1980er-Jahren fing Inge Mahn an zu unterrichten, zunächst als Gastprofessorin in Düsseldorf und Braunschweig, danach an der Akademie der Bildenden Künste in Stuttgart. Wenige Jahre später störte sie sich an einer gewissen Behäbigkeit, die männliche Kollegen zwischen ihren Ausstellungen, dem Hörsaal und ihren Landhäusern entwickelten. Raum für innovative Gedanken hätte es in diesen bequemen Lebensentwürfen kaum gegeben. Mahn suchte nach Herausforderungen und fand sie 1993 an der Kunsthochschule Berlin-Weißensee – direkt nach der Wende sah sie sich als West-Künstlerin komplexen Fragen ausgesetzt: »Ich wusste nicht, worauf ich mich eingelassen habe«, erinnerte sie sich. Trotzdem liebte sie die Lehre: »Meine Zeit mit den Studenten war großartig. Die sind am Anfang ihres Lebens, noch sehr jung und neu und sehr essenziell. Das zu fördern, ist eine tolle Aufgabe.« *Like a Mother*, wie die Journalistin und Schriftstellerin Angela Garbes sagen würde.

Warum hat sie eigentlich in ihrer Ära als Professorin so spärlich ausgestellt? »Das ging mit der Schule zusammen nicht mehr. Überforderung ist vielleicht ein zu großes Wort, aber es fehlte die zwischenzeitliche Langeweile, um nachdenken und Neues entwickeln zu können.« Ihre Kunst wurde ihr Unterricht: das Weitergeben von Wissen, das Zusammenführen von Kunstschaffenden. 2009 ging sie in den Ruhestand und zog nach Groß Fredenwalde. Dort fand sie die nötige Ruhe, sich zu langweilen, begann sie wieder zu arbeiten. »Es geht nicht darum, dass man von der Kunst lebt, sondern, dass man dafür lebt.«

Mahn studierte Kunstpädagogik an der Kunstakademie Düsseldorf, der Alma Mater der »großen Männer« der Deutschen Moderne wie Günther Uecker, Sigmar Polke und Gerhard Richter. Auf den dort herrschenden Sexismus habe sie mit »passivem Widerstand« reagiert. »Der Professor, bei dem ich in Düsseldorf an der Akademie studierte, sagte, Frauen könnten sowieso keine Künstler sein«, erinnerte sich die 1943 in Schlesien geborene Mahn. »Wenn ich das schon gehört habe: Der Mann ist wie die Sonne, und die Frau ist wie der Mond, und der Mond muss von der Sonne beschienen werden, damit sie leuchtet. Na, danke schön!« In den Vorlesungen schwieg sie aus Trotz. So landete die Widerspenstige in der Klasse des Joseph Beuys. Beuys' »erweiterter Kunstbegriff« hob Kunstfertigkeit und Kreativität aus dem streng akademischen Korsett. Er wollte sie für alle Menschen öffnen, sagte: »Jeder Mensch ist ein Künstler.«

»Bei Beuys habe ich angefangen zu arbeiten«, erinnerte sie sich. »Weil es mir in der Klasse zu laut war, habe ich mir ein Haus aus Gips, einen Rückzugsort, gebaut. Ich habe sogar eine Liege hineingestellt und manchmal dort übernachtet. Es ist eine meiner ersten Arbeiten. Aber nicht in dem Sinne: Das ist jetzt Kunst. Sondern in dem Sinne, das ist das, was ich schaffen kann.« Sie habe sich von Beuys unterstützt gefühlt: »Wenn er meine Sachen anguckte, lachte er. Und Lachen ist was Positives.«

Positiv sollte ihre Kunst sein, fürsorglich. Bemuttert hat die Künstlerin nicht nur ihre Studierenden, sondern jetzt auch ihr Dorf. Ihr »erweiterter Kunstbegriff« meint auch das Miteinander, aus dem Kunst entsteht. In Groß Fredenwalde arbeitete Inge Mahn nicht nur mit Materialien, sondern sprichwörtlich mit der »Fantasie des Betrachters« oder vielmehr der ihrer Nachbarn. Die Gemeinde hat 100 Einwohner. Im »Stallmuseum«, einer Art Heimatmuseum und Galerie im Ort, kuratierte Mahn seit 2011 Ausstellungen für Gäste und Einheimische. Von den Alteingesessenen hatten vor dem Zuzug der Künstlerin wenige eine Ahnung davon, was Kunst im akademischen Sinne ist. Sie finde es spannend, dort zu arbeiten, wo alles brachliegt, erzählte Mahn, »nicht, um mit Kunst und Kultur aufs Land zu gehen, sondern, um mit der Landkultur zu arbeiten.«

Nicht, um der Landbevölkerung zu erklären, was Kunst ist und was nicht. Mahn lud befreundete Künstler:innen ein und erarbeitete zusammen *mit* den Dorfbewohner:innen Ausstellungen. Sie suchte nach Gemeinsamkeiten, nach Themen und Gegenständen, die für alle verständlich sind – eine langfristige kunstpädagogische Arbeit, könnte man sagen.

Einmal zeigte sie im Stallmuseum Wohnbilder, die die Menschen aus ihren Häusern mitgebracht hatten – Rosenbilder, Rehe am Waldrand und Jesus am Ölberg. Wochenlang habe sie mit den Nachbarn in deren Wohnzimmern gesessen, über die Objekte gesprochen, die an ihren Wänden hingen, und über das Warum diskutiert. Wie eine Dorfweise wagte Mahn es, hinter die teils sehr hohen Mauern ihrer Nachbar:innen zu blicken, mitunter ausdauernd, und langfristig angelegte Gespräche zu führen, um ein tiefes Misstrauen gegenüber zugezogenen Städter:innen zu überwinden. Meistens fand sie tiefe Einsamkeit hinter den höchsten emotionalen Absperrungen. Auch diese Annäherung war in Mahns Verständnis ein künstlerischer Prozess. Wie eine Heilerin stellte sie sich mit Gemeinschaft, Gespräch und gemeinsamem Schaffen gegen Symptome wie Vereinzelung und Depression. Erzählte Geschichte, *Oral history,* in Wohnzimmern statt an der Feuerstelle.

Menschen dazu zu motivieren, zu kooperieren, sich Zeit zu nehmen, gemeinsam Kunst zu machen, war Mahns großes Anliegen. Nichts konnte ihr ferner liegen, als das Kunstschaffen auf ein einzelnes Genie, eine entrückte Lichtgestalt zu reduzieren. Die ehemaligen Studierenden Mahns schwirrten zu ihrem großen Vergnügen in alle möglichen Bereiche des öffentlichen Lebens aus – in die Politik, den Film, in die Forschung oder eben in die Kunst.

Sie, die selbstbenannte Außenseiterin, knüpfte feine Fäden zwischen Nachbar:innen, Künstler:innen, Gästen, Gegenständen, Tieren und Natur – das ist ihre Kunst, ihre Variante der *Cosmovision.* Es gelang ihr, die uralte Funktion der Dorfweisen, der *Chuchu,* als Künstlerin zu bekleiden. »Man muss es zulassen«, wiederholte sie immer wieder. Woher nahm sie die Energie? Als kleines Mädchen habe sie ihre Mutter gefragte: »Können Frauen auch Pfarrer werden?« Die antwortete: »Wenn du das willst, kannst du das.« Mahn sei froh gewesen, dass ihre Mutter so geantwortet hat – »sonst hätte ich womöglich auch da Widerstand geleistet und wäre tatsächlich Pfarrerin geworden … Aber dieses *Wenn du was willst, dann kannst du das,* das ist tief in mir drin.«

Mahn hat diese einfache Weisheit ihrer Mutter an ihre zahlreichen Kinder und Enkelkinder weitergegeben, auch wenn keines traditionell in ihrer Gebärmutter gewachsen ist. Sie bemutterte durch Lehre. Lehrte Zuhören. Respekt vor der Umwelt. Es ist weise, Mutterschaft nicht über ihre Funktion als biologisches Fortpflanzungssystem zu deuten, sondern als gesellschaftliche Praxis ins große Ganze einzuordnen. Ich finde, wir könnten einen »erweiterten Mutterbegriff« oder eine »erweiterte Mutter- und Großmutterschaft« etablieren, wie Beuys den Kunstbegriff neu interpretiert hat. »Anstatt die Sorgearbeit als Merkmal des Substantivs ›Mutterschaft‹ zu betrachten, sehe ich sie jetzt als die Tätigkeit des Bemutterns, die jeden einschließt, der sich mit der ›Praxis der Schaffung, Pflege, Bejahung und Unterstützung des Lebens‹ beschäftigt«[3], schreibt Angela Garbes in ihrem Buch.

Die wenigsten Gemeinschaften bestehen nur aus genetischen Familienmitgliedern, neuere genetische Analysen unserer Vorfahren aus der Prähistorie beweisen, dass Horden nicht aus Blutsverwandten bestehen mussten.[4] Die bereits erwähnte »geistige Mutter« der Großmutter-Hypothese, Kristen Hawkes, erzählte mir von sozialen Verbindungen in Wildbeuter-Gesellschaften: »Ständig tummeln sich Kinder um die sammelnden Frauen, egal ob es ihre eigenen sind oder die von anderen. Das ist wichtig, denn wenn Sie mit Ihren Kindern, Ihrer Mutter oder Ihrem Partner nicht zurechtkommen, dann ist es sehr wichtig, dass Sie von der Gruppe ernährt werden.« Wenn das kein Bespiel für überlebenswichtige erweiterte Mutterschaft ist!

Eine feministische Weisheit versteht Menschen als Individuen, die sozial verantwortlich miteinander verbunden sind. Bemuttern und bevatern, begroßmuttern und begroßvatern ist und war auch ohne genetische Verwandtschaft einflussreich.

Inge Mahn praktizierte ihre Kunst als Dorfweise, sie initiierte Rituale. An ihrem Beispiel wird auch klar, dass diese Rolle sehr individuell und zeitgemäß interpretierbar ist. Zeit, die Mutter und Großmutter aus dem Kleinfamilienbild zu befreien – denn sie ist sprichwörtlich zu klein für das, was Bemuttern zu leisten vermag.

## KAPITEL 7

# Toleranz

Vom Wert des erotischen Wissens:
Eine Heilpraktikerin in München,
Hetären im antiken Griechenland

Dass weibliche Rollen zu eng gestrickt waren und sind, gilt nicht nur fürs Bemuttern, sondern auch für die Erotik.

Mein erstes Praktikum bei einem Magazin absolvierte ich Ende der 1990er-Jahre beim deutschen *Playboy*. Nach sechs Monaten Champagnerlaune gespickt mit moralischen Fragezeichen verließ ich München und den erotischen Journalismus. 2022 erkannte ich auf einer Menopausen-Veranstaltung im Gesicht einer Heilpraktikerin für Frauengesundheit die ehemalige Foto-Chefin aus dem *Playboy*-Büro wieder. Ausgerechnet die Wechseljahre hatten uns nach all diesen Jahren wieder zusammengeführt! Eben noch Erotik, Jet-Set und Kati Witt als Megaseller; jetzt Wechseljahre, Starkblutungen und Heilerinnen-Dasein. Von in Reizwäsche gekleideten Models und Kassiererinnen auf Hochglanzfotos zur Vaginaltrockenheitsberatung, vom spätjugendlichen Hedonismus zur pragmatischen Schwesternschaft des mittleren Alters, *fast-forward,* ein Vierteljahrhundertleben, ein Etappenziel auf dem Weg zur Weisheit?

Ich war baff – was für eine Lebensgeschichte! Ich musste wissen, wie diese Entwicklung zustande gekommen war, kontaktierte sie und besuchte sie an einem sonnigen Novembertag in ihrer Altbaupraxis im Hochparterre eines Gründerzeithauses im gediegenen Münchener Stadtteil Haidhausen. Ihr Name ist Saskia Straße von Ridder. Mittlerweile hat sie ein Buch über die Wechseljahre veröffentlicht und schreibt für Frauenzeitschriften über Frauengesundheitsthemen. Straße von Ridders Praxis sieht eher gemütlich als esoterisch aus, möbliert mit geschmackvollen Vintagestücken, die auch in ein Café passen könnten. Bunt gemusterte Vorhänge umrahmen die bodentiefen Kassettenfenster. Das Teeservice ist aus Keramik. Die Räume wirken wie die Heilpraktikerin selbst, bodenständig, zugewandt und warm. Als Besucherin sitze ich ihr an einem einfachen Tisch gegenüber, Heilerin und Patientin begegnen sich auf Augenhöhe.

Während die 50-Jährige Tee einschenkt, frage ich mich: Wie genau kommt man von der erotischen Fotografie zum Dasein als heilende, weise Frau? Wie passt das Schaffen als Heilpraktikerin zur langen Karriere als Foto-Chefin des deutschen *Playboys,* der popkulturellen Bastion eines längst vergreisten Alphamanns? Saskia Straße von Ridder erwähnt ihre erste Karriere im Zusammenhang mit ihrer heutigen Arbeit kaum. Nicht, weil sie Verurteilung fürchtet, eher eine gewisse »Verwirrung«. Denn natürlich scheiden sich die Geister, vor allem die weiblichen, immer noch am *Playboy.*

Während ich dort arbeitete, reagierten die meisten Frauen überraschenderweise nicht nur tolerant, sondern begeistert (die Männer eh) auf meinen Arbeitgeber. Die Coolness der Marke überstrahlte zunächst jegliche feministischen Bedenken. Es schien fast, als würde es mir als Frau eine seltsame Form von Überlegenheit geben, einen Einblick in diese absolute Männerwelt zu bekommen. Außerdem verstehen viele Frauen ein erotisches Fotoshoot als weibliche sexuelle Selbstbestimmung. Sie fänden diese Art der Fotos »ästhetisch«, höre ich oft, würden »ihren Wert« damit abstecken. Supermodel Cindy Crawford zierte schon 1988 als Covergirl den *Playboy*. In einem Interview mit dem *Independent* von 2023 nannte sie die Erfahrung »empowering«, weil sie die »Kontrolle über ihre Entscheidungen behielt«.[1] Ist das so? Fühlen Frauen sich als Aktmodel letztendlich nicht anders als ich beim Tanz im *Ruka*, vollkommen sicher in ihrem Körper? 2020 betonte Katarina Witt in einem Interview, dass es sich finanziell für sie »gelohnt habe«, sich »nackig zu machen«.[2] Bestimmt, und gut für Kati, aber: Verdient der Verlag nicht immer mehr daran?

»Der *Playboy* würde in einer Welt, in der Männer und Frauen gleichwertig wären, nicht existieren«, konterte die Journalistin und meiner Meinung nach dezidiert weise Frau Gloria Steinem in der *New York Times* 2018 anlässlich der Wiedereröffnung des »Playboy Clubs« in New York. 1963 hat sie undercover als »Bunny«, als Kellnerin im Hasenoutfit, dort gearbeitet.[3] Der als »Topjob« für junge Frauen annoncierte Aufgabenbereich beinhaltete, dass Steinem von Männern ungefragt berührt wurde, die ihr schwer an den Hals atmeten und sie, ebenfalls ungefragt, umarmten – während sie quasi in Unterwäsche Cocktails und Burger servierte.

Die Uniform kennt man: Sie besteht aus einem engen, halterlosen Body, Strumpfhosen, einem Haarreifen mit Hasenohren und einem etwa pampelmusengroßen Puschelschwanz am Hintern. Steinems Text blieb naturgemäß nicht die einzige feministische Kritik: Mehrere Frauen, die im und um das *Playboy*-Mansion lebten, berichten von Missbrauch. Das ist furchtbar und überhaupt nicht freizügig oder selbstbestimmt.

Auch für Saskia Straße von Ridder stand natürlich die Frage im Raum: Ist das sexistisch? »Dieses Frauenbild wird von der gegenwärtigen Kultur richtigerweise infrage gestellt. Das ist mir total klar, deswegen bin ich heute froh, dieses Kapitel hinter mir gelassen zu haben.« Kam es am Set zu Konflikten, war die Lösung immer »Frauensache«. Und Konflikte, so erinnert sich Straße von Ridder, gab es immer. Unter nackter Haut offenbarten sich intime Geheimnisse: plötzlich entdeckte Schwangerschaften, aufflackernde Missbrauchsgeschichten oder ganz banale Probleme wie Hängebrüste. »Frauensachen« eben. Zeigten sie sich in Form von Panik oder Tränen eines Models, duckten sich alle Männer sofort weg.

Sich nackt vor eine Foto-Crew zu stellen erforderte viel mehr als reines Selbstbewusstsein oder Spaß an der Sache, selbst wenn, laut Straße von Ridder, viele weibliche Fotografen wie Ellen von Unwerth, Gabo oder Esther Haase dabei waren. Jede Frau trug ihre individuelle Geschichte im und auf dem Körper, eigene Motivationen und eigene Selbstzweifel gleichermaßen. Straße von Ridder war immer die erste Ansprechpartnerin, diejenige, die erst zuhören und dann die

Brust scharf aussehen lassen musste. Der Widerspruch liegt auf der Hand. Trotzdem: »Ich habe den Prozess geliebt«, erklärt die Heilpraktikerin. Sie beschreibt »intensive, häufig schwierige Begegnungen« mit den Frauen. Die gesammelten Geschichten könnten ein eigenes Buch füllen.

Als Schülerin hat die Münchenerin selbst gemodelt – keine glamourösen Shootings, eher Handwerkliches wie für Kataloge. Dort habe sie gelernt, dass es Jobs hinter der Kamera gab, die sie selbst viel interessanter als das Modeln fand. Bereits in ihrer Abizeitung äußerte sie den Wunsch, Sexualtherapeutin zu werden. Ihr Jugendidol war die verstorbene Journalistin, Autorin und Sexualberaterin Erika Berger.

Saskia Straße von Ridders eigentliche Arbeit ist auf keinem Foto zu sehen. Wie bei den Frauen, die heute in ihre Praxis kommen, ging es bei den *Playboy*-Shoots ums »Eingemachte«, das andere Nackte, das Innere, Schmerzhafte, um Haare, Körperflüssigkeiten und Scham – all das schaffe es natürlich nicht auf die Hochglanzfotos. Die absolute Abwesenheit der physischen Weiblichkeit in Form von Periodenblut, Haarschuppen, Achselschweiß und Vaginalausfluss auf diesen Bildern heißt nicht, dass sie in Wirklichkeit nicht eigentlich omnipräsent waren. Sie sind nur weggeleuchtet, wegretuschiert, abgepudert, abgeputzt und in vollgesogenen Tampons im Mülleimer in der Damentoilette entsorgt worden.

Magazinbilder sind keine Dokumentarfilmaufnahmen, sind nie als solche gedacht gewesen. Wer Rückschlüsse von Bildern aus dem *Playboy* auf die Realität der Sexarbeit oder der Sexualität in privaten Schlafzimmern zieht, hat das Prinzip von Magazinen und, im erweiterten Sinne, von jeglicher Bildsprache missverstanden. Dass solche Abbildungen jemals ein realistisches Schönheitsideal von Frauen geprägt haben, ist meiner Meinung nach absurd. So sieht keine Frau, kein Mensch aus. So sehen Frauen in der Fantasie von *Playboy*-Gründer Hugh Hefner und seinen Nachfolger:innen aus. Nacktheit bedeutet eben so viel mehr als nur Sex und Sexappeal.

Vaginalpilz und Sexappeal liegen auch historisch enger beieinander, als die blank geputzte, eindimensionale Hochglanzwelt (oder auch die Kunstgeschichte, dazu später mehr) überhaupt erzählen könnte. Ein Heft wie der *Playboy* kann mit dem Zauber, der Individualität und Unmittelbarkeit von erlebter Erotik und Sex niemals mithalten. Erotik schafft Universen. Ein Bild, selbst ein Film, ist nur eine klitzekleine Momentaufnahme davon. Feministische Weisheit ermutigt, diese Galaxien zu erforschen. Jede Frau, jeder Mensch hat ihre ganz eigene. Feministische Weisheit ermutigt Menschen aller Geschlechter, ihre eigenen erotischen Illusionen zu erschaffen, so vielfältig wie sie selbst.

Gleichzeitig halte ich es für wichtig, Erfahrungen von Frauen aus der Erotik oder Sexarbeit wertzuschätzen. Feministische Weisheit schöpft aus dem Wissen, das Frauen in körpernaher Arbeit über Jahrhunderte angehäuft haben. Sie erkennt an, dass Frauen, die ihre Körper wirklich kennenlernen, immer ein Stück selbstbestimmter handeln können. Diese Weisheiten weiterzugeben ist für alle Frauen und letztendlich für alle Menschen von Wert.

Feministische Weisheit verabscheut Ausbeutung und verurteilt Gewalt gegen Frauen, sexualisierte Gewalt, Zwangsprostitution, Grooming, Trafficking und andere unmenschliche, genderspezifische Gewalttaten aufs Schärfste. Sie setzt sich mit aller Kraft dagegen ein. Sie zieht einzig und allein die Täter, niemals die Frauen zur Verantwortung.

Dass eine Tätigkeit, die aus der Erotik stammt oder zumindest nicht ganz davon zu trennen ist, zum Heilerinnenberuf führen kann, ist keinesfalls Saskia Straße von Ridders alleinige Geschichte.

***

Die Verbindung zwischen erotischer Arbeit und Frauenheilkunde geht bis in die Antike zurück. Die Historikerin Susanne Dieterich schreibt in ihrem Buch *Weise Frau: Hebamme, Hexe, Doktorin. Zur Kulturgeschichte der weiblichen Heilkunst,* der sehr lesenswerten Kulturgeschichte von Ärztinnen und Heilerinnen: »Ähnlich wie die berühmt-berüchtigten griechischen Hetären mag auch so manche Ärztin oder Apothekerin als Tempeltänzerin begonnen haben, und nicht von ungefähr waren einige Hetären auch als heilkundige Frauen geschätzt.« Grund: Die für »Forschungs-, Lehr- und Lernzweck geeignetsten Plätze« hätten weibliche Heilerinnen »in den einem Heilgott geweihten Tempeln« gefunden. Dort hätten sie in Ruhe praktizieren können.[4] Logisch eigentlich, wenn man die Sexarbeit nicht entwertet – wer kennt sich besser mit Körpern aus als Profis aus der Erotik und Sexarbeit? Hetären waren, zumindest laut gängiger Überlieferung, »Edelkurtisanen des antiken Griechenlands« – hoch ausgebildete Konkubinen, die lesen und schreiben, Musikinstrumenten spielen und singen lernten – Dinge, die Durchschnittsfrauen damals nicht gestattet waren, sie hatten demnach einen Sonderstatus inne. Aber das Sensationelle an Hetären ist eigentlich noch etwas anderes: Sie durften am öffentlichen Leben teilnehmen.

Klingt erst mal gar nicht so außergewöhnlich, aber das griechische Gesellschaftsbild versteckte Frauen in Haushalten. »Ehrbare« Frauen mieden die Öffentlichkeit, vor allem die allgegenwärtigen »Symposien«. Symposium – klingt nach Weisheit und Debatte, war aber vermutlich eher ein hochgestochenes Wort für öffentliche Trinkgelage mit etwas Debatte, viel Wein, vermutlich jeder Menge Sex und eher beiläufigen Dosen von Weisheit.

Hetären jedoch durften daran teilnehmen – in welcher Funktion, ist bis heute nicht ganz geklärt: Waren sie Performerinnen? Gesellschaftsdamen? Sicher ist, dass es sich bei Hetären um gebildete Frauen handelte, die beispielsweise kulturelle Salons veranstalteten. Sicher ist auch, dass die klugen und weisen Männer der hohen griechischen Gesellschaft ausgesprochen großen Wert auf die Anwesenheit von Hetären während ihrer Symposien legten. Ganz egal, wie genau die Berufsbeschreibung einer Hetäre nun ausgesehen haben wird: Eine lebensumspannende Karriere wird diese Profession nicht hergegeben haben. Die streng patriarchale griechische Gesellschaft war nicht für einen integrativen Blick auf die Attraktivität von Frauen bekannt: Vermutlich galten Hetären ab 25 als alt – genug Zeit also, um einen zweiten Berufsweg als Heilerinnen anzustreben.

Wir wissen heute von Hetären, weil einige von ihnen es zu schillernder Prominenz gebracht haben – zumeist durch schwülstige Erwähnungen griechischer Dichter: Wie Lais, aus der liberalen Stadt Korinth, die dem Philosophen Aristippos von Kyrene und sogar dem asketischen, hochgradig weisen Diogenes den Kopf verdreht haben soll.

Ob alle Hetären deswegen automatisch Sexarbeiterinnen waren (wie es beispielsweise Google sofort ausspuckt), wird mittlerweile infrage gestellt – von weiblichen Geschichtsgelehrten. Die US-amerikanische Altershistorikerin Rebecca Futo Kennedy schreibt: »Schlägt man im Wörterbuch das Wort ›hetaira‹ nach, findet man die Definition ›Kurtisane‹. Dieses wiedererkennbare Wort vermittelt ein Gefühl der Eindeutigkeit der Tätigkeit, doch das ist leider falsch.«[5] Griechische Worte ließen sich nicht immer leicht übersetzen, weswegen Leser:innen oft gezwungen seien, ihren kulturellen, politischen oder sozio-historischen Kontext zu untersuchen, bevor sie eine Entscheidung darüber treffen, wie sie zu übertragen sind. »Einige Wörter haben daher umfangreiche Einträge in Lexika«, so Futo Kennedy weiter. »Wörter, die den sozialen Status von Frauen bezeichnen, tun dies jedoch in der Regel nicht. Die Lexika, die davon ausgehen, dass der soziale Status von Frauen einfach sei, blenden die Komplexität aus, die mit den Wörtern verbunden ist, oder wie sie im Allgemeinen in Bild und Text dargestellt werden.« Aha. Grund genug, sich diese Bilder mal vorzunehmen.

Im 16. Jahrhundert setzte der deutsche Maler Hans Holbein besagter Lais ein künstlerisches Denkmal. Es heißt »Lais Corinthiaca«, wurde im Jahr 1526 fertig und zeigt die Korintherin als anmutige Schönheit mit gesenktem Blick vor einem Berg Goldmünzen. Immerhin hat Holbein sie bekleidet gemalt. In Sachen Style hat er sich ein bisschen künstlerisch-anachronistische Freiheit herausgenommen. Seine Lais trägt Renaissance-Mode – eine schwere, rote Robe aus Samt, mit aufwendigen, goldenen Puffärmeln aus Seide –, ein Outfit, das im antiken heißen Griechenland vermutlich wenig praktisch gewesen wäre. Trotzdem ließ er seiner Version der Lais so ein bisschen Würde zuteilwerden.

Im Gegensatz zum französischen Historienmaler Jean-Léon Gérôme. Gérômes Schaffen wird dem »historischen Realismus« zugeordnet, was einen gewissen Wahrheitsgehalt suggeriert. Er verewigte die Hetäre Phryne im Jahr 1861 auf seinem Werk »Phryne vor den Richtern«. Kurz zu Phryne: Heute würde man sie als »Social Climberin« bezeichnen, sie arbeitete sich von der Kapernhändlerin zur Millionärin hoch. Ursprünglich stammte sie aus der Stadt Thespiai und wurde im 4. Jahrhundert vor Christus als Hetäre zur reichen Society-Lady. Ein Typ namens Euthias, vermutlich ein verschmähter Liebhaber, hatte sie vor Gericht gezerrt. Über die Anklage schreibt der Dichter Athenaois: »Der Redner Hyperides sprach für Phryne, und als seine Rede nichts bewirkte und die Geschworenen sie zu verurteilen schienen, führte er sie öffentlich vor, zerriss ihr Kleid, entblößte ihre Brust und stieß am Ende seiner Rede Klagerufe aus, als er sie ansah, was die Geschworenen dazu veranlasste, eine abergläubische Furcht vor dieser Priesterin und Tempeldienerin der Aphrodite zu empfinden und eher dem Mitleid nachzugeben, als sie mit dem Tode zu bestrafen.«[6]

Von dieser Story fühlte sich der Maler Jean-Léon Gérôme zu einem fast *Playboy*-verdächtigen Akt inspiriert: Er inszenierte Phryne nackt im Lichtstrahl, mit milchweißer Haut und Marilyn-Monroe-Maßen (das Vorbild war Venus herself, gesehen von antiken männlichen Künstlern), während Horden von angezogenen Männern im Gericht auf ihren entblößten Körper gaffen. Von »Furcht« vor der Tempeldienerin, wie Athenaois schreibt, ist auf Gérômes Gemälde nichts zu sehen. Phryne scheint eher unterwürfig und verschämt, sie verdeckt ihr Gesicht mit ihrem Arm. Der Redner Hyperides hält ihr Gewand noch in der Hand, nach »Klagerufen« sieht sein Gesichtsausdruck nicht aus. Es lebe die künstlerische Freiheit. Außerdem muss man Gérôme lassen: Die fiktive Geilheit der Männer ist so überzeugend getroffen, dass ich wirklich glaube, Wasserfälle von lüsternem Speichel aus dem Bild tropfen zu sehen.

Von diesem Werk historische Rückschlüsse auf Phryne oder gar Hetären generell zu ziehen, halte ich für ausgesprochen fragwürdig. Nicht nur, weil der Maler die Situation vor Gericht nicht gerade dokumentarisch festgehalten hat, sondern weil bei der Betrachtung von Gérômes Gesamtwerk ein gewisses Muster deutlich wird. Immer wieder tauchen in seinen Gemälden idealisierte, entblößte Schönheiten auf. Bestes Beispiel: Die Arbeit »Sklavenmarkt« von 1866. Sie zeigt eine Frau mit quasi identischem Körper, deren Zahngesundheit von einem Käufer im prächtigen Kaftan und Turban auf erniedrigende Weise – mit zwei Männerfingern in ihrem Mund – untersucht wird. Auch hier gelingt es dem Künstler, die abscheuliche Degradierung der Frau mit akademischer Präzision festzuhalten.

Überhaupt schien Jean-Léon Gérôme eine Art sexuellen Kink mit der Darstellung nackter Frauen auf Sklavenmärkten zu verbinden: 1884 malte er gleich zwei Bilder, diesmal in Italien (»Sklavenmarkt in Rom« und »Sklavenmarkt im antiken Rom«). Ersteres zeigt die entblößte Schönheit mit gleicher Geste von hinten, beim zweiten hat er sich selbst übertroffen: Gleich zwei unverhüllte, haarlose, milchweiße Frauen stehen und kauern, während ein unbekleidetes Mädchen sich auf einen Tisch stützt, vor bietenden, gaffenden, bekleideten, europäisch aussehenden Käufern. Wie Phryne hält sich die im Mittelpunkt stehende Sklavin verschämt den Arm vor die Augen.

Ich bin keine Kunsthistorikerin, aber streng genommen hat der Vertreter des akademischen Realismus doch Männerfantasien gemalt, oder? Technisch sicherlich einwandfrei, aber historisch korrekt? Kaum.

Gérômes Darstellung von Frauen oder gar Hetären halte ich für etwa so quellentauglich wie ein *Playboy*-Cover. Trotzdem sind zahllose Beiträge über die griechischen Elitefrauen in Geschichtsbüchern mit seinem Gemälde »Phryne vor den Richtern« bebildert. Kein Wunder, dass man irgendwann einfach dazu übergegangen ist, sie als Prostituierte zu bezeichnen. Es ist mir ein Rätsel, wie man *alle* historischen Hetären mit *einem* Bild assoziieren kann, das ein Mann gemalt hat, der Jahrhunderte später lebte und offenkundig Spaß daran hatte, nackte Frauen vor große Männerhorden zu stellen. Eine ganze Profession von Frauen wird damit auf einige wenige Darstellungen von männlichen Dichtern und Malern reduziert.

Zum Vergleich spiele ich ein bisschen Science-Fiction: In 150 Jahren googelt jemand »junge Bäuerin in den 2010er«, findet ein *Playboy*-Cover mit den schönsten Bäuerinnen aus Deutschland, Österreich und der Schweiz, erschienen im Herbst 2012. Zu sehen sind acht Frauen, lauter *Playboy*-Bäuerinnen, die in Spitzenunterwäsche strahlend blanke Hintern und Brüste präsentieren. Vor ihnen steht ein großer

Korb praller roter Äpfel – sie sollen vermutlich für Eva, die Schlange und die ewig lockende Verführung stehen. Oder die Arbeit von Landwirtinnen? Pflücken die ihr eigenes Obst? Wohl kaum.

Was genau werden unsere Nachfahr:innen denken? O! Bäuerinnen waren im 21. Jahrhundert auch Sexarbeiterinnen! Das Cover wird folglich zum glaubwürdigen Referenzbild für junge Bäuerinnen unserer Zeit, und aus Landwirtinnen werden in ein paar Jahrhunderten Geschichte »Kurtisanen«. Was an sich gar nicht so schlimm wäre, würde man dadurch nicht den Wert der Bäuerinnen von hart arbeitenden Frauen zum »Flittchen« verfallen lassen. Vielleicht sind unsere Nachfahrinnen aber klüger als wir und denken sich einfach: Gut, dass die Bäuerinnen damals schon so weise waren und Spaß bei der Arbeit hatten!

Ich habe noch eine literarische Version des Phryne-Prozesses gefunden, die des altgriechischen Comedians Poseidippus. Der wiederum behauptete, die Hetäre sei angeklagt worden, weil sie alle »Bürger verderbe«.[7] In dieser Version überzeugte sie den Richter mit Tränen. »Verderben« können berühmte Menschen Bürger auch mit falschen Tatsachen oder schlechtem Benehmen, es muss in Phrynes Prozess nicht um Sex oder ihren Körper gegangen sein. Nur hätte der Maler Jean-Léon Gérôme aus einer unbestimmten moralischen Auseinandersetzung und einer weinenden, aber angezogenen Phryne eine weniger offenkundige Steilvorlage für einen Akt bekommen.

Die Historikerin Kennedy glaubt, dass Hetären eher eine Art Celebrity-Status in Griechenland innehatten. Sie nahmen am öffentlichen Leben teil, lebten ein glamouröses, luxusorientiertes Leben und waren offenkundig gebildet und begabt. Sicherlich haben einige von ihnen auch sexuelle Dienste angeboten, aber der Rückschluss, dass *alle* Hetären automatisch damit ihr Geld verdienten, hält Kennedy für die Interpretation männlicher Historiker.

Wenn man heute einen solch verengten Blickwinkel anwenden würde, was wäre dann mit unseren Celebritys? Würde man Kim Kardashian oder Paris Hilton gerecht, sie in Zukunft als Sexarbeiterinnen einzuordnen, weil sie durch Sex-Tapes berühmt wurden? Was ist mit Marilyn Monroe, Katarina Witt, Kate Moss und den Hunderten anderer prominenter Frauen, die sich für den *Playboy* ausgezogen haben?

Wie werden die Geschichtsschreibenden der nächsten Jahrhunderte Männer wie die Schauspieler Mark Wahlberg oder Jeremy Allen White einordnen, die sich ausgesprochen knapp bekleidet für Unterwäschelabels ablichten ließen und zahllose explizite Sexszenen in Filmen und Serien bestritten haben? Alles Sexarbeitende? Flittchen? Sündige Menschen?

Was würde ich dafür geben, die Geschichte einer Hetäre aus ihrer Sicht zu hören! Was würde sie aus ihrem Leben berichten? Über die Machtverhältnisse zwischen Männern und Frauen? Wie würde sie Subjekt und Objekt definieren? Was würde sie über ihren Körper offenbaren, die Körper anderer Frauen? Wie sähe sie Geschlechtergerechtigkeit und sexuelle Orientierung? Wie würde sie die Widersprüche einordnen, die ihre gesellschaftliche Position aufwarfen? Was würde sie mir raten, um meinen eigenen Körper, meine eigene Lust besser kennenzulernen? Welche Weisheiten lernte sie während jahrelanger Arbeit mit den mächtigen und klugen Männern Griechenlands? Welche Weisheiten gab sie an andere Frauen weiter?

Denn nicht nur im Akademischen und Künstlerischen, auch im Zwischenmenschlichen haben Hetären sich einige Weisheiten angeeignet – vermutlich waren sie außergewöhnlich gute Zuhörerinnen. Ein entscheidender Teil jeglicher Heilung besteht aus Zuwendung. Trotzdem wird die historische, weiblich konnotierte Heilkunde historisch irgendwo zwischen Liebesdienst und Zauberei angesiedelt. Feministische Pionierinnen haben sich ebenfalls nicht mit Toleranz – oder gar Wertschätzung – für Sexarbeit kundgetan: »Schon möglich, dass das geistige Niveau der Prostituierten, wie die Statistiken behaupten, ganz allgemein unter dem Durchschnitt liegt«, schrieb Simone de Beauvoir in *Das andere Geschlecht*.[8]

Die Grenzen zwischen Erotik, wenn frei, einvernehmlich und individuell gestaltet, sind vermutlich fließend. Die Ästhetik des *Playboys* oder akademischer Gemälde, die offensichtlich auch Männerfantasien bedient haben, verpackt Lust in kleine, handliche Schubladen. Feministische Weisheit kann diese Schubladen tolerieren, möchte sie aber nicht weiterverbreiten oder gar als Wahrheit verstehen.

Für Saskia Straße von Ridder gehören Lust und Erotik heute zum Gesundsein, zum Wohlsein. In jeder Anamnese bespricht sie die Libido ihrer Patientinnen, trifft sie an ihrer entblößten, verletzlichsten Stelle. Das Verständnis von Sex und erotischer Bildsprache von Männern wie dem Maler Gérôme oder dem *Playboy*-Gründer Hefner zu trennen ist ein andauernder Prozess. Wer könnte dabei besser helfen als eine Heilerin, die sich mit beidem bestens auskennt?

## KAPITEL 8

# Mulier sapiens

### Vom Wert der weisen Frauen der Medizingeschichte

In gewisser Weise erinnert gerade fortgeschrittene Medizin ein bisschen an Zauberkunst. Für naturwissenschaftlich normal Begabte wie mich grenzt es an ein Wunder, dass man heute mithilfe von KI operiert und in Zukunft Organe aus lebenden Zellen aus dem 3-D-Drucker anfertigen lassen kann.

Nicht umsonst sprachen meine Eltern in Bezug auf Ärzt:innen von »Halbgöttern in Weiß«. Diese Bezeichnung scheint Ärzte der Neuzeit nicht zu verärgern, obwohl die Bezeichnung »Halbgott« nicht nur die Macht (und gelegentlich die Eitelkeit) der Mediziner:innen, sondern auch deren heidnisch-magische Historie berücksichtigt. Natürlich tragen Ärzt:innen Verantwortung für das Leben anderer Menschen, wie Gottheiten, aber auch Eltern, genauer gesagt: wie Mütter.

Leider passt liebevolle Betreuung kaum in die vorgesehenen sieben Minuten Behandlungszeit in einer Praxis. Heilen heißt hier vordergründig effektive Symptombehandlung. Selbst die Historikerin Susanne Dieterich schreibt in ihrem Buch immer wieder von der »Droge Arzt« und meint damit die angebliche »Abhängigkeit« von Patient:innen von der Aufmerksamkeit der Behandelnden – als wäre die empathische Seite von ärztlicher Behandlung eine Art Rauschmittel.

Dabei ist wissenschaftlich erwiesen, dass mehr Zeit[1] und Aufklärung den Effekt von Heilung deutlich verbessern.[2] Ich sehe bei Frauen in meinem Umfeld auch keine »Abhängigkeit« von der »Droge Arzt«, sondern eher eine wachsende Skepsis gegenüber der Medizin, den Ärztinnen und Ärzten, Medikamenten und Behandlungen. Diese Freundinnen scheinen Heilenden, die mütterlich zuhören und sich ein ganzheitliches Bild machen, wie Heilpraktiker:innen, Osteopath:innen oder Akkupunkturspezialist:innen, eher zu vertrauen als Mediziner:innen. Laut *Tagesspiegel* sind etwa 70 Prozent aller Patient:innen in der Naturheilkunde Frauen.[3] Wer nun glaubt, dass nur die stereotypische Kunstlehrerin im wallenden Kleid alternativmedizinische Hilfe sucht, irrt. Laut der Wissenschaftsphilosophin Dr. Arianne Shahvisi seien »feministische Werte sowohl für die Nutzerinnen als auch für die Heilpraktikerinnen in der Komplementärmedizin wichtig«.[4] In den USA bevorzugen vor allem Frauen mit Migrationsgeschichte Naturheilkunde: Mexikanisch-amerikanische Frauen »glauben« eher an Heilerinnen mit gleichen kulturellen Wurzeln, während in chinesisch-amerikanischen Communitys ein interkultureller Ansatz normal ist, traditionelle und Schulmedizin würden mit der gleichen Selbstverständlichkeit genutzt.[5] Sind Frauen also weniger rational in der Auswahl von medizinischen Behandlungen? Tatsächlich sind die Grenzen zwischen traditionellen Heilmethoden, jahrtausendealten medizinischen Lehren wie Traditioneller Chinesischer Medizin oder Ayurveda, Quacksalberei und fragwürdigen Methoden, sogar Verschwörungstheorien fließend. Was treibt gerade Frauen in die Naturheilkunde?

Eine, die sich ziemlich gut mit Fakten auskennt, hat eine klare Antwort: »Viel zu oft machen wir Frauen dafür verantwortlich, dass sie sich der Alternativmedizin zuwenden, und stellen sie als leichtgläubig und sogar gefährlich dar«, sagte die britische Journalistin und Autorin Caroline Criado-Perez dem *Guardian*. »Aber die Schuld liegt nicht bei den Frauen, sondern bei der Datenlücke zwischen den Geschlechtern. Dank der jahrhundertelangen Behandlung des männlichen Körpers als Standard in der Medizin wissen wir einfach nicht genug darüber, wie sich Krankheiten im weiblichen Körper manifestieren.«[6]

Criado-Perez, Autorin des Buches *Unsichtbare Frauen: Wie eine von Daten beherrschte Welt die Hälfte der Bevölkerung ignoriert,* benennt auf ihre präzise Art und Weise die Ursache des Gender-Medical-Gap. Man weiß mittlerweile, dass Frauen eher an Autoimmunerkrankungen, chronischen Schmerzen oder der neuroimmunologischen Erkrankung ME/CFS leiden, und dass bestimmte Krankheiten wie Herzinfarkte oder ADHS bei Frauen vollkommen andere Symptome zeigen als bei Männern. Dazu kommen die individuell unterschiedlichen hormonellen Veränderungen in der Pubertät, im Zyklus, während der Schwangerschaft, Stillzeit und der Wechseljahre – die Schulmedizin hat diese Fakten bis jetzt ignoriert. Dr. Arianne Shahvisi stimmt zu: »Das Vertrauen der Frauen in Schulmedizin wird weiterhin auf die Probe gestellt, da die

Medizin den unterschiedlichen Bedürfnissen des weiblichen Körpers und der weiblichen Patienten anders angeht. Frauen werden immer noch oft als reproduktive Wesen wahrgenommen, was dazu führt, dass nicht reproduktive Gesundheitsprobleme zu wenig erforscht und zu wenig diagnostiziert werden.«

Wolle man dem Trend entgegenwirken, dass Frauen außerhalb der Schulmedizin Hilfe suchen, »müssen wir nicht die Frauen, sondern die Schulmedizin in Ordnung bringen«, schlussfolgert Criado-Perez.[7] Wer sich daran versucht hat, weiß, dass vermutlich nur die katholische Kirche und das britische Königshaus schwerer zu reformieren wären als die Institution Medizin.

Patientinnen erleben häufig, dass behandelnde Ärzt:innen behaupten, sie könnten nichts finden oder tun (oder beides). Die aktuellen erfreulichen Veränderungen im Umgang mit der Geschlechtermedizin helfen auch nicht immer im Praxisalltag. Eine Freundin erzählte mir, dass ihre Kollegin mit Bauchschmerzen zum Hausarzt ging und der ihr ohne Ultraschall eine Endometriose diagnostizierte, aber nicht auf die Idee kam, ihren Magen zu untersuchen (es war eine Gastritis).

Ehrlich gesagt: Wieso sollte man bei einer solchen Behandlung in Krankenhäusern und niedergelassenen Praxen *nicht* zur Heilpraktikerin gehen? Um Missverständnissen vorzubeugen: Ich möchte die Errungenschaften der modernen Medizin – Zahnmedizin, Onkologie, hier stellvertretend – nicht missen. Ich gehe ins Krankenhaus, ich habe mich gegen COVID-19 impfen lassen. Mir ist klar, dass Ärzt:innen an der Grenze der Belastbarkeit arbeiten, mittlerweile, statt Halbgott in Weiß eher schichtschiebende Akkordarbeiter:innen geworden sind und überwiegend einen unverzichtbaren Job machen. Trotzdem würde ich mir wünschen, dass die Medizin ihre Methodik, Herangehensweise und Forschung am weiblichen Körper reformiert. Historisch gab es jahrhundertelang Heilerinnen. Wie die moderne Medizin wohl aussähe, wenn man sie nicht kriminalisiert oder lächerlich gemacht hätte?

Gleichzeitig hat man die Glaubwürdigkeit von weiblichen Ärztinnen verunglimpft, Hetären und Priesterinnen als Sexbomben dargestellt. Die meisten Kräuterfrauen waren Nonnen oder Frauen aus dem Adelsstand, wie Hildegard von Bingen, die schon im 12. Jahrhundert über Heilkunde schrieb. Ein anderes Beispiel ist die venezianische Alchemistin Isabella Cortese, deren *Verborgene Geheimnisse und Kunste und Wunderwerke in der Alchymie, Medicin und Chyrurgia* schon 1592 auf Deutsch erschienen. Katharina von Medici soll über eine hervorragende Hausapotheke verfügt haben. Sibylla, Herzogin von Württemberg, baute im späten 16. Jahrhundert erste Brutkästen aus Ziegelsteinen. Dennoch habe auch ich, wenn ich an mittelalterliche Kräuterfrauen denke, eher krummnasige, bucklige alte Frauen im Kopf als hoch gebildete, schreibende und praktizierende Frauen. In unmittelbarer Nachbarschaft zu Herzogin Sibyllas Schaffen wurden zeitgleich einfache »Kräuterfrauen« in Hexenprozessen verfolgt. Tatsächlich, so der Stand der Wissenschaft, war die Hexenverfolgung von hässlichen Rufmordkampagnen genährt, die in der Verfolgung, Anklage und dem Mord an überwiegend Frauen, aber auch Männern, sogar Kindern resultierte. Natürlich waren Hebammen und Kräuterfrauen unter ihnen, aber die »weisen Frauen« der höheren Schichten praktizierten unbehelligt weiter. Letztendlich hat etwas wesentlich Zivilisierteres Heilerinnen ausgelöscht: die Gelehrtenmedizin. Sie hat erfolgreiche Medizinerinnen und Apothekerinnen des Mittelalters degradiert und getilgt. Der Arzt William L. Minkowski schrieb schon 1992 im »American Journal of Public Health«: »Weibliche Heilerinnen in Europa praktizierten im Mittelalter medizinische Dienste, die praktisch nicht unterscheidbar waren von den eifrig gehegten und gepflegten Diensten der akademisch ausgebildeten männlichen Ärzte.«[8] Die Auswirkungen dieser Entwertung spüren moderne Heilpraktikerinnen, Hebammen oder Wechseljahrsberaterinnen, die von Ärzt:innen als »paramedizinische Berufe« in die zweite Reihe geschoben werden, noch heute. Auf einem Ärzt:innen-Kongress sorgte der Vorschlag, aufgrund von ärztlichem Notstand Hebammen und Wechseljahresberaterinnen in die medizinische Versorgung von Frauen einzubinden, für regelrechte Empörung: Man könne die Behandlung keinesfalls aus der Hand geben. Es geht – und ging – also um Macht. Macht über Geburtenkontrolle, Macht über Leben und Tod.

Die Wiege der westlichen Medizin liegt nicht in Ägypten oder in Griechenland, sondern im Königreich Sumer in Mesopotamien. Die wichtigsten Göttinnen des Heilens hießen Inana und Gula. Frauen durften in Sumer als Ärztinnen, Autorinnen, Friseurinnen und Köchinnen arbeiten, das Heilerin-Dasein gehörte zu den am besten ausgebildeten Berufen in Mesopotamien. Entsprechend wurden ihre Vertreter:innen mit großem Respekt behandelt. Heiler:innen waren wirklich so etwas wie Halbgötter – wenn auch vermutlich nicht in Weiß. Vielmehr standen sie in Mesopotamien auch in Vermittlerrollen zwischen der Menschen- und der Götterwelt – heute könnte man sie als Allgemeinmediziner:innen, Spezialist:innen, Chirurg:innen, Zahnärzt:innen, Wunderheiler:innen und Therapeut:innen in einer Person bezeichnen. Kein Wunder, dass sie als wichtig galten.

Wie zum Beispiel Puabi, oder Queen Shubad von Ur, eine Ärztin mit Superstarstatus, eine echte Königin, eine Beyoncé ihrer Zeit. Wenn man heute von ihr erzählt, spult ihre Biografie rückwärts ab: Puabis Geschichte beginnt nicht in ihrer Wiege, sondern in ihrem Grab. Und was für eins das war – Puabis Grabkammer gehört zu den spektakulärsten archäologischen Funden des letzten Jahrhunderts. Anfang der 1930er-Jahre fand man ihre sterblichen Überreste mit Beigaben aus Gold, Schmuck und Edelsteinen.

Puabi lebte etwa 2500 vor Christus in der Stadt Ur im heutigen Irak. In ihrem Grab fand man, neben den kostbaren Beigaben, ihr persönliches Siegel, auf dem nur ihr eigener, nicht der Name eines Ehemannes stand. Expert:innen schließen daraus, dass sie allein regierte. Man fand neben Schmuck auch Tontafeln mit Rezepten für Schmerzmittel und chirurgische Instrumente wie Skalpelle.[9] Die 2012 verstorbene US-amerikanische Psychologin Jeanne Achterberg beschreibt diese medizinischen Gegenstände in ihrem Buch *Woman as Healer* und schließt daraus, dass Puabi auch im Jenseits ihren Job als Chirurgin und Heilerin ausüben sollte. Viel mehr weiß man nicht über sie. Anhand ihrer sterblichen Überreste konnte bestimmt werden, dass sie 40 Jahre alt wurde und etwa 1,50 Meter groß war.[10]

Von den Sumerern über die Ägypter bis zu zahllosen indigenen Stämmen wie den Mapuche übernahmen Frauen in zahlreichen Gesellschaften die medizinische Versorgung. Das meiste Wissen um diese antiken Ärztinnen und Medizinerinnen ist einer meiner Meinung nach ausgesprochen weisen US-amerikanischen Frau namens Dr. Kate Campbell Hurd-Mead zu verdanken. Hurd-Mead, wie vermutlich alle Ärztinnen ihrer Zeit (es waren nicht so viele), war lebenslang eine überzeugte, leidenschaftliche Feministin. Wie bei vielen medizinischen Pionierinnen war auch in ihrem Fall Medizin das *Family-Business*, ihr Vater war Arzt. Nicht nur gehörte Hurd-Mead zu den ersten westlich ausgebildeten Ärztinnen, die regelmäßige Vorsorgeuntersuchungen empfahl, sondern sie widmete sich in den letzten 16 Jahren ihres Lebens, nach dem Ende ihrer Karriere als Ärztin, einzig der Rekonstruktion und Erforschung der Geschichte der weisen Frauen der Historie.

Dazu nistete sie sich zwei Jahre im Archiv des Britischen Museums ein und untersuchte jede Steintafel, jeden Tontopf und jede Papyrusrolle, die irgendetwas mit Medizin zu tun hatte, nach Hinweisen auf weibliche Ärzte. Danach machte sie sich in Europa, Asien und Afrika auf die Suche nach weiteren Relikten. Auf mehr als 600 Seiten dokumentierte sie – pre-Internet! – im Jahr 1938 die bis heute umfassendste Geschichte von Frauen in der Medizin: *A History of Women in Medicine: From the Earliest of Times to the Beginning of the Nineteenth Century*. Hurd-Mead schrieb, dass »Frauen als natürliche Heilerinnen, Hebammen und Knochensetzerinnen, als Priesterinnen ihrer Götter und Repräsentantinnen ihrer Göttinnen gesehen wurden.«

Im Buch erzählt sie von Kaiserschnitten, die in Indien 1500 vor Christus praktiziert wurden, die Operation wird im antiken »Sushruta Samhita«, einer ayurvedischen Anleitung für Chirurgen, beschrieben[11], von weiblichen Ärztinnen in China und Thailand, die etwa 500 Jahre später Babys ebenfalls per Kaiserschnitt zur Welt brachten. Diese Heilerinnen praktizierten sowohl in Kräuterheilkunde als auch in Anatomie und Chirurgie Medizin auf hohem Niveau. Mit dem Aufkommen der akademischen medizinischen Forschung verschwanden Frauen jedoch aus den offiziellen Heilerinnen-Berufen: »Warum mit dem Fortschritt und der Bildung Ärztinnen Männern untergeordnet wurden, habe ich nicht herausgefunden«, schrieb Hurd-Mead.[12]

Auch die Götterwelten des antiken Griechenlands waren von heilenden, weisen Frauen bevölkert. Zum Beispiel von Circe, die über Gifte und Gegengifte herrschte. Hekate, die Göttin der Zauberei, heilte auch Kinder, Artemis, die Göttin der Jagd, war zudem für Fruchtbarkeit und Geburt zuständig. Demeter kümmerte sich als Fruchtbarkeitsgöttin um Frauen, Kinder und Ernte, ihre Tochter Persephone heilte Zähne und Augen, Leto war Chirurgin, wie auch Hygieia, Tochter von Asklepios, dem Gott der Heilkunst. Die schiere Vielzahl der Heilerinnen sollte einen stutzig machen: Bekannterweise kann man das griechische Pantheon auch als seifenoperhaftes Spiegelbild der antiken Gesellschaft lesen – als eine Art transzendente *Verbotene Liebe* und *Schwarzwaldklinik* in einem. Wenn so vielen Göttinnen Heilkräfte zugesprochen wurden, werden es ihnen die ein oder anderen irdischen Frauen zumindest vereinzelt gleichgetan haben.

Eine Handvoll *Mulier sapiens* haben in der Antike so

erfolgreich praktiziert, dass sie namentlich in die Medizingeschichte eingegangen sind. Susanne Dieterich schreibt in *Weise Frau* über ein paar Ärztinnen: wie Anyte, die im 3. Jahrhundert vor Christus als Priesterin im Tempel des Heilgotts Äskula in Epidauros praktizierte. Oder Agnodice, die an »der Wende vom 4. zum 3. Jahrhundert« lebte und sich als Mann verkleidete, weil Frauen außerhalb der Tempel nicht praktizieren durften. Irgendwann flog der Schwindel auf, und Agnodice wurde angeklagt. »Da bald ihr Ruf sich verbreitete, so klagten die Ärzte, eifersüchtig auf diese Nebenbuhlerin, deren Geschlecht sie nicht kannten, sie als Verführerin der Frauen an, und sie war genötigt, vor dem Areopag (dem obersten Rat im antiken Griechenland, Anmerkung der Autorin) sich als Weib zu erkennen zu geben«, schreibt ein unbekannter römischer Verfasser (Verfasserin?!) unter dem Monty-Python-verdächtigen Namen »Hyginus Mythographus«. Agnodice drohte Berufsverbot. Laut der Überlieferung taten sich die »vornehmsten Frauen« Athens zusammen und standen für ihre Ärztin ein. Sie wurde nicht nur freigesprochen, das Gesetz wurde so geändert, dass freigeborene Frauen die Heilkunde lernen durften.[13] Da haben wir's: Weise Frauen konnten schon in der Antike gemeinsam Interessen durchsetzen. Übrigens beschreibt »Hyginus Mythographus« Agnodice als »alte Jungfer«. Sucht man heute nach Informationen über sie, findet man eine Lithografie aus dem 19. Jahrhundert, die sie als junge, attraktive Frau darstellt. Es heißt, sie habe, als sie als freie Frau den obersten Rat verließ, ihr Gewand gehoben und ihren Schwestern voller Stolz ihre Vulva präsentiert.

Überliefert wurde auch die Arbeit der römischen höheren

Tochter Fabiola. Sie hat im späten 4. Jahrhundert das erste Krankenhaus Roms gegründet. Warum wissen wir gerade von Fabiola? Weil der überzeugten Christin eine zweifelhafte Ehre zuteilwurde: Man sprach sie heilig. Sprichwörtlich, heute steht sie als die »heilige Fabiola« im katholischen Pantheon. Einerseits spricht das absolut für Fabiolas Weisheit, andererseits wurde sie so zur weisen Frau von Gottes Gnaden und ihre Arbeit zur naturgegebenen, reinen Nächstenliebe.

Nicholas Wiseman, Kardinal und Erzbischof von Westminster, verfasste im Jahr 1854 eine kirchenfreundliche Romanschmonzette, inspiriert von Fabiolas Biografie. Seine stark fiktionalisierte Heldin war eine verschwenderische, arrogante Patrizierin, die von einer frommen Sklavin zum Christentum missioniert wurde, sich Sack und Asche anzog und von nun an ihre Sünden durch Nächstenliebe abarbeitete. Er verpflanzte Fabiola in die Zeit der Christenverfolgung und ließ sie eine dramaturgische »Saulus zu Paulus«-gut-böse-Wandlung erleben, sie fand Erlösung und Vergebung in der Ausübung von Nächstenliebe im Krankenhaus. Einen Beruf, der mit einem Gehalt entlohnt wird, sprach Wiseman ihr nicht zu.

Die historische Fabiola war in der Tat Patrizierin und standesgemäß verheiratet. Allerdings wurde sie so massiv von ihrem Ehemann misshandelt, dass sie eine nach römischem Recht rechtskräftige Scheidung wegen häuslicher Gewalt erwirken konnte. Um vor Gericht zu bestehen, muss er sie quasi erschlagen haben.

Sie heiratete ein zweites Mal und entschied sich erst nach dem Tod ihres zweiten Ehemannes für ein Leben als Christin. Tatsächlich investierte sie ihren persönlichen Reichtum in ein Krankenhaus fürs einfache Volk und spendete vermutlich große Summen an die noch junge christliche Kirche. Über eine medizinische Ausbildung zur Heilerin Fabiolas ist nichts bekannt, laut Jeanne Achterberg habe sie sich als eine Art Heilpraktikerin engagiert.

Egal, ob sie aktiv praktiziert oder in einer verwaltenden Position gearbeitet hat: Fabiola wird zu gleichen Teilen ganz weltlichen Arbeitseinsatz und Nächstenliebe in ihr Lebenswerk gesteckt haben. Wer denkt, das sei ein unwichtiges historisches Detail, sollte mit Krankenschwestern heute über ihre unheiligen Gehälter sprechen. Im späten Mittelalter reichte ein »tugendsamer Lebenswandel und Tüchtigkeit« für Aufwärterinnen, die späteren Krankenschwestern, als Arbeitsqualifikation. Eine medizinische oder pflegerische Ausbildung sei, laut Dieterich, nicht nötig gewesen. Pflege wurde so zur Tugend, nicht zum Job – aber mit Nächstenliebe und Applaus kann man damals wie heute keine Familie ernähren.

***

In den folgenden Jahrhunderten taumelte die europäische Welt in die von der Aufklärung als »Dunkles Zeitalter« titulierten Jahre des frühen Mittelalters. Die Gründe dafür waren zahlreich, hier drei auf die Schnelle: der Zusammenbruch des Römischen Kaiserreichs, Pandemien und vermutlich ein gewisser religiös motivierter Fanatismus. Ganze Bibliotheken wurden als »ketzerisch« zerstört und das Wissen der vorherigen Jahrhunderte somit ausgelöscht. Die Medizin, die seit den Sumerern mit Mohnsamen betäubt und mit Skalpellen operiert hatte, verfiel einem Glaubenssystem aus Schuld und Sühne, aus Krankheiten, die als Strafe Gottes interpretiert wurden, und Heilerinnen, die man als Hexen verfolgte und hinrichtete.

Achterberg schreibt: »Wie in allen untergehenden Kulturen wurden die Frauen abgewertet. Selektive Kindstötung, ›Aussetzung‹ oder Vernachlässigung weiblicher Babys (z. B. kürzere Stillzeiten als bei Jungen) waren an der Tagesordnung. Herrschaftliche und kirchliche Aufzeichnungen zeigen einen unverhältnismäßig hohen Anteil männlicher Geburten in Zeiten von Pestilenz und Hungersnot.«[14] Eine solche gesellschaftliche Zusammensetzung ist gefährlich für Frauen und fatal für alle. Im heutigen China, wo im Zuge der Ein-Kind-Politik Mädchen gezielt abgetrieben oder ausgesetzt werden[15], hat sich ein Männerüberschuss gebildet. Forschende gehen davon aus, dass diese Überzahl an erwachsenen Single-Männern Kriminalität befeuert.[16] Kinder kommen ohne Frauen ohnehin nicht zur Welt, deswegen schrumpfen männerlastige Gesellschaften logischerweise noch schneller. Die Frauen haben doppelt verloren, denn unter diesen Statistiken blüht ein illegaler Bräutemarkt. Südasiatische Frauen aus prekären Verhältnissen werden nach China entführt und dort zwangsverheiratet.

Auch im »Dunklen Zeitalter« mussten Frauen grundsätzlich auf der Hut sein. Weise Frauen arbeiteten heimlich als Kräuterfrauen weiter und kümmerten sich illegal um schwangere Frauen und kranke Kinder. Das medizinische Wissen wurde, so Achterberg, von nun an mündlich und von Lehrmeisterinnen an Schülerinnen weitergegeben. Ihr Handwerk war weiterhin ausgereift: Sie experimentierten mit Gegengiften, Alkohol und sogar Opium, um Vergiftungssymptome zu behandeln.

Gleichzeitig erblühte ein tatsächlicher Aberglaube, auch in der anerkannten Heilkunde. Achterberg beschreibt abenteuerliche Medizin aus den »Geschlechtsorganen von Tieren, Fäkalien von Igeln und Drachen«, um einige der absurden Ingredienzien zu nennen. Die Errungenschaften der Antike – vom Skalpell bis zu Abwassersystemen – verschwanden und wurden in diesem Teil der Welt erst Jahrhunderte später aufs Neue erfunden. Medizinische Weisheit blühte derweil in der arabischen, islamischen und jüdischen Welt. Die Zentren der Wissenschaft verlagerten sich nach Bagdad, Damaskus, Alexandria und Kairo. Frauen durften dort allerdings auch nicht praktizieren, höchstens als Hebamme. Im späten 19. Jahrhundert beschrieb der Missionar R. W. Felkin Kaiserschnitte in Uganda. »Rückständige« Kulturen haben mitunter »fortschrittlicher« operiert als der Westen.

Mit Blick auf unsere Gegenwart sollte man diese Übergangsphasen von Zivilisationen sorgfältig studieren. Der Sieg von Glaubenskämpfen, Kriegen, Pandemien, Einschränkung der Wissenschaftsfreiheit, Entwertung und Falschinformationen über erprobte Mittel – all das klingt eineinhalb Jahrtausende später nicht mehr so unplausibel. Feministische Weisheit sollte Fakten abwägen und beschützen.

Sie sucht Gleichberechtigung in der Gegenwartsmedizin, sowohl in geschlechtsspezifischer Forschung und Behandlung als auch in der Anerkennung und Bezahlung von traditionellen Frauenberufen wie der Pflege. Feministische Weisheit stellt klar, dass die Schulmedizin durch jahrhundertelangen Sexismus traditionelle Frauenmedizin entwertet und die Bedürfnisse der Hälfte der Gesellschaft massiv vernachlässigt hat. Mehr noch: Der Einfluss, den von Frauen ausgeführte Heilungsprozesse ausübten, gehört zu den Grundlagen der modernen Schulmedizin.

Das »Wirken als Heilerinnen bedeutete für sie nicht nur den Kampf um das Leben und die Gesundheit ihrer Schutzbefohlenen, sondern immer auch den Kampf um die Machtposition in ihrem gesellschaftlichen Umkreis«, so die Historikerin Susanne Dieterich. Eindrucksvoll legte sie in ihrem Buch dar, dass Frauen in Heilerinnenberufen über Jahrtausende hoch geschätzte, mächtige Personen der Gesellschaft waren, sogar in patriarchischen Gesellschaften. Erst das Aufkommen der akademischen Medizin im Mittelalter verdrängte und diskreditierte ihre Arbeit. Um ganz sicherzugehen, dass weise Frauen den neuen, akademischen Ärzten nicht mehr den Rang abliefen, erklärten Ärzte die Frau zu einem von Natur aus defekten Wesen.

Dr. Kate Campbell Hurd-Mead schrieb, dass die Ärztin Trotula, die im italienischen Salerno im 12. Jahrhundert als Frauenärztin praktizierte, durch eine Unachtsamkeit zu »Trotulus« wurde, das -a wurde einfach falsch übersetzt. Trotula stammte wie Hurd-Mead aus einer Ärztedynastie, ihr Mann und ihre Söhne folgten ihr ins Familiengeschäft. Auch sie führte Kaiser- und Dammschnitte durch, gab ausgiebige Anleitungen zur Hygiene und zu respektvollen, fürsorglichen Umgangsformen mit Patientinnen.

Erst 1865 ließ die Universität von Paris Frauen zum Medizinstudium zu, ab 1876 durften Frauen an der London School of Medicine Ärztinnen werden. In Deutschland gab es vereinzelt bereits sogar im 18. Jahrhundert Frauen, die ihre ärztliche Zulassung bekamen, wie die Arzttochter Dorothea Christiane Erxleben, die privat von ihrem Vater unterrichtet wurde. Sie durfte 1754 ihr Examen ablegen und anschließend praktizieren.[17] Offiziell durften Studentinnen in Deutschland ab 1899 als Gasthörerinnen teilnehmen. Johanna Kappes wurde am 28. Februar 1900 die erste Studierende des »ordentlichen Frauenstudiums« in Nürnberg.[18] 1903 studierten die ersten Frauen an der Ludwig-Maximilians-Universität in München, 1909 in Preußen. Die Schweizerinnen durften bereits zwei Jahrzehnte vorher Medizin studieren, Österreich ließ die ersten Frauen offiziell ab 1900 zum Studium zu.

Heute studieren mehr Frauen als Männer Medizin – und das schon seit Jahren. Doch der Anteil an Klinikdirektorinnen in der Medizin stagniert: Laut der Dokumentation des Deutschen Ärztinnenbunds waren es 2022 13 Prozent, wie schon bei der letzten Dokumentation im Jahr 2019.[19] Das heißt, dass zu 87 Prozent Männer entscheiden, wie in deutschen Krankenhäusern behandelt und geforscht wird. Es gibt offenbar so etwas wie eine besondere gläserne Decke in Krankenhäusern, der Deutsche Ärztinnenbund streitet um eine Quote.

Die ist notwendig. Denn die Namen der feministischen Pionierinnen geraten in Vergessenheit, Monumente wurden nicht für sie errichtet. Elizabeth Blackwell – so lautete der Name der ersten weißen Frau, die 1849 in den USA Ärztin wurde. Schon 1864 machte Rebecca Lee Crumpler als erste schwarze Frau den Abschluss.[20] Sie praktizierte zunächst in Boston und zog nach dem Ende des Bürgerkriegs nach Richmond im US-Bundesstaat Virginia, um befreite Sklav:innen medizinisch zu versorgen. Die Geschichten dieser weisen Frauen sind immer noch marginalisiert, das Loch, das ihre

Entwertung in unsere Versorgung gerissen hat, klafft noch immer. Dabei waren ihre Visionen oft klar und modern: So erkannte die Ärztin und Suffragette Dr. Martha Ripley in ihrer Frauenklinik in Minneapolis schon 1886, dass Frauengesundheit Verbündete in der Politik braucht. Sie forderte weibliche Abgeordnete im Stadtrat und in der Führungsebene der Polizei. Dr. Ripley brachte zahlreiche »physische als auch psychische Erkrankungen der jungen Frauen mit dem Leben und den Gewohnheiten ihrer Väter in Zusammenhang.«[21] In anderen Worten: Junge Frauen wurden von ihren Vätern so häufig missbraucht, dass die Gynäkologin politisches Handeln einforderte. Die sexualisierte Gewalt beeinträchtige die »mentale und physische Gesundheit ihrer Patientinnen«, schrieb sie. Sie muss kaum erträgliches Elend bezeugt haben. Auch für Gesetzesänderungen kämpfte die aktivistische Ärztin: Das sogenannte *age of consent*, das Schutzalter, ab dem Kinder reif genug sind, um sexuellen Handlungen zuzustimmen, wollte sie von zehn auf 18 Jahre anheben lassen. 1891 wurde es tatsächlich verabschiedet, nicht ganz in ihrem Sinne, aber von nun an galten sexuelle Handlungen mit Kindern unter 14 Jahren als Vergewaltigung. Entschlossen versuchte sie, Männer – ob gewalttätige Väter oder unzuverlässige Kindsväter – in die Verantwortung zu nehmen. Viele Patientinnen in Ripleys Praxis waren mittellose Einwanderinnen und unverheiratete schwangere Frauen. Auch ihre Partner waren keine Amerikaner, sie waren überwiegend aus Skandinavien, Frankreich und Deutschland migriert.

In Ripleys Krankenhaus arbeiteten auf ihren ausdrücklichen Wunsch hin ausschließlich Frauen, von der Reinigungskraft bis zur Vorständin. Weise Frauen wie Dr. Ripley haben vor 150 Jahren auf geschlechtsspezifische Missstände im Gesundheitssystem hingewiesen. Leider verhallten die meisten Vorschläge. Die Schäden bleiben bis heute, in Zeiten von Krisen und Klimawandel ist, laut Expert:innen, geschlechtsspezifische Gewalt aktueller denn je: »Untersuchungen haben gezeigt, dass die Zunahme von Klimakatastrophen wie Dürren und Überschwemmungen zu einem Anstieg von Kinder-, Früh- und Zwangsverheiratungen führt, bei denen Mitgift oder Brautgeld als destruktive Bewältigungsstrategie für klimabedingte Armut eingesetzt werden.«[22]

Die Diskriminierung des Wissens, der Weisheit und Erfahrung von Medizinerinnen, Hebammen und Pflegerinnen hat die so fortschrittliche Medizin für die Hälfte der Menschheit stagnieren lassen. In den vergangenen Jahren kam es endlich zu leichter Bewegung, zur Benennung des Gender-Health-Gaps und Forschungen am weiblichen Körper – ein Anfang. Feministische Weisheit fordert eine gleichberechtigte Forschung für den weiblichen Körper. Jetzt! Ehrlich gesagt kann ich es kaum fassen, dass ich eine solche Forderung im Jahr 2024 wirklich ausbuchstabieren muss. Wo war die Vernunft, die hoch gelobte, als man Frauen aus der akademischen Heilung ausschloss und ihre Körper aus der Forschung verbannte?

KAPITEL 9

# Offenheit

## Vom Wert der moralischen Gleichheit: Konfuzianische Philosophinnen im Joseon-Korea

Vernunft.

Frauen wurde die Fähigkeit zur Klarheit lange »biologisch« abgesprochen, mit der Begründung, sie vermochten eher intuitiv als besonnen zu handeln. Immanuel Kant, immer noch erster Vernünftiger im Land, glaubte beispielsweise, dass Intellekt und Weiblichkeit unvereinbar wären. Damit berief er sich, wie fast alle Denker von der Antike bis zur Renaissance, auf eine Aussage von Aristoteles über männliche und weibliche Charaktereigenschaften. Aristoteles' erste Tugend war die Moral, auch hier befand er Männer für überlegen: Sie seien »mutiger, vertrauenswürdiger und ehrlicher«, während Frauen zwar intelligent, aber auch »durchtrieben und gehässig«[1] seien. Die »Bitch« entstammt demnach der griechischen Philosophie.

In Ostasien basiert das Selbstverständnis nicht auf der

Aufklärung, wie in Mitteleuropa, sondern auf dem Konfuzianismus, genau gesagt dem Neokonfuzianismus, einer Philosophie basierend auf den Lehren Konfuzius'. Hier, in aller Kürze: Der Konfuzianismus teilt seine zentralen Tugenden in *Ren*, Menschlichkeit, *Yi*, Gerechtigkeit, *Zhi*, Weisheit, und *Li*, Höflichkeit. Beherrscht ein Mensch diese Tugenden, wird diese Person zum Weisen (*Junzi* auf Chinesisch, im Deutschen wird es als »der Edle« übersetzt), zur höchsten Form des menschlichen Daseins. Der Weg zur Weisheit war selbstverständlich nur Männern vorbehalten. Frauen durften noch nicht einmal die Sprache lernen, die in der Weisheit in Joseon-Korea verhandelt wurde: *Hanja*, Koreanisch, in chinesischen Schriftzeichen.

Wir befinden uns im 18. Jahrhundert im Königreich Joseon, dem heutigen Korea, einem neokonfuzianischen Musterstaat und wahrlich keinem Ort von Geschlechtergerechtigkeit.

Trotzdem formulierte eine Frau namens Im Yunjidang folgende Sätze: »Obwohl ich eine Frau bin, macht die Natur keinen Unterschied zwischen männlich und weiblich. Obwohl ich nicht in der Lage war, zu lernen, was An Yeon (ein männlicher Gelehrter, Anmerkung der Autorin) gelehrt wurde, begebe ich mich nun auf den Weg, weise zu werden.«[2] Mehr über Frau Im gleich. Zunächst möchte ich ein paar Gedanken zu ihren Worten teilen.

Denn diese zwei harmlos klingenden Sätze gleichen einer ganzen Salve von Skandalen. Erstens schrieb Im Yunjidang verbotenerweise in chinesischen Schriftzeichen. Zweitens hatten es Frauen in Ostasien im 18. Jahrhundert mitnichten besser als ihre europäischen oder in Kolonien lebenden Schwestern. Ostasiatische Gesellschaften beriefen sich damals auf eine hierarchische, autoritäre Ordnung, die Frauen lebenslang Männern unterstellte: erst dem Vater, dann dem Ehemann und schließlich dem Sohn. Überhaupt kamen Frauen und Männer selten zusammen. In der höchsten Kaste, der Yangban-Beamtenschicht, lebten Menschen in Clans mit ihren Bediensteten in einem geschlossenen Anwesen. Die Männer bewohnten die äußeren und die Frauen die inneren Gemächer. Kreuzten sich die Wege, zum Sex beispielsweise, empfahl man sich danach wieder in die eigenen Räumlichkeiten. Die Frauen unterlagen strengen Dresscodes und mussten ihre Köpfe verschleiern, wenn sie das Haus verließen. Um ihre Keuschheit zu bewahren, war es ihnen sogar untersagt, religiöse Feste zu besuchen. Rechtfertigungen für diese rigide Ordnung fanden die Staatsmänner in den Lehren Konfuzius'.

Ein paar Sätze zum weisen Konfuzius, dem Mann, über den hierzulande über den Namen hinaus wenig bekannt ist. Die Missverständnisse fangen mit dem Namen an: Eigentlich hieß er Kong Qiu und wurde etwa 500 vor Christus in der chinesischen Provinz Lu geboren. Er lebte als Politiker und Staatstheoretiker, Flaneur und Philosoph. Das -us am Ende verdankt »Meister Kong«, wie er genannt wurde, missionarischen Mönchen des Jesuiten-Ordens – sie latinisierten im 17. Jahrhundert seinen Autorennamen.

Bemerkenswerterweise sind von Meister Kong, wie auch von seinem altgriechischen Kollegen Sokrates, keinerlei Originalschriften überliefert. Ebenfalls ähnlich wie die Lehren von Sokrates wurden auch die von Meister Kong erst Jahre nach dessen Tod von Anhängern und Schülern niedergeschrieben. Bei Meister Kong waren es zwei Herren namens

Mengzi und Xunzi. Entsprechend schwierig ist es, rückwirkend zu bestimmen, welche Zitate vom Meister kamen und was im Laufe der Jahrhunderte dazugedichtet wurde oder in westlichen Übersetzungen verloren ging. Man könnte fast behaupten, dass sowohl Meister Kong als auch Sokrates, Gründer der Denkschulen des Ostens und Westens, ursprünglich keine »akademischen Gelehrten« waren. Ihre Weisheiten wurden, wie in zahlreichen indigenen und prähistorischen Gesellschaften überall auf der Welt, zunächst mündlich weitergegeben.

Den echten Meister Kong für fragwürdige frauenfeindliche Gesellschaftsregeln in Ostasien persönlich zur Rechenschaft zu ziehen ist demnach ähnlich sinnvoll, wie den historischen Jesus für das jungfräuliche, christlich-ideale Frauenbild verantwortlich zu machen. Tatsächlich kommen Frauen in Meister Kongs Arbeiten kaum vor. Seine Haltung gegenüber dem weiblichen Geschlecht ist bis heute nicht vollständig erforscht – es gibt also Raum für Interpretation. Vielleicht haben seine Schüler Mengzi und Xunzi Frauen herausgeschrieben, vielleicht hat eine Dame dem Weisen das Herz gebrochen oder seine Mama den Bruder bevorzugt – kurz, wir wissen es nicht.

Genau hier setzte die Philosophin Im Yunjidang an: Meister Kong habe an keiner Stelle erwähnt, dass Frauen *nicht* weise werden könnten. Kong, vor allem in den Worten seines Schülers Mengzi, teilt das Leben interessanterweise in drei Bindungen und fünf Beziehungen. Die Bindungen bestehen zwischen Vater und Sohn, Herrn und Gefolgsmann, Ehemann und Ehefrau. Die Beziehung zwischen Eltern und Kind ist die erste der fünf Beziehungen. Die nächsten Beziehungen im Leben der

Konfuzianer:innen sind die zwischen Chef:innen und Mitarbeitenden, Partner:innen in Liebesbeziehungen, älteren und jüngeren Geschwistern sowie unter Freund:innen.

Das Leben in Beziehungen, nicht in fortschreitende Lebensjahre einzuteilen, gefällt mir grundsätzlich gut. Man könnte die zweite Lebenshälfte als die der Freundschaften interpretieren. Eine Uhr, die abläuft, eine Glorifizierung des Jungseins, kommt nicht vor. Mengzi schreibt weiter, dass *jeder* Mensch in seiner Anlage, dem *Ren,* immer gut sei. *Ren,* Menschlichkeit, Menschsein, verbindet alle Menschen miteinander. Die sozialen Verbindungen zeichnen uns aus.

Das liest sich ausgesprochen weise. Allerdings gibt es einen Haken: Nur die Beziehung zwischen (männlichen) Freunden ist gleichberechtigt angelegt. Alle anderen sind streng hierarchisch geordnet: Die Kinder sind den Eltern, die Mitarbeitenden den Vorgesetzten und natürlich die Frau dem Mann unterstellt.

Das Königreich Joseon wurde im 14. Jahrhundert auf der Basis des Neokonfuzianismus gegründet. Neokonfuzianische Schriften haben die Lehre des Meisters Kong um eine kosmologische Dimension erweitert, die buddhistische und taoistische Weltbilder integriert. Frauen profitierten nicht davon, im Gegenteil. Sie seien dem Mann unterlegen, schwach und missgünstig (*bitchy,* Aristoteles lässt grüßen). Neokonfuzianisches Denken schloss das Weibliche ins Yin, das ohne das männliche Yang nicht existieren kann, ähnlich der christlichen Vorstellung, Eva sei aus Adams Rippe geschaffen worden und ihm somit untertan. Wie in Europa verbot man Frauen das Studium und verbannte sie aus dem öffentlichen Leben.

Man verglich die Beziehungen zwischen Eheleuten mit

denen zwischen Fürst und Vasall, wobei der Mann der Fürst und die Frau die Untertanin ist. Spätestens hier endet die Poesie des Konfuzianismus als Weisheit für alle: Westliche Beobachtende haben die Rolle von Frauen in neokonfuzianistischen Gesellschaften mit der von Sklavinnen verglichen. Allerdings würde ich hier vorsichtig sein: Das Bild der unterwürfigen asiatischen Frau, das bis heute Bestand hat, ist den ersten Kolonialisten und Missionaren zu verdanken – die Philosophin Im Yunjidang war ganz bestimmt keine Sklavin. Inwiefern Frauen innerhalb dieser zweifelsfrei strengen und alles andere als gleichwertigen Gesellschaftsordnung eigene Kulturen entwickelt haben, steht mittlerweile zur Debatte. Denn womit hochgeborene Frauen sich in ihren Gemächern den Tag vertrieben haben, ist ebenfalls unerforscht. Vielleicht haben sie gelesen, geschrieben oder Philosophie in Buchclubs (die gab es wohl wirklich – Frauen haben für Frauen vorgelesen, die nicht lesen konnten) diskutiert. Es gibt keine Beweise – dafür oder dagegen.

***

Im (Nachname) Yunjidang (Künstlerinnenname) wurde 1721 in der Stadt Wonju in eine Yangban-Familie geboren. Ims Vater, ein lokaler Magistrat, verstarb, als sie neun Jahre alt war. Ihre Mutter musste nun allein für ihre sieben Kinder sorgen. Yunjidang lernte von Kindesbeinen an, was es bedeutet, eine Frau in Joseon-Korea zu sein – als Alleinerziehende war ihre Mutter auf die Almosen anderer angewiesen.

Als Yunjidang 19 Jahre alt war, heiratete sie einen Akademiker aus ihrer Heimatstadt und wurde Mutter. Traurigerweise verstarb ihr Kind noch als Baby, wenige Jahre später verlor sie auch ihren Mann. Wie ihrer Mutter war es ihr als Witwe nicht gestattet, wieder zu heiraten. Die erst 27-jährige Yunjidang wusste, dass sie Single bleiben und kinderlos leben würde – keine ideale Biografie für eine Yangban-Frau, deren Lebenswerk das Gebären eines männlichen Nachkommens war. Da Ehen in Joseon-Korea aus gesellschaftsstrategischen Gründen vermittelt wurden, werden die wenigsten weder besonders romantisch oder auch nur liebevoll gewesen sein – ähnlich leidenschaftlich wie zwischen Vasall und Fürst eben. Junge Witwenschaft wurde öffentlich als großes »Unglück« angesehen, doch wie unglücklich die junge Witwe Im über ihr Single-Dasein war, ist nicht überliefert. Einig sind sich Forschende heute darüber: Ims »unglückliche« private Situation gab ihr die Freiräume, sich überhaupt mit Philosophie zu beschäftigen.

Sie lebte jahrelang ein Doppelleben: Tagsüber kam sie ihren Pflichten als Schwiegertochter nach, abends kümmerte sie sich um sich selbst. Sie versuchte ihre eigenen Ambitionen mit dem Haushalt und einem streng vorgegebenen Frauenbild in Einklang zu bringen – ein fast modernes Dilemma. Im las philosophische Werke, übte ihr Chinesisch, studierte die wichtigsten Werke des Konfuzianismus, machte sich Gedanken über Moral und vor allem darüber, was nötig sei, um weise zu werden. Eingeführt in die Weisheit wurde Yunjidang von ihrem Bruder Im Songju, einem anerkannten Philosophen. Schon als Kind diskutierte sie mit ihren Brüdern über die Lehren des Meisters Kong. Ihre intellektuelle Begabung muss bemerkenswert gewesen sein, ihre Brüder unterrichteten sie wie einen Jungen.

Im Yunjidang befand sich im mittleren Alter von 45 Jahren, als ihre Schwiegermütter starben. Mit dem Tod der Damen erloschen ihre letzten patriarchalischen Verpflichtungen gegenüber dem Haushalt ihres verstorbenen Mannes. Er hatte zwei Mütter, eine biologische und eine »Ziehmutter«, somit hatte Frau Im auch zwei Schwiegermütter zu versorgen – Familienkonstrukte variieren, je nach Zeit und Ort. Die Frauen zogen nach der Heirat zur Familie des Ehemannes und unterstanden dort ihren Schwiegermüttern. Ihre Hauptaufgabe beschränkte sich auf die Geburt eines männlichen Nachkommens. Alles andere schlug als Versagen zu Buche. Ich spüre die Schatten dieser Regel heute noch in Korea. Trete ich mit meinem Sohn in Erscheinung, werde ich behandelt, als hätte ich etwas geleistet. Wenn ich allein unterwegs bin, bin ich unsichtbar.

26 Jahre lang hatte Im Yunjidang sich um die Mütter gekümmert. Nun, da sie die Seelen der Damen pflichtbewusst überführt hatte, schlug ihr Leben eine neue Richtung ein: Sie war jetzt die Älteste ihres Haushalts und somit innerhalb der strengen konfuzianischen Gesellschaftsordnung niemandem mehr unterstellt. Ab jetzt wollte sie sich Vollzeit der Weisheit widmen.

Wie kam eine Frau in solch repressiven Zeiten zur Weisheitsfindung? Aristokratische Frauen wurden damals zwar unterrichtet, durften aber nur eingeschränkt philosophische Lehren studieren – man gab ihnen eine Art »moralische Grundausbildung«, die ihrem zukünftigen Leben als Ehefrau einen theoretischen Überbau verleihen sollte – nicht unähnlich wie in Europa auch. Frau Ims Bruder Songju jedoch unterrichtete seine Schwester sowohl in den grundlegenden

Lehren Meister Kongs und seiner Schüler als auch in den populären neokonfuzianischen Diskursen.

Im Joseon-Korea des 18. Jahrhunderts war eine erbitterte öffentliche Debatte über ein Thema entbrannt, das man heute, glaube ich, als »esoterisch« bezeichnen würde. So lautete die ultimative philosophische Trendfrage seinerzeit, ob Mengzis Maxime »*Alle* Lebewesen seien gut« auch Tiere einschließt, beziehungsweise, ob Tiere den Weg zur Weisheit gehen könnten. Ich weise noch mal darauf hin: Die größten Intellektuellen in Korea und China debattierten darüber, ob *alle* Wesen der Welt, somit auch Tiere, Weisheit erlangen können, kamen aber gleichzeitig nicht auf die Idee, auch Frauen in Betracht zu ziehen. Man diskutierte in Extremfällen sogar darüber, ob auch Gegenstände eine Manifestierung des universellen Musters sein könnten, doch die gedankliche Brücke zu Frauen schlug laut Quellen erst Im Yungjidang.

Sie sagte, dass Frauen weder moralisch noch in der philosophischen Praxis den Männern nachstehen. Schwer zu glauben, dass Frau Im wirklich die erste Person war, die diese eigentlich wenig steile These aufgestellt hat. Etwas mehr Selbstreflexion und moralische Kultivierung hätten die weisen Männer vielleicht auch auf diesen Weg führen können.

Kurz vor ihrem Tod sortierte Im Yunjidang ihre Arbeiten zu *Gesammelten Werken*. Autorenschaft war in Yangban-Familien Männersache. Man, oder in diesem Fall eben auch frau, schrieb übrigens nicht, um ein großes Publikum zu erreichen, sondern um den Nachfahren Einblicke in ihr Leben, ihre Gedanken und ihre moralische Suche zu hinterlassen. Jede Elitefamilie hatte eine private Bibliothek, in deren Schriften die Familiengeschichte festgehalten worden war. Nach ihrem

Tod veröffentlichte Ims jüngster Bruder zusammen mit ihrem Schwager ihre Werke für die Allgemeinheit, 1796 erschienen sie erstmals als *The Extant Writings of Yunjidang.* Sie gehörte damit zu einer Handvoll Frauen, die im Joseon-Königreich überhaupt herausgegeben wurden. Es ist dem Bruder und Schwager zu verdanken, dass ich ihre weisen Worte heute lesen kann. Sie haben sich ebenfalls als »weise Frauen« im Sinne einer feministischen Weisheit bewährt: Sie waren so überzeugt von der Qualität von Im Yunjidangs Arbeiten, dass sie sie entgegen den gängigen Konventionen publizierten.

Wenn ich heute in den Texten der weisen Frau Im lese, entdecke ich eine spitze, pointierte und vor allem furchtlose Erzählerin. In Im Yunjidangs Texten findet der Alltag von Frauen im Joseon-Korea Platz. Sie erzählt von einer Tochter, deren Vater ihr die konfuzianische Lehre verbietet und ihr damit bewusst den Weg zur Weisheit vorenthält – moralisch falsch, im Sinne von Meister Kong, schreibt Frau Im. Von jungen Männern, die nur den Ruhm prominenter Gelehrter, aber nicht deren Lehren bewundern – Ehrgeiz sei das, aber keinesfalls Weisheit. Immer wieder liest man aus Ims Kritiken heraus, dass die Männer, denen es gestattet war, den Weg zur Weisheit zu gehen, eigene Interessen unter dem Deckmantel der Weisheit und des Allgemeinwohls vorantrieben – sie sah darin moralische Bankrotterklärungen. Eine nicht unmoderne Beobachtung und keinesfalls in der Geschichte zurückgelassene Eigenschaft, würde ich vermuten.

Im Yungjidangs feminine Sicht auf den Konfuzianismus erlebt gerade eine internationale Renaissance, sowohl in ihrer koreanischen Heimat als auch in der westlichen Philosophie. Dort, weil man verstanden hat, dass Weisheit auch in der Philosophie nur erlangt werden kann, wenn man sowohl weibliche als auch internationale Perspektiven einbezieht. Der Kanon muss erweitert werden – eine philosophische Pionierin aus Ostasien stellt einen großen Gewinn dar. In Südkorea diskutiert man Ims potenziell »feministische Perspektive«: War die Denkerin nicht nur eine Pionierin der Philosophie, sondern auch eines ostasiatischen Feminismus?

***

Ein paar Gedanken zum Wort: »Feminismus«. »Frauenbewegungen« haben in Asien – und im Rest der Welt – eine völlig andere Geschichte als in Europa und den USA. Bei uns entwickelte sich der politische Feminismus im 18. Jahrhundert zeitgleich zur Aufklärung. Die Schriftstellerin und Revolutionärin Olympe de Gouges erfasste mit der »Erklärung der Rechte als Frau und Bürgerin« (1791) in Frankreich und die Philosophin Mary Wollstonecraft mit »Verteidigung der Rechte der Frau« (1792) in Großbritannien die ersten großen Werke des Feminismus. Beide Bücher waren von der Französischen Revolution und der folgenden Erklärung der Bürgerrechte beeinflusst – denn Gleichheit und Freiheit, wie die Vernunft, galten selbstverständlich nur für Männer.

Das Wort Feminismus ist eine Zusammensetzung aus dem lateinischen Wort »Femina«, Frau, und dem Wortanhang -ismus, der ein System, eine Praxis kennzeichnet. Feminismus bedeutet demnach wörtlich die Ausübung des Frauseins. Der gute alte Duden schreibt: »Oberbegriff für verschiedene Strömungen, die sich für die Gleichberechtigung, Selbstbestimmung und Freiheit aller Geschlechter, v.a. von Frauen, und gegen Sexismus einsetzen, beispielsweise durch das Anstreben einer grundlegenden Veränderung gesellschaftlicher Normen (z. B. der traditionellen Rollenverteilung) und der patriarchalischen Kultur.«[3]

Mir gefällt der Ausdruck »Oberbegriff«. »Feminismus« klingt singulär, ist mittlerweile sogar dogmatisch behaftet, meint tatsächlich jedoch eine ausgesprochen vielschichtige Strömung, die mitunter in vollkommen unterschiedliche Richtungen fließt – den *einen* Feminismus gibt es nicht. Ich fürchte, dass manchmal feministische Gemeinschaft mit Einheitlichkeit verwechselt wird. Feminismus variiert beispielsweise je nach Region der Welt (siehe beispielsweise Im Yunjidang und Olympe de Gouges), Feministinnen unterschiedlicher Herkunft müssen nicht in allen Punkten einer Meinung sein. Frau Im interessierte sich nicht fürs Wahlrecht, sie lebte in einem autoritären Königreich, dessen politisches System sie aus voller Überzeugung unterstützte. Statt für eine politische Gleichberechtigung, für die die Suffragetten Anfang des 20. Jahrhunderts in Europa kämpften, plädierte sie für »moralische Gleichheit«, eine Art intellektuelle Gleichberechtigung im Sinne der ihr bekannten Werteordnung des Neokonfuzianismus.

Der Demokratisierungsprozess fand im Rest der Welt erst Jahrhunderte später statt. Vielmehr plagte man sich auch in Asien mit den kolonialistischen Herrschaftsansprüchen dieser jungen Demokratien in Übersee. Die Frauen dort waren den großen, europäischen feministischen Pionierinnen damals vollkommen egal. Im Namen des Feminismus nannten großartige Denkerinnen und Suffragetten wie Dr. Kate Campbell Hurd-Mead Frauen in damaligen Kolonialgebieten kollektiv »rückständig«, weil sie keiner industriellen Arbeit nachgingen und kein Interesse an bürgerlichem Mitspracherecht zeigten. Dass ihre spezifischen kulturellen und politischen Umstände einen eigenen Feminismus brauchten, der nicht vom Nationalstaat geprägt ist, verstanden diese großen Pionierinnen damals nicht. Ihre Naivität belastet bis heute das Verhältnis von Frauen – und Männern – außerhalb der westlichen Welt mit dem hier geprägten Feminismus.

Südkoreanerinnen bewiesen starke Widerstandskraft – 1979 protestierten beispielsweise Hunderte teils jugendliche Fabrikarbeiterinnen gegen unmenschliche Arbeitsbedingen und leiteten somit die koreanische Gewerkschaftsbewegung der 80er-Jahre ein. Trotzdem wird immer noch von Frauen erwartet, sich Vollzeit um Kinder zu kümmern, eine Lightversion der Beziehung »Fürst und Vasall« in der Ehe hält sich beharrlich. Die Autorin Cho Nam-Joo beschreibt die desolate Situation einer jungen südkoreanischen Mutter im heutigen Seoul in ihrem Roman *Kim Jiyoung, geboren 1982*. Bei der Veröffentlichung im Jahr 2021 traf das Buch einen Nerv und wurde ein internationaler Bestseller. Eine einheitliche, großflächige Protestbewegung für Frauenrechte ist bisher jedoch ausgeblieben. 2016 und 2018 gab es große Demonstrationen gegen geschlechtsspezifische Übergriffe wie illegale Kameras in Waschräumen und Umkleidekabinen. Seit ein paar Jahren floriert der sogenannte Netzfeminismus, verschiedene Strömungen haben Anhängerinnen im gesamten asiatischen Raum gefunden.

Grund genug für die aktuelle Regierung von Präsident Yoon Suk-yeol im gleichen Jahr gezielt Wahlkampf gegen Feminismus zu führen. Mit ähnlichem Pathos wie der Journalist Richard Cohen in den 1970er-Jahren machte er »den Feminismus« für die niedrigen Geburtenraten verantwortlich. Jegliche strukturelle Benachteiligung von Frauen lehnte er als Fake News ab. Dabei liegt Südkorea im Ranking der OECD in Bezug auf den Gender-Pay-Gap mit einem Wert von 31 Prozent auf dem letzten Platz[4], nur etwa 29 Prozent der Mütter Südkoreas gehen nach der Geburt ihrer Kinder wieder arbeiten[5], in Deutschland sind es 69 Prozent[6], in den USA 71.[7]

Die Umfrage eines Newsportals ergab im gleichen Jahr, dass über 60 Prozent aller jungen Männer in Südkorea »Feministinnen nicht als Nachbarinnen, Kolleginnen, Freundinnen oder Familienmitglieder« akzeptieren können[8], knapp 60 Prozent stimmten bei der Präsidentschaftswahl 2022 für den erklärten Antifeministen Yoon, bei den Frauen im gleichen Alter waren es 34 Prozent. Sowohl in Südkorea als auch in China und Japan gibt es eine Strömung unter jungen Männern, die behauptet, der »Feminismus« nach westlichem Vorbild würde die Frauen von ihren eigenen Kulturen entfremden. Entsprechend schaffte der neue Präsident Yoon Anfang 2023 das seit 1998 operierende Ministerium für Geschlechtergleichheit ab.

Ist »Feminismus« überhaupt mit einer Kultur wie dem Konfuzianismus zu vereinbaren? Zumal Frauen bei Meister Kong und Co. nicht mal berücksichtigt werden. Ja, findet die koreanische Gegenwartsphilosophin Wang Yeong Hwa. Sie hat es sich zur Aufgabe gemacht, die Arbeiten von Im Yunjidang nicht nur zu übersetzen, sondern ihre feministische Relevanz immer wieder zu manifestieren. Die Professorin sagte in der Radiosendung »Philosophy-Talk«[9]: »Im hat sich in der strengen neokonfuzianischen Gesellschaft erhoben und gesagt: ›Ich bin eine Frau. Ich werde sprechen, denn es gibt keinen moralischen Unterschied zwischen Männern und Frauen.‹ Man kann nicht davon ausgehen, dass eine einzige Regel für den gesamten Kontext gilt.« Für Wang ist das eine eindeutig feministische Aussage.

Der Akademiker Kim Sungmoon hat eine weitere interessante Erklärung dafür, warum man Im Yunjidangs Werke durchaus als »konfuzianischen Feminismus« bezeichnen kann: »Im Europa der Aufklärung wurde die Familie als privat betrachtet. Politisches Mitspracherecht und gleichwertige Bürgerrechte für Frauen gehörten in die öffentliche Sphäre«[10], so der Denker der City University of Hong Kong in seiner Monografie über die Philosophin. Während für westliche Feministinnen die Gleichberechtigung als Bürgerinnen zentral gewesen sei, sei im Neokonfuzianismus die Familie, moralisch gesehen, gleichwertig mit der politischen Gesellschaft. Vor diesem Hintergrund habe es für Im keinen Grund für eine »Befreiung« gegeben. Vielmehr habe sie versucht, Frauen, inklusive ihrer selbst, die gleiche moralische Würde zu ermöglichen wie Männern.

Eine Revolution wollte Im allerdings nicht anzetteln. Sie hatte auch kein Interesse daran, eine Bewegung zu starten. Aus heutiger Sicht ist jedoch die Tatsache, dass eine streng konfuzianische Denkerin eine Gleichberechtigung innerhalb der asiatischen Denkschule anstrebte, ein ziemlich sensationeller Gedanke, weil Feminismus somit nicht als importierte oder gar aufgedrückte kulturelle »Fremdeinwirkung« zu verstehen wäre, sondern als eine Bewegung aus der ureigenen Kultur.

Im Yunjidang inspirierte eine weitere Denkerin, eine »einfache Frau« namens Gang Jeongildang. Die gesellschaftlichen oder finanziellen Privilegien Ims genoss die 1772 geborene Gang mitnichten. Gang Jeongildang war Anfang 20, als Im Yunjidangs gesammelte Werke veröffentlicht wurden, die ihr Leben veränderten: Eine Frau schrieb über Weisheit? Die junge Frau Gang beschloss, dem Vorbild Ims zu folgen. Die angehende Philosophin war gerade frisch mit einem Studenten verheiratet.

In Sachen Eheschließung hatte sie Glück – in ihrem Mann fand sie einen lebenslangen intellektuellen Sparringspartner, der ihre eigene Arbeit nicht nur gestattete, sondern aktiv unterstützte und von ihrem außergewöhnlichen Intellekt und ihren klugen Ratschlägen profitierte. Als Ernährer eignete er sich nicht, deswegen finanzierte Gang die Familie lebenslang mit Handarbeit. Diese »Frauenarbeit« sah sie durchaus als Variante der philosophischen Praxis, als Übung in Sachen Arbeitsmoral, als Fleiß- und Konzentrationsarbeit, als wertvolle Beschäftigung, die ihren Lebensunterhalt sicherte. Sie schrieb:

*»Für meinen Mann*

*Zu meiner Schande fehlt es mir an Talent und Tugend, aber ich habe als Kind Handarbeit gelernt.*

*Jede Arbeit erfordert, sich selbst zu behaupten/Kümmere dich nicht um Kleidung und Essen.«* [11]

Visionen für die Familie kamen ausschließlich von ihr. Sie trug die Arbeits- und die mentale Last für sämtliche großen Entscheidungen. Gang bewies auch Talent für Finanzmanagement: Es gelang ihr, mit geringem Einkommen ein würdiges Leben zu organisieren.

Ihr Mann eröffnete auf Rat seiner Frau eine Schule für chinesische Literatur im Ort Geumto-dong, der heute zur Hauptstadt Seoul gehört. Das bedeutete zwar ein Leben in relativer Armut, aber immerhin konnte sich das Ehepaar weiterhin der Philosophie und Literatur widmen. Gang Jeongildang blieb Hauptverdienerin, sie erstrickte, ernähte und erhäkelte den Lebensunterhalt. Währenddessen war sie neunmal (!) schwanger, gebar fünf Söhne und vier Töchter. Keines ihrer Kinder überlebte das Kleinkindalter. Irgendwo zwischen Schwangerschaft, Geburt, Stillzeit und Kindstod fand sie Zeit, philosophische und literarische Klassiker zu lesen, und nicht nur das – aufgrund der Verluste erklärte Frau Gang diese Beschäftigung zu einer Notwendigkeit, um sich und ihre Familie moralisch zu stärken: intellektuelle Selfcare, Lesen als Überlebensinstrument.

Gang Jeongildang schrieb überwiegend autobiografische Gedichte, Briefe und kleine moralische Gedankenspiele für die Schüler:innen ihres Mannes. Die jahrelange Mehrfachbelastung forderte gesundheitlichen Tribut. 1832 starb sie, im Alter von 61 Jahren, nach längerer Krankheit. Ihr Mann stellte vier Jahre später ausgewählte Gedichte, Briefe und Essays zusammen und veröffentlichte die Sammlung in ihrem Namen.

Weder Gang noch Im konnten sich wie männliche Akademiker und Beamte zu 100 Prozent auf ihre philosophischen Studien, Gedanken und Schreibarbeiten konzentrieren. Beide widmeten sich nebenbei ihrem Alltag als Frauen, kochten, putzten, kümmerten sich um die Finanzen. Diese Arbeit prägt ihre philosophischen Schriften: Fürsorge und Güte stehen bei beiden Frauen im Mittelpunkt der Gedanken.

Waren die beiden die einzigen Frauen im Joseon-Korea, die sich mit dem Weg zur Weisheit beschäftigt haben? Vermutlich nicht. In englischer Sprache liegen noch keine weiteren Schriften von weiblichen Philosophen vor. Trotzdem tauchten im späten Joseon-Korea mehr und mehr Frauen in akademischen Zirkeln auf.[12] Inwiefern sie direkt von Im Yunjidang beeinflusst wurden, kann ich nicht sagen. Vermutlich hatten nicht alle weisen Frauen kluge Männer in ihrem Umfeld, die sie nicht nur unterstützt, sondern ihre Arbeiten sogar veröffentlicht haben.

Bekannt ist dies: 20 Jahre nach Gangs Tod kam ein Mädchen namens Myeongseong zur Welt. Ihre Familie entstammte einem alten Adelsgeschlecht, allerdings starb ihr Vater früh. Im Alter von 15 Jahren wurde sie dem jungen König Gojon als »harmlose Braut« vermittelt – eine Frau ohne Vater würde keine Ansprüche stellen. Dass eine Frau auch für sich allein sehr wohl Ansprüche stellen kann, erkannte man bei Hofe ziemlich schnell. Die junge Königin zeigte mehr Interesse an Literatur und Philosophie als an Partys oder Mode. Wie Im und Gang schrieb sie in chinesischen Schriftzeichen, lernte Sprachen und beschäftigte sich mit Naturwissenschaften, galt als hochbegabt.

Ob sie ausdrücklich die Arbeiten von Im Yunjidang gelesen hat, weiß ich natürlich nicht. Ich weiß aber, dass Königin Min, wie sie bei Hofe heißen sollte, sich nicht nur das Lernen, sondern auch das Regieren nicht hat verbieten lassen – im Sinne Im Yunjidangs schien sie Frauen als moralisch gleichwertig gesehen zu haben. Ich weiß außerdem, dass sie als Königin Min zur mächtigsten Herrscherin aufstieg, die Joseon je hatte. Feministische Weisheit berücksichtigt andere Kulturen und deren Gepflogenheiten. Gleichberechtigung kann viele Facetten haben. Die Schriften und Lebensgeschichten von Frau Im und Frau Gang zeigen, dass eine moralische Gleichheit, die innere Überzeugung, dass Frauen weder niederträchtig noch falsch oder geistig minderwertig seien, ihnen lebenslang die innere Stärke geschenkt hat, gegen Konventionen anzugehen. Female Empowerment hat viele Facetten und die Weisheit sowieso.

KAPITEL 10

# Das gesamte Bild betrachten

## Von der Psychologin in Österreich, die die Weisheit ins 21. Jahrhundert bringt

Auf der Suche nach zeitgemäßer Vernunft und Weisheit besuche ich Dr. Judith Glück in Klagenfurt. Dr. Glück versucht, wie bereits erwähnt, die flüchtige, ehrfurchteinflößende Weisheit für unsere Gegenwart zu bändigen und sie zugänglicher, anwendbarer und hoffentlich erlernbarer zu machen. Dazu begab sie sich zunächst in Deutschland und Österreich auf die Suche nach weisen Menschen. Mitmachen durften in ihrer Studie nur Personen, die von anderen »nominiert« worden waren – wer sich selbst als weise anpries, schied mangels Demut sofort aus. Laut Glücks Forschung hat Weisheit tatsächlich etwas mit Alter zu tun. Die Weisheitsnominierten seien »typischerweise in der zweiten Lebenshälfte«, schreibt sie in einem Artikel über Weisheit und Altern.[1] Alter sei aber keinesfalls eine sichere Bank für die Ansammlung von Weisheit – mitunter könne altersbedingter Stress auch das eigene Weisheitspotenzial verringern. Es bleibt kompliziert.

Auf der Basis der Interviews benannte die Forscherin Kernqualitäten weiser Menschen, fünf Kriterien, die sie in ihrem sehr lesenswerten Buch *Weisheit: Die 5 Prinzipien des gelingenden Lebens* zusammenfasst: »Offenheit«, ein »guter Umgang mit Emotionen«, »Einfühlungsvermögen«, »kritisches Reflektieren« und »Überwindung der Kontrollillusion«. Folgt man ihnen im Alltag – in großen oder weniger großen Momenten –, verhelfe das zu einem weiseren Handeln.

Die Forschenden um die Psychologin haben Teilnehmende gebeten, von Situationen zu erzählen, in denen sie weise gehandelt, von Entscheidungen, die sie weise getroffen hätten. Heruntergebrochen in einzelne Augenblicke wird die Weisheit zugänglicher. Auch Menschen, die sich als nicht wirklich weise einschätzen würden, haben Situationen erlebt, in denen sie weise gehandelt oder entschieden haben.

In den Gesprächen mit Dr. Glücks »Weisheitsnominierten« ging es um lebensverändernde, mitunter traumatische Erfahrungen, aus denen weisere Erkenntnisse gezogen wurden, ›posttraumatische Weiterentwicklung‹, nennt Glück das. »Wir sehen in unseren Studien schon, dass weise Menschen schwierige, manchmal sogar sehr schlimme Erfahrungen gemacht haben, aber auch dass sie die Möglichkeit hatten, diese gut aufzuarbeiten – aufgrund ihrer eigenen psychischen Ressourcen und aufgrund der Unterstützung durch andere Menschen«, so Glück. Sind marginalisierte Menschen somit die weisesten von allen? Sie erleben statistisch häufiger traumatische Erfahrungen. Nur bekommen sie weder die

Chance, ihre Traumata aufzuarbeiten, noch ahnen sie, dass ihre Schlussfolgerungen mitunter wertvoll oder gar weise sein könnten.

Für unsere Gegenwart ist das ein interessanter Ansatz – denn Krisen und Kriege, Traumata privater und kollektiver Natur, gibt es bedauerlicherweise zuhauf.

Wie damit umgehen? Wie kommt man von Furcht und Zweifel zur Weisheit? Einige Denker:innen der Weisheitsforschung pochen immer wieder auf mehr Gefühle im Alltag. Nur rational zu handeln sei auch nicht weise, erklärte der Chicagoer Weisheitsforscher Howard Nusbaum dem ORF. »Oft würden Gefühle Informationen besser und schneller in ihrer Gesamtheit einschätzen, als wir dazu bewusst analytisch in der Lage wären. Gefühle können uns aber auch – wenn nicht bewusst wahrgenommen – zu falschen Entscheidungen führen. Kurzgefasst: Häufiger handeln solche Menschen weise, die sich ihrer eigenen Gefühle und Reaktionen, ihrer Fähigkeiten und Einschränkungen sehr bewusst sind.«[2] Beweist die verstrittene Gegenwart nicht das Gegenteil davon? Hoch irrationale, ja unweise politische Entscheidungen der einschlägigen politischen Protagonist:innen, die letztendlich noch mehr Chaos auslösen? Das Verstreichen von Sanktionen zum Klimawandel? Oder, um mich selbst und meinen eigenen Handlungsrahmen zu hinterfragen: Ist die vorherrschende Debattenkultur, on- wie offline, nicht sogar emotional überladen und bräuchte vielmehr dringend einen vernunftbetonten Gegencheck?

»Die richtige Dosierung des Gefühls spielt eine Rolle, gerade beim Thema Empathie«, erklärt Dr. Glück, in der Regel gäbe es sowohl ein Zuviel als auch ein Zuwenig. Sie habe einen Fragebogen entwickelt, erzählt sie mir am Ende eines langen Vorlesungstags im Café auf dem Campus der Universität Klagenfurt, den sie von Studierenden zweimal ausfüllen lässt. Gerade heute habe sie ihn wieder benutzt: »Ich frage: ›Nehmen Sie, wenn Sie in einem Konflikt sind, immer die Perspektive anderer Personen ein und überlegen Sie, wie man einen Kompromiss erreichen könnte?‹« Natürlich kreuzen alle »Ja« an.

»Dann sage ich: ›Jetzt denken Sie an einen ganz konkreten Konflikt, den Sie im letzten Jahr hatten. Nehmen Sie sich ein paar Minuten Zeit und denken Sie sich richtig hinein. Dann füllen Sie den gleichen Fragebogen noch mal aus.‹ Man stellt fest, dass man im realen Konflikt entweder deutlich weniger oder viel zu empathisch funktioniert hat.« Es fiele demnach schwer, in Krisensituationen angemessen empathisch und weise zu handeln.

»Warum ist es so schwer, über die Grenzen des eigenen Egos hinwegzuschauen?«, frage ich.

»Diesen Schritt zurück machen, eine breitere Perspektive einzunehmen und in einem Konflikt Empathie entwickeln zu können, gelingt wirklich nur den ganz weisen Menschen«, entgegnet Glück. Weil das so schwierig ist, versucht sie mit ihrem Modell eine Art Trainingsgrundlage zu schaffen. »Die Persönlichkeitseigenschaften, die zur Weisheit gehören, die müssen aktiviert sein. Ich muss einigermaßen empathisch, offen und selbstkritisch sein, um meine kognitiven Weisheitsressourcen überhaupt nutzen zu können.« Weiß man das, könne man sich selbst in der nächsten Entscheidungssituation besser beobachten.

»Weise Menschen sind außergewöhnlich gut im Zuhören.

Sie respektieren und akzeptieren andere Menschen, sie verachten und verurteilen nicht«, erklärt Glück. Die Entwicklung von Weisheit erfordere eine intensive Auseinandersetzung auch mit den weniger schönen Seiten des Lebens, so Dr. Glück weiter, »mit der eigenen Verantwortung für Dinge, die schiefgegangen sind, mit schmerzhaften Erlebnissen, die uns jederzeit widerfahren können, mit den weniger erwünschten Facetten des eigenen Selbst.«

Dr. Glück plädiert für eine generationsübergreifende Annährung an die Weisheit: »Es geht um die Erfahrungen der eigenen Grenzen. Im jungen Alter baut man sein Leben auf. Man glaubt, viel Kontrolle zu haben über seine Erfolge und für seine Misserfolge selber verantwortlich zu sein. Man lernt viel in dieser Phase, aber man lernt nicht unbedingt Weisheit.« Eigene Grenzen erkenne man am deutlichsten in Verlusterfahrungen. Man würde weise durch »Konflikte, die nicht lösbar sind, durch die Einsicht: Ich mache auch Fehler«.

Dr. Judith Glück und die Weisheitsforschung sprechen vom bereits erwähnten »posttraumatischem Wachstum«. Die Gegenwart ist voller Krisensituationen, massiver, weitreichender als profane Streitigkeiten. Diese offenen, teils brutal geführten Konflikte sind Symptome einer zerbrochenen, fragmentierten Gemeinschaft. Was also tun? Was *kann* man tun?

Dr. Glück blickt, wie vermutlich die meisten Menschen, mit einer gewissen Ratlosigkeit auf unsere Gegenwart. Eine konkrete Idee hat sie aber: »Ich würde gern im Feedback zu Online-Kommentaren bei Zeitungswebsites die ›Likes‹ gegen ein Weisheitsrating ersetzen. Dann wäre die Frage *Wie weise finden Sie diesen Kommentar* auf einer Skala von 1 bis 5 zu beantworten. Das wäre einfach in der Umsetzung und würde, so glaube ich, zu balancierten Aussagen führen.« Das gefällt mir: Hass im Netz mit Weisheitsratings zu bekämpfen.

»Wenn man statt der Positiv/Negativ-Wertung etwa eine Skala von ›gar nicht weise‹ (1) bis ›außerordentlich weise‹ (5) zur Bewertung der Kommentare hätte, dann würden vielleicht gerade ausgewogene, der Komplexität des Themas angemessene Beiträge am besten bewertet werden«, erklärt die Professorin. »Und da die allermeisten von uns durch solche Bewertungen ja doch beeinflusst werden, würde sich vielleicht auch die Diskussionskultur insgesamt entsprechend ändern.« Einen Versuch wäre es auf jeden Fall wert. In der Zwischenzeit kann ich diese Skala für mich in Gesprächen und inneren Urteilen anwenden. Weisheit, so lese ich in Dr. Glücks Buch später nach, entstehe aber nicht nur durch posttraumatisches Wachstum, sondern auch durch positivere Aspekte wie Neugier. Sie erzählt, dass es laut Studien zwei Arten von Erwachsenwerden gäbe: Die eine, die vor allem dem eigenen Wohlbefinden zukommt, und die andere, die durch Neugier geprägt zu mehr Weisheit führt. »Menschen werden deswegen weise, weil sie nach Erkenntnis und nach Wahrheit streben und nicht nach Selbstbestätigung oder Wohlbefinden.« Schließen Wohlbefinden und Weisheit sich aus?

»Eigentlich nicht«, antwortet die Professorin. »Was wir in mehreren Studien gesehen haben, ist, dass weise Menschen wissen, was ihnen guttut, und sagen, dass sie ein richtig gutes Leben haben. Nicht nur, weil sie Sinn im Leben haben und weil sie sich für etwas Gutes einsetzen. Das auch, aber auch, weil sie es hinbekommen, sich selbst die guten Dinge zu schaffen. Wie Ausflüge in die Berge.«

Um uns herum türmen sich die Kärntner Alpen mit schneebedeckten Gipfeln auf. Ich betrachte die Riesen und fühle meine alltäglichen Reibungspunkte – Furcht vor Misserfolg, Krankheit oder Fehlentscheidungen, selbst die Sorge um mein Kind, Freunde und die Familie – tatsächlich im Vergleich schrumpfen. In den etwa 100 Millionen Jahren ihrer Existenz haben die Alpen unzählige Konflikte und deren Lösungen überdauert. Wenig bereitet mir mehr Ehrfurcht als Naturgewalt. Im vergangenen Jahr habe ich eine Wanderung dort abgebrochen, wo Geröll und Stein an die Stelle von Waldwegen traten. Der Berg hatte mich bezwungen, ich gab mich geschlagen und genoss voller Bewunderung meine Knödel, während mein Sohn den Gipfel stürmte. Wir waren gleichermaßen glücklich: Er, weil er von oben aufs Tal schauen konnte, während ich respektvoll und zufrieden hinaufblickte.

»Menschen, die in unseren Studien als besonders weise galten, sprechen viel über Berge«, erzählt Glück. »Ich gehe in die Natur und stehe auf dem Berg und schaue auf die Welt, und dann wird alles so klein und unwichtig, und dann weiß ich wieder, was wirklich wichtig ist.« Dr. Glück hat diesen Satz offenkundig oft gehört, gelesen und gesagt: Sie rattert ihn runter wie das x-te Gebet auf dem Rosenkranz. Die Natur dominiert die Region, zwischen den Riesen liegt wie ein schmeichelhafter Spiegel des Alpenpanoramas der blassblaue Wörthersee. Dessen Schönheit verklärt Klagenfurt zur »österreichischen Adria«, er liegt ein paar Gehminuten von der Universität entfernt.

In der Stadt sind die Alpen aus fast jeder Perspektive zu

sehen. Die hübschen Jugendstilhäuschen mit ihren gepflegten Vorgärten, der pompöse Theaterbau und die extravaganten Kirchen aus der Zeit der Kaiser und Kaiserinnen wirken klein und vergänglich gegen die mächtigen Erhebungen und die energetische Frühjahrssonne. Es ist April, die schwarzen Äste der Mandelbäume biegen sich unter der rosafarbenen Blütenpracht, junge, zarte Blätter überziehen die Laubbäume mit einem hellgrünen Hauch. Unerschrocken zieht der Frühling auf, mit all seinen Versprechungen, auch wenn es beim Blick auf die Tagesnachrichten scheint, als habe die Weisheit die Welt verlassen. Die Zyklen der Jahreszeiten, die Sonne, die das Erwachen auslöst, wenn auch früher oder wärmer als noch vor ein paar Jahren, drehen sich weiter im Angesicht von Konflikten, Massenmorden und Kriegen.

Dr. Glück, die ihre gesamte Laufbahn der Erforschung der Weisheit gewidmet hat, liebt die Nähe zur Natur. Rund 120 Studierende unterrichtet die Professorin pro Jahrgang, dazu kommen Masterstudierende und Doktorand:innen. Ob die angehenden Psycholog:innen durch ihr Studium weiser werden, kann sie nicht sagen, findet aber schon, dass Masterstudierende nach zwei Jahren Studium und einer Abschlussarbeit andere Perspektiven besser einnehmen können, sie »fühlen sich weiser« – das ist schon mal ein Anfang.

Wie wird man eigentlich Weisheitsforscherin? Die Weisheit kam zu ihr. Dr. Glück war ursprünglich auf komplexe statistische Methoden spezialisiert. Ende der 90er-Jahre bot der Weisheitspionier Paul Baltes ihr einen Job in seiner Abteilung im Max-Planck-Institut in Berlin an – ein Traumberuf. Das Problem: Damals hatte Glück überhaupt keine Lust, nach Berlin zu ziehen.

Sie hing mit ganzem Herzen an ihrer Heimatstadt Wien. Der Ehrgeiz tröstete nicht über den Trennungsschmerz zu Bergen, Familie und Freund hinweg. Sie musste abwägen – im Vertrauten bleiben oder ins Neue gehen? Baltes betraute die junge Statistikerin mit der Leitung eines Projekts zur Weisheit. Weisheit? Sie hörte sich ein paar Vorträge zum Thema an und war skeptisch – sie sollte mit einem Thema arbeiten, das »nicht messbar« war? Entgegen ihren Befürchtungen fand sie jedoch ihre akademische Bestimmung. Mit strahlenden Augen erzählt sie heute von den Berliner Jahren, den intensiven Begegnungen mit anderen Forschenden, vor allem natürlich mit der Weisheitsforschung, der sie seit mehr als 20 Jahren erfolgreich nachgeht.

Die schmerzhafte Entscheidung gegen das kurzfristige Wohlergehen im Kreise der Familie und der Berge zugunsten der eigenen Neugierde und Weiterentwicklung hatte ihr auf lange Sicht sogar mehr Wohlbefinden eingebracht. Beim Kaffee mit Blick auf die Alpen kommt sie noch mal auf die »Wellness« zurück: »Weise Menschen machen auch Dinge für sich. In unserer kleinen qualitativen Studie waren das vor allem: intensive Gespräche mit anderen Menschen, Kunst, Literatur und Musik, selektiv genutzte Medien und Natur als Ressource für Wohlbefinden und Entspannung. So sammeln sie Kraft für die schwierigen Dinge. Das sagen die Weisheitsnominierten, das haben wir in einer kleinen Studie belegen können.«

Weisheit stehe nicht dem Wohlbefinden entgegen, aber weise Menschen beschränken sich nicht auf das eigene Wohlsein, sondern öffnen sich auch für das ihres Umfelds. Solche Gedanken gibt es auch in der Philosophie: Der 1995 verstorbene französische Philosoph Emmanuel Lévinas schrieb in seinem Essay »Die Unvorhersehbarkeiten der Geschichte«, der in deutschsprachiger Übersetzung erst im Jahr 2006 erschien: »Die Sorge für den Anderen siegt über die Sorge um sich selbst. Genau das ist es, was ich ›Heiligkeit‹ nenne. Unsere Menschlichkeit besteht darin, dass wir den Vorrang des Anderen anerkennen können.«[3]

Sicherlich gibt es nun die ein oder andere Stimme, die empört einwirft: Man kann psychologische Weisheit nicht mit der großen Lehre Philosophie in einen Topf schmeißen! Ist vielleicht sogar richtig, aber: Sollte man heute nicht eine zugängliche Form der Weisheit finden, eine, die sich in den Alltag integrieren lässt? Die Weisheit, von der Judith Glück ausgeht, ist eine, die für jeden Menschen grundsätzlich erreichbar ist.

Hat sich die Mutterdisziplin der Weisheit eigentlich mal zu Glücks Forschungen geäußert? Vor etwa zehn Jahren sei sie auf einen philosophischen Kongress mit Schwerpunktthema Weisheit in Slowenien eingeladen worden und habe dort den teils sportlichen intellektuellen Schlagabtausch verfolgt, bevor sie schließlich den letzten Vortrag gehalten habe, erzählt Glück. »Ich dachte, ich komme jetzt mit meiner Forschung darüber, was Menschen für Weisheit halten, will das überhaupt jemand hören?« Doch statt Schelte gab es Nachfragen und Kommentare, jemand habe »von seiner Oma erzählt« und jemand anders nach der Trainierbarkeit gefragt. Eine Art kommunikativer Durchbruch. Es gibt also demnach emotionale Bedürftigkeit, sogar bei Philosoph:innen (oder ganz besonders denen). Glück nennt die Weisheit selbstverständlich auch eines der großen universellen Themen – »die grundlegenden Fragen der menschlichen Existenz, der Endlichkeit unseres Lebens, dem Gegensatz zwischen unserem fundamentalen Alleinsein und unserem großen Bedürfnis nach Nähe zu anderen«.[4]

Die Existenz einer speziell »weiblichen« Weisheit hat sie, wie eingangs erzählt, nicht entdecken können. Sie findet die Behauptung, Männer seien grundsätzlich anders als Frauen, ohnehin problematisch, und das verstehe ich. Ich halte es allerdings für notwendig, sich mit der weiblich konnotierten Kultur auseinanderzusetzen. In den vergangenen 150 Jahren der Gleichberechtigungsgeschichte in der westlichen Welt ging es fast ausschließlich um die Gleichberechtigung von Frauen in männerdominierten Bereichen. Das ist auch richtig so, aber die Abwertung, die weiblich konnotierte Kultur von Männern erfahren hatte, wurde nicht korrigiert, im Gegenteil. In der immer weiter gehenden Abwertung von »Frauenkulturen« stärkt man patriarchische Wertungen. Schlimmstenfalls übernimmt man die falsche Einschätzung und vergisst, für wie wichtig das, was ich weibliche Weisheit nenne – Fürsorge, Empathie, die Initiative des Lebens –, für alle Menschen, für das menschliche Zusammenleben ist.

Ich möchte wirklich keine Frau an den Herd zurückschicken oder »Tradwives« aus ihnen machen. Selbstbestimmung ist für alle Geschlechter essenziell. Ich bezweifle auch, dass Frauen von Natur aus friedlicher seien. Die Anthropologin Hawkes, die lange mit Wildbeuter-Stämmen gearbeitet hat, berichtet beispielsweise von Sammlerinnen, die ehrgeizig und mitunter ziemlich aggressiv bis rücksichtslos vorgingen, um die größte Ausbeute an Pflanzen und Knollen sicherzustellen. Die weiblich konnotierten Lebensweisheiten gehören zu einer gesunden, einer funktionierenden Gesellschaft. Werden sie als schwächer und wertloser eingeordnet, bleiben die männlich konnotierten Werte wie Durchsetzungsvermögen und Autorität als Goldstandard für alle bestehen. Mit der Gleichwertung soll weibliche Weisheit für alle zugänglich werden.

Judith Glück erzählt von einer Theorie ihrer Kollegin Monika Ardelt, die besagt, dass sehr weise Menschen weniger Geschlechterunterschiede als weniger weise Menschen sähen, weil eben »weise Menschen diesen Stereotypen nicht aufsäßen«. Stattdessen seien sie mit sich selbst im Reinen. Das würde auch heißen, dass Männer ihre weiblichen Anteile akzeptiert und integriert haben und Frauen ihre männlichen Anteile. Ich gebe Dr. Glück recht, das ist eine schöne Theorie.

Wirklich weise Menschen unterteilen nicht mehr in »männlich« und »weiblich«, und sie werten keine der beiden Seiten höher als die andere. Monika Ardelt ist außerordentliche Professorin für Soziologie an der University of Florida und gehört zu den führenden Theoretiker:innen und Forscher:innen auf dem Gebiet der Weisheit. Im Gegensatz zu Paul Baltes und seinen Kolleg:innen der »Berliner Gruppe«, die Weisheit als ein »System von Expertenwissen« betrachten, sieht Ardelt Weisheit als eine »Kombination von Persönlichkeitseigenschaften«, die »nicht unabhängig von Individuen existieren kann«. Ardelt schreibt: »In dem Moment, in dem man versucht, Weisheit zu konservieren (durch Aufschreiben), verliert sie ihren Bezug zu einer konkreten Person und verwandelt sich in intellektuelles (theoretisches) Wissen.«[5] Selbst die tiefgründigste »Weisheitsliteratur«, so Adelt weiter, bliebe intellektuelles oder theoretisches Wissen, bis sie angewandt von einer Person erkannt und gelebt wird. »Weisheit ist in der Tat eine Eigenschaft von Individuen.« Das heißt: Das Potenzial zur weisen Frau liegt in jeder und jedem von uns.

Weisheit ist das Gegenteil von Extremismus. Im Tumult der ausbrechenden Kriege und der spürbaren Entwicklung des Klimawandels ist die Sehnsucht nach moralischer Sicherheit riesig. In dieser Sehnsucht passiert etwas, das Dr. Glück in ihrer Forschung beobachtet: Wenig weise Menschen glauben, dass ihre Überzeugungen von Mitmenschen, die anders leben, grundsätzlich infrage gestellt werden.

»Soziale Medien fördern diese Spaltung«, erklärt Glück. Der ständige Vergleich mache es schwer, im eigenen Leben Fuß zu fassen. Weise Menschen hingegen seien so in sich gefestigt, dass sie ihre eigene Moral nicht von einer anderen angreifbar sehen. Debatten können dann auf konstruktive Art und Weise geführt werden. Anstatt einander anzuklagen, könnte man sich austauschen, etwas lernen. Judith Glück wünscht sich, wie ich, mehr Weisheit. Dazu halte ich es für wichtig, die Geschichten der weisen Frauen zu erzählen.

Und ich? Was kann ich eigentlich als Einzelperson tun? Ich kann mich am posttraumatischen Wachstum versuchen, mich selbst bemühen, meine eigene Weisheit aus meinen eigenen Schmerzsituationen zu generieren. Nur dann kann ich auch für andere da sein, für meinen Sohn, meinen Mann, meine Stadt, die Welt. Was wäre, wenn immer mehr Menschen und Frauen das laut Monika Ardelt vorhandene Potenzial der eigenen Weisheit zur Kenntnis nähmen? Könnte man eine ganze Gesellschaft transformieren, wenn alle, die das Potenzial zur weisen Frau in sich tragen, auch weise Frauen werden würden? Und wieder die Frage: Wie nimmt man den ganzen weiblichen Körper mit, nicht nur den Kopf, nicht nur das Verständnis, sondern auch die Verkörperung dessen? Zeit für eine weitere Reise, ein weiteres Ritual. Diesmal geht es in die Tiefe, dorthin, wo ich selbst wachsen kann.

# KAPITEL 11

# Selbsterfahrung/Selbstkritik

## Vom Wert, die eigene Geschichte zu erforschen: Hebammen der Seele in Amsterdam und London

»Wenn ich langsamer werde, höre ich auf zu existieren.«[1]

Die Worte dieses Satzes sehe ich wie in einer Comic-Buch-Blase im Raum stehen. Als hätte sie jemand in die Luft gemalt.

Mir ist klar, wie das klingt. Als hätte ich etwas eingenommen. Habe ich auch. Konkret 25 Gramm *Magic Truffles,* eine in den Niederlanden legal gezüchtete Variante dessen, was als *Magic Mushrooms* bekannt ist. Die Trüffel enthalten den bewusstseinserweiternden Stoff Psilocybin. 25 Gramm gelten als Hochdosierung, sorgen für Halluzinationen und in vielen Fällen für die Auflösung des Egos. Die niederländische Therapeutin Jeanine Souren hat meine »Trüffel-Portion« vormittags vor meinen Augen in einem Mörser mit Zitrone und Honig zerstoßen, dann habe ich sie verspeist, erdig, leicht schlammig und trocken zerbröselten sie zwischen meinen Backenzähnen. Ich versuchte, ganz bewusst zu kauen und zu schlucken. Ich hatte gelesen, dass in den ursprünglichen Ritualen indigene Heilerinnen und Schamaninnen überall auf der Welt ebenfalls Psychedelika in Form von Pilzen, Kakteen, Wurzeln und Kräutern verspeisten. Ich versuchte mir vorzustellen, wie sie die Geister der Vorfahren riefen, sich zu Trommeln in Ekstase tanzten.

Jetzt liege ich, heulend, in Decken gehüllt, auf einer Matratze. Souren hält meine Hand und flüstert: »Du bist geliebt und gewollt. Du wirst nicht verschwinden.« Seit Stunden wacht sie an meiner Seite, seit Stunden habe ich ihre Hand nicht mehr losgelassen. Ich fürchte, dass, würde ich mein Leben langsamer angehen, weniger leisten, dann höre ich auf zu existieren. Wenn ich Jeanines Hand loslasse, wird sie verschwinden. Mir ist eiskalt.

Ort des Geschehens ist die Praxis des Psychiaters Hans van Wechem im Süden Amsterdams. 2022 haben die Therapeut:innen Souren und van Wechem das Experimental Training Institute gegründet, eine Art Gemeinschaftspraxis. Das ETI bietet sowohl therapeutische Behandlungen von Gruppen und Einzelpersonen mit psychedelischen Substanzen als auch Weiterbildung in psychedelischer Therapie für interessierte Psycholog:innen in mehrtägigen Retreats an. Souren und van Wechem verfügen jeweils über umfangreiche Therapieausbildungen und Erfahrungen. Beide kommen aus der Traumabehandlung. Beide haben selbst viele Male mit Psilocybin experimentiert.

Ich habe ein dreitägiges Retreat gebucht. Am Anreisetag gab es ein Vorbereitungsprogramm, in dem ich die verschiedenen Aspekte meines Charakters, wie in einer Familienaufstellung, benannte: meine innere Kritikerin, meine innere Fürsorgerin, das innere Kind, die Angeberin, die Wissende etc. Heute, am zweiten Tag, erfolgte am Vormittag die Einnahme des Psilocybins in Form der Trüffel. Den Rest des Tages verbringe ich auf meiner »Reise«, meinem »Trip«, der etwa fünf Stunden dauern wird. Damit reihe ich mich in die lange Historie von Menschen ein, die vermutlich seit prähistorischen Zeiten Heilung in psychedelischen Ritualen suchen.

Rituale, die mithilfe bewusstseinserweiternder »Medizin« wie Pilzen, Peyote-Kaktus, Fliegenpilzen oder Ayahuasca zur Heilung oder spirituellen Erfahrung durchgeführt werden, sind wesentlich älter als die Schauergeschichten der Drogenkultur. In Lateinamerika lassen sich solche Sessions bis zu den Azteken zurückverfolgen, sie nannten die Pilze das »Fleisch der Götter«. Auch Europäer begaben sich zur Selbsterfahrung in den »Rauschzustand«: 2023 hat die Forschende Elisa Guerra-Doce in einer toxikologischen Analyse menschlicher Haare aus der Bronzezeit, die in der Ausgrabungsstätte Es Càrritx auf der Insel Menorca gefunden wurden, Giftstoffe nachgewiesen, die auf die Einnahme ritueller psychedelischer Substanzen schließen lassen.[2] In der Höhle wurden 1995 sterbliche Überreste von 200 Menschen geborgen, von denen die Letzten um 800 vor Christus beigesetzt wurden.[3] Die besondere Mischung der Stoffe ließe auf »Handhabung, Verwendung und Anwendung hoch spezialisierter Kenntnisse schließen«, schreibt die Archäologin: »Dieses Wissen besaßen in der Regel Schaman:innen, die Nebenwirkungen der Pflanzendrogen durch eine Ekstase, die eine Diagnose oder Weissagung ermöglichte, kontrollieren konnten.«

Die Wissenschaftler:innen um Guerra-Doce vermuten,

dass »Alraune, Bilsenkraut oder Stechapfel und Kiefer« verwendet wurden. Sie schlussfolgern, dass diese »Medizin« im Rahmen von rituellen Zeremonien verwendet wurde. Man fand die Haare in hölzernen Behältern, die mit geschnitzten Kreisen verziert worden waren. Vermutlich stellten diese Kreise Augen dar, symbolisieren also »eine innere Vision, die mit einem drogeninduzierten veränderten Bewusstseinszustand zusammenhängt« – so beschreibt Clarissa Pinkola Estés ihre »Seelenaugen« in der *Wolfsfrau*. Nur zwei Jahre zuvor tauchten zwei Keramikgefäße aus vorkolonialen Zeiten im Central Arkansas River Valley in den Südstaaten der USA auf, die ebenfalls mit solchen Kreisen geschmückt waren und Spuren von halluzinogenen Substanzen enthielten. Schon 2011 fand man das »Selva Pascuala Mural« in einer Höhle im südspanischen Villar del Humo, im Bergland um Valencia, eine 7.000 bis 9.000 Jahre alte Malerei, die 13 kleine Pilze darstellt. Wissenschaftler:innen glauben, dass es sich bei den Pilzen um einen lokalen »Magic Mushroom« handelt.[4]

Expert:innen gehen davon aus, dass durch die gesamte Menschheitsgeschichte psychoaktive Heilpflanzen sowohl für »medizinische als auch für religiöse Zeremonien« verwendet wurden. Die *New York Times* zitiert zu den Ergebnissen der prähistorischen Haaranalyse auf Menorca einen italienischen Botaniker, der mutmaßt, dass »Halluzinogene ein fester Bestandteil vergangener Gesellschaften weltweit waren«.[5]

Souren und van Wechem würdigen diese Tradition und das transzendente Erbe der Einnahme: Im Therapieraum der Praxis steht ein Altar, dekoriert mit einer Art Gemischtwarenladen religionsübergreifender Ikonen, ein Jesus neben einem geflügelten Ikarus, Sohn des griechischen Erfinders Daidalos, Seite an Seite mit Buddha und der Jungfrau Maria. Ein paar Stunden nach Einnahme der Trüffel sehe ich diese spirituelle Supergroup knapp zehn Zentimeter über dem Altar in der Luft tanzen. Sie leuchten und schimmern, als habe der Himmel sich geöffnet und das Licht der Wahrheit auf die Praxis in Amsterdam gerichtet. Die Bezeichnung »Heiligenschein« wird für mich nie wieder eine banale oder kitschige Bedeutung haben, denn ich habe ihn gesehen. Mit meinen eigenen, richtigen Augen.

Wie kam ich eigentlich auf die Idee, eine hohe Dosis dessen zu nehmen, was wir als hochillegale Droge kennen und fürchten gelernt haben? Weil Psilocybin die vielleicht größte psychiatrische Revolution der letzten Jahrzehnte auslösen könnte. Ich leide unter den Folgen eines Adoptionstraumas. Als Baby wurde ich in Südkorea ausgesetzt und im Alter von knapp einem Jahr nach Deutschland adoptiert. Seitdem habe ich zahlreiche Wege gesucht, Kontakt zum Anfang meines Lebens aufzunehmen: von einer Reise nach Südkorea, um dort nach Wurzeln zu forschen (erfolglos), zu einem kommerziellen Gentest, der Verwandte findet (erfolgreich!, allerdings nicht in Bezug auf meine Eltern oder den Anfang meines Lebens), bis zu experimentelleren Ansätzen wie Hypnosetherapie. Gängigere Formen der Psychotherapie, wie Analyse, Gesprächs- und Verhaltenstherapie, habe ich hinter mir. In den letzten Jahren habe ich mich stabil gefühlt, aber ein leichtes Stechen, wie das Echo eines verborgenen Schmerzes, lässt mich nicht los. Mithilfe von Psilocybin könne ich, so das Versprechen neuester wissenschaftlicher Studien aus der ganzen

Welt, in tiefste Bereiche des Unterbewussten vordringen und endlich herausfinden, was mir damals widerfuhr.

Deswegen habe ich mich entschlossen, die »Drogen« zu nehmen. Außerdem bin ich neugierig: Wenn dieses Ritual seit Anbeginn der Menschheit Teil von Heilungs- und Gebetsprozessen war, wie kann man dann *nicht* teilnehmen wollen? Zumal es sich vermutlich bei vielen Schamanen, die diese Rituale anleiteten, um Frauen – weise Frauen – handelte? Wenn die Quellenlage so dürftig ist, kann ich vielleicht durch einen Kopfsprung in das, was Carl Gustav Jung als »kollektives Unterbewusstsein« bezeichnete, eine Art Sammelbecken gemeinschaftlicher Erinnerungen, dem Wissen meiner Vormütter näherkommen. Man weiß, dass Erinnerungen durchaus vererbt werden können – besonders die traumatischen. Einschneidende Ereignisse können die Beschaffenheit der Proteinketten des menschlichen Genmaterials verändern und somit an die nächste Generation weitergegeben werden. Epigenetik heißt das. Irgendwo in mir steckt also nicht nur der genetische Bauplan meiner Eltern, sondern vielleicht auch deren Emotionen.

Nachdem ich die Trüffel verspeist und mir eine Schlafbrille aufgesetzt habe, sausen die Rhythmen und Klänge wie Pfeile durch den Raum. »Folge der Musik«, flüstert Jeanine. Ich lausche den Tönen und falle in ein Nichts aus dichter, schwarzer Dunkelheit. Die Finsternis umgibt mich wie ein Kokon, Kälte zieht auf, und ich zittere am ganzen Körper. Mein erster Gedanke ist, dass es nicht funktioniert hat, weil mein inneres Kontrollzentrum mir verbietet, mich überhaupt so tiefen Emotionen auszusetzen wie damals in der Hypnosetherapie. Ich habe Angst, dass mir schlecht werden könnte und ich trinken oder auf die Toilette gehen müsse. Mein Körper kribbelt, und ich schmecke deutlich den modrigen Geschmack der Trüffel im Mund. Es fühlt sich an, als zöge er alle Feuchtigkeit aus meinen Schleimhäuten. Ich bekomme wahnsinnigen Durst, weiß aber nicht, wie ich trinken soll. Wie das eigentlich geht, trinken. Bewegen kann ich mich auch nicht – auch das habe ich verlernt. Ich bin eingeschlafen, denke ich. Bin ich nach Amsterdam gereist, um einzuschlafen und zu träumen?

Plötzlich stelle ich fest, dass ich keine einzige Verbindung mehr spüren kann. In diesem Augenblick überrollt mich ein Tsunami aus Furcht und Traurigkeit von nie gefühltem Ausmaß. Die Einsamkeit fährt wie ein eisiger Dolch durch meine Brust und zerschneidet mich in 1.000 Teile. Es gibt nichts, keine Verbindungen, keine Gesellschaft, keine einzige Seele um mich herum. Wo bin ich? Ich suche nach Jeanines Hand. Ich erinnere mich, dass ich mich bei Jeanine sicher fühlte. Ich greife nach ihrer Hand, ziehe sie an mich und klammere mich an ihr fest.

»Ich war ganz allein«, wimmere ich. Sie antwortet: »Du warst es, aber du bist sehr gewollt und geliebt.« Der Schmerz, der 46 Jahre im Verborgenen ruhte, fließt nun durch mich hindurch, als würde er mich überwältigen. Ich bin wie besessen vor Angst.

Auf dem Grund meiner Erinnerungen finde ich das, was ich lebenslang gesucht habe: den Anfang meines Lebens. Meine erste Erinnerung war Todesangst. Auch wenn ich sie heute nicht mehr spüre, hat sie sich tief in meine Psyche eingebrannt.

Das Psilocybin hilft mir, eine eindeutige Antwort auf die große Frage zu finden, was in meinem Leben passierte, bevor ich ins Kinderheim in Südkorea kam. Nicht in Bildern, nicht mit Gesichtern oder Daten, sondern das, was ich gefühlt habe: Durst, Verlassenheit und Furcht, im Dunkeln. Zu einem Zeitpunkt, wo noch kein Wort in meinem Bewusstsein existierte. Ich habe keine Erinnerungen daran, jemals solche Gefühle bewusst erlebt zu haben. Meine Adoptiveltern haben mir erzählt, dass ich im ersten Jahr nach meiner Ankunft in Deutschland nicht allein einschlafen konnte und nachts schreiend aufgewacht bin. Vermutlich kehrte die Furcht zurück, sobald ich die Augen schloss. Vermutlich musste ich mich an meinem Vater so festhalten wie jetzt an Jeanine Souren, um überhaupt Ruhe zu finden. Vermutlich hielt ich diesen Arm lang genug, bis das, was geschehen war, im tiefsten Inneren meines Unterbewusstseins vergraben wurde.

Glaubt man führenden Psycholog:innen und Neurobiolog:innen, befinden wir uns in einer »psychedelischen Renaissance«, der Wiederentdeckung von Psychedelika in ihrer Funktion als Heilmittel von psychischen Erkrankungen wie Depression, Posttraumatischem Belastungssyndrom, Angst-, Ess- oder Zwangsstörungen. Der Ansatz ist auch in der westlichen Welt nicht neu: Bereits in den 1950er-Jahren gab es erstaunlich fundierte Forschungen zum Thema Psilocybin und Depressionen. Vielversprechende Ergebnisse erzielten etwa Forschende in Kanada mit LSD bei der Behandlung von Suchtkranken. Diese bewusstseinserweiternde Substanz war 1938 erstmals vom Schweizer Chemiker Albert Hofmann aus Mutterkorn synthetisiert worden. Mitte der 50er-Jahre entdeckten der Internist Sidney Cohen und die Psychologin Betty Eisner aus Los Angeles, dass eine hohe Dosis LSD durch einen schnellen Zugang zum Unterbewusstsein den Prozess der Psychoanalyse beschleunigte. Es entstand ein erster Hype, Hollywoodstars wie Jack Nicholson und Stanley Kubrick landeten auf der Couch des Teams und ließen sich unter LSD-Einfluss therapieren. Damals galt LSD als progressives Medikament, jegliche negativen Assoziationen waren noch Science-Fiction.

Gleichzeitig fand ein Banker namens R. Gordon Wasson die mazatekische *Curandera* Maria Sabina in einem Dorf im mexikanischen Bundesstaat Oaxaca. Die indigene Heilerin weigerte sich, dem US-Amerikaner »das Fleisch der Götter« zu verabreichen. Die katholischen spanischen Besatzer hatten die Rituale bezeugt, beäugt und als Gotteslästerung kriminalisiert. Aus den heilenden Riten, die in Dorfgemeinschaften von weisen Frauen wie Maria Sabina durchgeführt wurden, wurden verbotene Zeremonien und Medizinfrauen als Hexen verfolgt. Die *Curandera* hatte allen Grund, dem Fremden zu misstrauen.

Um Maria Sabina zu überreden, bediente Wasson sich einer Lüge: Er erzählte ihr, dass sein Sohn gestorben sei und er durch das Ritual Kontakt zu ihm aufnehmen wolle. Sie hatte Mitleid und verabreichte ihm die »heiligen Kinder«, wie Maria Sabina sie nannte. Wasson veröffentlichte seine Erfahrungen 1957 im *Life Magazine*, dem damals populärsten der USA. Dort log er ein weiteres Mal: Im Text brach er mit dem Versprechen, Maria Sabinas Identität zu verschleiern. Kaum veröffentlicht, fand die *Curandera* sich in einem Pilgersturm aus westlichen Hippies, Neugierigen und Bohemians wieder. Selbst John Lennon soll nach Mexiko gereist sein, um die Pilze zu konsumieren.

Dass dieses Ritual kein Freizeitvergnügen, sondern Teil eines Heilungsprozesses, eine religiöse Zeremonie ist, interessierte die westlichen Pilger weniger. Oder dass man im Anschluss an eine Zeremonie sprichwörtlich reif für die Couch ist, oder auch Integrationstherapie, wie man heute sagt. Wasson selbst schickte derweil eine Probe an einen Chemiker in die Schweiz, dem es gelang, Psilocybin zu synthetisieren. Somit machte er die Substanz für klinische Studien zugänglich. Immerhin brachte Wasson die Pille zu Maria Sabina, die sie testete und für wirksam befand.

Anfang der 60er-Jahre startete das sogenannte »Harvard Psilocybin Project«, eine seriöse Studie zu Psilocybin als Medikament gegen Depressionen und Suchterkrankungen an der ehrwürdigen amerikanischen Universität. Es endete zehn Jahre später nach einer Hollywood-verdächtigen Räuberpistole, an deren Höhepunkt der einstmalige Studienleiter Dr. Timothy Leary zum gejagten Verbrecher, zum Staatsfeind wurde und halluzinogene Substanzen plötzlich als illegale Drogen galten. Hier wiederholte sich die Geschichte: Wie 300 Jahre zuvor durch die spanischen Eroberer wurde das »Fleisch der Götter« ein weiteres Mal verboten und in den Untergrund verbannt.

Dass man nun die streng therapeutische Nutzung von Psilocybin und Co. überhaupt wieder in Betracht zieht, verdanken wir Erkenntnissen der Neurobiologie. Durch bildgebende Verfahren gelingt es Forscher:innen heute, die Hirnfunktionen von Patient:innen unter dem Einfluss von Psilocybin zu überprüfen. Die Ergebnisse lassen hoffen: Studien zeigen Erfolge mit Patient:innen, die unter Depressionen leiden. In den USA hat die Arzneimittelbehörde FDA dem Wirkstoff den Status einer *Breakthrough Therapy* verliehen, das heißt, dass Psychiater:innen sich für eine legale Therapie mit Psilocybin bewerben können, wenn sich Heilungschancen durch dessen Gabe bei bestimmten Patient:innen deutlich verbessern. Die Bundesstaaten Oregon und Colorado haben mittlerweile *Magic Mushrooms* für den therapeutischen Gebrauch vollständig legalisiert.

Seither läuft die Hype-Maschinerie auf Hochtouren. Der Übergang von der klinischen Anwendung zur Wellness-Industrie scheint nun fließend, Gwyneth Paltrows *Goop Lab* widmete Psilocybin in der gleichnamigen Netflix-Serie eine ganze Folge.

Anne Philippi aus Berlin hat sich in ihrem Podcast »The New Health Club« tiefgehend mit der therapeutischen Wirkung von Psychedelika beschäftigt. Sie empfahl mir das Experimental Training Institute von Jeanine Souren und Hans van Wechem. Anne Philippi gehört zu den wenigen sichtbaren Frauen im Feld der Psychedelika – sind es doch in erster Linie forschende Männer, die öffentlich für das Thema stehen. In der Argumentation für eine Legalisierung konzentrieren sie sich auf die Veränderung der Neurochemie. Die funktioniert, in aller Kürze, so: Das Psilocybin wirkt hauptsächlich auf die sogenannten 5-HT2A-Rezeptoren für den Botenstoff Serotonin. Es stimuliert Zellen im Großhirn, die wiederum auf den Thalamus einwirken, das zentrale Steuerungssystem der Sinne. Im Gehirn existiert ein Netzwerk aus verschiedenen Hirnregionen, auf Englisch heißt es Default Mode Network, auf Deutsch Ruhezustandsnetzwerk. Es ist aktiv, wenn man nichts tut oder tagträumt – und vermutlich maßgeblich daran beteiligt, dass sich ein Mensch selbst wahrnimmt. »Unter Psilocybin lockert sich der Informationsaustausch zwischen diesen Hirnregionen. Und damit die Grenze zwischen Ich und Du«, erklärte der Schweizer Neurowissenschaftler Franz Vollenweider jüngst gegenüber der *ZEIT*. Die Schweiz ist das einzige deutschsprachige Land, das, laut *NZZ*, circa 50 Psychiater:innen und einigen hundert Patient:innen über das dortige Bundesamt für Gesundheit Ausnahmen bewilligt. Auch hierzulande wird geforscht, eine große Studie läuft gerade. Dabei hat die Idee der Heilung mit Psilocybin den Mainstream längst erreicht: Autor Bas Kast schreibt in seinem Bestseller *Kompass für die Seele*, er habe »zwei Dutzend Trips« absolviert und sehe in Psychedelika wie MDMA oder Psilocybin einen »Gamechanger auf dem Feld der seelischen Gesundheit«.[6]

Gamechanger, in jeder Hinsicht. Zwar erinnerte ich mich bisher nicht mehr an die Todesangst und den Hunger aus den ersten Tagen meines Lebens, aber ihre Auswirkungen spürte ich mein ganzes Leben. Als junge Erwachsene fiel es mir schwer, Bindungen und Beziehungen einzugehen, denn ich fürchtete das Verlassenwerden, bevor eine Freundschaft oder Beziehung überhaupt begann. Ging ich doch eine Verbindung ein, versuchte ich in vorauseilendem Gehorsam, alles *richtig* zu machen, um nicht verlassen zu werden. Dabei überforderte ich mein Gegenüber und mich selbst heillos. Ich hatte mich in ein lähmendes Knäuel aus Abhängigkeiten und Fluchtversuchen im Zusammenhang mit Menschen um mich herum verheddert. Ich konnte kaum noch unterscheiden, welche Fäden ich gesponnen hatte, welche vertrauenswürdig und welche dauerhaft bewegungseinschränkend waren. Therapie half. Echte Freunde treffen half. Schreiben half. Das Selbstbewusstsein, das aus Freundschaften und Beruf erwuchs, half. Das Knäuel entwirrte sich, und es blieben immer stabiler werdende Verbindungen, die schließlich Bewegungsfreiheit und Halt ermöglichten. Aber ich bin mir nicht sicher, ob ich, egal wie viel Therapie ich gemacht habe und noch machen werde, jemals ohne diese Medizin und ohne das Ritual zu diesen frühen, archaischen Gefühlen durchgedrungen wäre.

Die Notwendigkeit von neuen Therapieformen gilt ebenfalls als alternativlos, wir erleben als Folge der Pandemie sowie neuer Kriege eine einzigartige Welle psychischer Erkrankungen. Die Nachfrage nach Therapieplätzen stieg um 40 Prozent[7], die durchschnittliche Wartezeit beträgt sechs Monate. Ob sich die Geduld wirklich auszahlt, ist ungewiss – weder eine Therapie noch eine Behandlung mit Antidepressiva gilt als sichere Heilung. Gerade im Kontext von klassischen Antidepressiva klagen Patient:innen über Nebenwirkungen wie Gefühlstaubheit. Seit über zwei Jahrzehnten stagniert die Forschung um Psychopharmaka. Während das Verständnis um seelische Gesundheit in Bereichen wie der Hirnforschung sich um Lichtjahre verbessert hat, hängt die Pharmakologie hinterher.

Psilocybin wirkt, wie seit vermutlich von Anbeginn der Menschheit, mit archaischer Stärke auf den menschlichen Gefühlshaushalt. Auf meinem Trip, meiner Reise, erkenne ich, dass mein Körper sich in der Tat an *alles* erinnert. *Alles,* was vergessen oder verdrängt wurde, ist in den Untiefen meiner Seele – oder vielmehr den Schaltkreisen meines Gehirns – gespeichert.

Bevor ich nach Amsterdam reiste, hatte ich viele relevante

Studien zu Psilocybin gelesen. Ich wusste um den »Reset« im Gehirn, von den weit geöffneten Serotonin-Schaltern. Nur nützte mir dieses Wissen überhaupt nichts, als ich mich wie ein kleines Kind weinend vor Angst schüttelte. Als sich eine lebenslange Last verdrängter Gefühle aus Scham, Ablehnung und Enttäuschung zurückmeldete. Ja, es ist das Default Mode Network, das diese Gefühlswucht verursacht. Sie zu durchleben bedeutet jedoch mehr als nur das Verständnis von Synapsen, Neuronen und Hirnregionen. Meinem »inneren Kind«, das im Alter von wenigen Monaten frierend auf sich allein gestellt war, waren Hirnfunktionen egal. Es profitierte während meiner Psilocybin-Reise heute von dem, was ihm damals verwehrt geblieben ist: Fürsorge.

Einfach ist das nicht, keine Selfcare. Im Gegenteil. Für mich war die erste Hälfte des Rituals am Rande des Machbaren, mehr als ein kalkulierter Ausbruch aus irgendeiner Komfortzone, kein erleichterndes Weinen, sondern ein totaler emotionaler Kontrollverlust. Während ich diese Zeilen schreibe, kriecht das Gefühl von Isolation wieder in mir hoch. Ich spüre es in meinen Fingerkuppen, in den feinen Haaren im Nacken. Es kribbelt, hat aber seinen Schrecken verloren: komm hoch und zeig dich. Bleibe nicht dort unten und suche verborgene, verzerrte Wege in meinen Alltag. Blick mir in die Augen. Ich habe dich ausgehalten und einmal ausgetrieben. Ich werde es immer wieder tun.

Der Grund, beziehungsweise die Gründe, warum ich in Amsterdam nicht meinen Verstand verlor, heißen Jeanine Souren und Hans van Wechem. Die Therapeut:innen hielten meine Hand, sodass ich stets wusste, dass ich nicht allein war. Menschen, die diesen Job ausüben, heißen in der Forschung »Tripsitter«, eine sprachliche Verniedlichung und inhaltliche Degradierung der Aufgabe, die für Patient:innen über das Resultat der Behandlung entscheiden kann.

»Psychedelische Therapie funktioniert vor allem aufgrund der therapeutischen Fürsorge«, erklärt mir die Psychologin und Forscherin Dr. Rosalind Watts aus London. Sie hat zunächst als »Tripsitterin«, später als klinische Leiterin die einflussreiche Studie über Psilocybin am London Imperial College betreut und ist die erste weibliche Forscherin, die mir in meiner umfangreichen Recherche begegnet ist.

Zoom-Call mit Dr. Watts. Offen kritisiert sie die Goldrauschstimmung in der Welt der Psychedelika: »Der öffentliche Fokus liegt zu sehr auf dem Gehirn, den Drogeneffekten, Profiten und der Expansion«, erklärt sie. Sie hingegen halte es für entscheidender, den therapeutischen Aspekt zu berücksichtigen. »Es mangelt unserer Kultur, die immer noch patriarchalisch geprägt ist, an Würdigung von Fürsorge im Heilungsprozess. Der Umgang mit Psychedelika spiegelt diese toxische Dynamik wider.«

Laut Dr. Watts haben wir, seit die Spanier den Azteken ihre heiligen Pilze verboten und der Banker Wasson die Medizin der Heilerin Maria Sabina stahl, wenig gelernt. Während die führenden Forschenden immer wieder betonen, dass sie die Welt mit psychedelischer Therapie heilen wollen, ginge es, laut Watts, vordergründig um »Kapitalisierung und Wettbewerb«. Vorbereitungs- und Integrationstherapie, die die Erlebnisse der Reise ins Leben einbindet, sowie die Rolle der Therapeut:innen vor Ort werden in Studienergebnissen, wenn überhaupt, nur beiläufig erwähnt. Nicht das Teilen uralter Weisheit, sondern Kapital, Macht und Erfolg stehen im Mittelpunkt der Forschungen. Damit liegen die Vorreiter der psychedelischen Renaissance zwar auf der Höhe mit einer Gegenwart, die Reichtum und Macht und Gesundheit und Glück anstrebt, aber nicht mit dem Weisheitsbegriff nach Judith Glück. Oder auch dem philosophischen: Ihr Handeln ist, zumindest laut Dr. Watts, nicht von geistiger Vollkommenheit. Sonst würden sie das Erbe der Integration, des Rituellen, respektieren.

»Die Liebe, die man von dem Therapeuten erfährt, ist essenziell für die Heilung«, sagt Watts. »Wir alle brauchen mehr davon in unserem Leben. Wir alle brauchen mehr Verbindungen zu liebevollen Orten, an denen wir einander echte Fürsorge geben und empfangen können.« In der Geschichte, so Dr. Watts weiter, hätte die Gemeinschaft im Dorf die Integrationstherapie übernommen. In Gesellschaften, in denen das Wohlergehen aller über dem Einzelnen steht, gäbe es weniger Bedarf nach Therapie. Das klingt auf jeden Fall weise.

Zwei Tage nach meiner Heimkehr aus Amsterdam sitze ich auf dem Fahrrad, um zu einem Termin zu fahren. An mehreren Fußgängerampeln werde ich, trotz grüner Ampel, von Autofahrer:innen geschnitten. An jedem anderen Tag wäre ich maximal sauer geworden, doch heute überrollt mich eine tiefe Welle der Verzweiflung: Warum gestehen wir einander keinen Raum zu? Warum ist es so wichtig, dass man als Erste oder Erster über Kreuzungen prescht? Ich spüre einen Kloß im Hals, der sich in Form einer Panikattacke den Weg nach draußen ebnen will. Ich will umkehren, nach Hause fahren, mich irgendwo verkriechen. Ich spüre eine starke Sehnsucht nach Jeanine Souren, möchte wieder ihre Hand halten und wissen, dass ich nicht allein bin. Ich atme, so wie van

Wechem und Souren es mir am Tag nach der Einnahme beigebracht haben. Ein und aus, ein und aus. Im Hier und Jetzt sein, einatmen, ausatmen. Die emotionale Welle bricht, ebbt ab und spült den Rest der Traurigkeit auf die Berliner Straße. Ich halte an und schreibe Souren: »Haben Sie heute irgendwann zehn Minuten Zeit?« Die Antwort erfolgt postwendend: 15 Uhr.

Souren sitzt an ihrem Schreibtisch vor dem Fenster, ihr Garten steht in vollem Grün. Ich erzähle ihr von der Beinahe-Panikattacke. Sie erklärt: »Was Sie erleben, ist absolut normal. Stellen Sie sich Ihr Gehirn wie eine Schneekugel vor: Sie ist kräftig durchgeschüttelt worden, und nun fallen alle Flocken wieder runter, aber an neue Plätze. Das erzeugt ab und zu Panik. Aber es gibt keinen Grund zur Sorge.« Die Neurobiologie bestätigt Sourens Erklärung: Die Studie von Dr. Rosalind Watts am Imperial College London von 2022 zeigt tatsächlich, dass Psilocybin die Funktion der neuronalen Netzwerke im Gehirn neu ausrichtet, indem es die Verbindungen zwischen Hirnbereichen neu verknüpft. Die sogenannte »funktionale Konnektivität« der neuronalen Netzwerke nahm durch Psilocybin zu. Die Seelenaugen sitzen im Kopf und die Schärfung im Pilz.

Es heißt, die psychedelische Therapie sei ein »Shortcut«, eine Abkürzung zu ähnlichen Formen der Annäherung an die Abgründe der Seele, wie Therapie oder auch Meditation. Tatsächlich gelingt es mithilfe des Psilocybins, schneller tiefer in die eigene Gefühlswelt hinabzusteigen. Entsprechend fühle ich mich, als hätte ich fünf Jahre Therapie in drei Tagen absolviert. Mit Jeanine Sourens Hilfe versuche ich nun, meine Emotionen – auch die herausfordernden – in meinen Alltag zu integrieren. Das ist beängstigend für mich und, so glaube ich, für die meisten Menschen. Die aufgeklärte, vernünftige, rein wissensorientierte Welt hat einen dicken Mantel der Disziplin und Kontrolle über komplexe Gefühlswelten gesponnen. Aus guten Gründen: Es kann nicht sein, dass Menschen ihren ersten Instinkten folgen. Nur: Wohin nur mit all den Emotionen? »Das Problem ist, dass wir in einer Kultur leben, die auf dem Kopf und nicht auf dem Herzen basiert«, sagt Dr. Rosalind Watts.

Psilocybin und Co. sind Relikte aus Kulturen, in denen Emotionen weniger gefürchtet waren, in denen ältere Frauen an Feuerstellen stundenlang aus ihren Lebensgeschichten erzählten und in der Lage waren, die »Reiseberichte« einzuordnen. Mit diesem Wissen kann Psilocybin ein entscheidender Baustein im Heilungsprozess sein, solange wir das traditionelle Wissen annehmen und anwenden. Mit dem Aufkommen der Industrialisierung haben Politiker auf der ganzen Welt altes Wissen und alte Weisheiten für altmodisch erklärt. Wenn sie nun, wie zum Beispiel in Form von psychedelischer Therapie, wiederbelebt wird, halte ich es für unerlässlich, sie in Gänze neu zu erforschen – nicht nur die Medizin, die es mittlerweile in Pillen gibt, sondern auch den sozialen Begleitungsprozess. Er ist ebenso wichtig wie der neurobiologische.

In der Finsternis des Verlassenseins, auf dem Grund meiner Seele, war ich nicht lange vollständig allein. Irgendwann sah ich koreanische Trommler und Schamaninnen, hinduistische Götter und Göttinnen rechts und links von mir. Ich erinnere mich, dass ich mich fragte, warum ich so viele Gottheiten aus dem indischen Pantheon sah, ob mein Verstand psychedelische Bildwelten generierte. Jetzt, mit Abstand, glaube ich das nicht mehr. Dort, ganz am Rand, gestattete ich mir einen kleinen Einblick in die Erinnerungen meiner Vorfahren. Sie standen mir zur Seite. Auch wenn meine biologischen Eltern – aus welchen Gründen auch immer – sich gegen mich entschieden hatten, hielten die Vorfahren, überliefert durch Erinnerungen in Genen, im kollektiven Unterbewusstsein, die Hände über mich.

So wie die weise Jeanine Souren. »Wir sind Hebammen der Seele«, sagt sie mir, als ich ihr zum wiederholten Mal offenbare, wie sehr ihre Führung, ihre Fürsorge mich im Ritual geleitet haben. Wie ihre geistigen Vorfahrinnen, Maria Sabina, die Schamaninnen im heutigen Mexiko und vielleicht auch auf Menorca, hat sie mich auf dem Weg durch meine Erinnerungen und meine emotionalen Welten begleitet. Weisheit offenbart sich in Gesellschaft, denke ich. Seit dem Ritual ist mittlerweile fast ein Jahr vergangen. Trotzdem denke ich noch wöchentlich an Jeanine Souren und die Reise in mein Innerstes.

Feministische Weisheit achtet Traditionen ihrer Vorfahrinnen. Es ist immer noch seltsam, diesen Satz zu schreiben, ihn losgelöst von der linearen Zeit zu verstehen. Dass Lösungen auch durch »Tradition« und nicht nur durch Fortschritt gefunden werden, fühlt sich kratzig und konservativ an. Nur: Wäre es nicht weise, bestimmte Traditionen zu berücksichtigen? Oder zumindest anzuhören? Sich zu erinnern, woher Rituale und ihre Medizin stammen, anstatt sie einfach in die moderne Pharmakologie zu assimilieren?

KAPITEL 12

# Nachdenklichkeit

## Vom Wert einer gleichberechtigten Forschung: Von der Biochemikerin, die endlich den weiblichen Körper verstehen möchte

Habe ich auf dem Grund meines Unterbewusstseins Weisheit gefunden?

Eine Weisheit für mich ist sicherlich, dass ich nicht allein bin, dass ich nicht losgelöst existiere. Geister, Ahnen, Seelen, Manifestationen meiner Vorfahren haben mich gehalten.

So. Jetzt bin ich endgültig durchgeknallt, könnte man behaupten. Eine Ladung Pilze und schon ist die journalistische Verantwortung, die kritische Reflexion, alles, was mich zur Expertin meines Handwerks macht, in einer großen Eso-Welle weggespült worden. Geister! Ahnen! Meine Seelenaugen sind geöffnet, ich habe den Durchblick! Okay!

Was ich nun erblicken kann, hat allerdings weniger mit esoterischen Erkenntnissen als mit einer gewissen Ruhe zu tun: Ich fühle mich mit anderen verbunden, im allerbesten Sinne nicht unabhängig, aber auch in keinem einseitigen Abhängigkeitsverhältnis. Wir sind als Gesellschaft *voneinander abhängig*, wie auch die Mapuche-Frauen gesagt hatten.

Was wäre, wenn ich meine Behauptung, ich hätte auf dem Grund meiner Erinnerungen meine Vorfahr:innen gesehen, belegen könnte? Tatsächlich gehören alle Menschen Stämmen an. In jeder menschlichen Zelle ist eine sogenannte Haplogruppe nachweisbar.[1] Sie definiert keine Charaktereigenschaften, sondern die Abstammungshistorie eines Menschen, eine Art Geheimcode der Ur-Clans, aus denen jeder einzelne der acht Milliarden heute auf der Erde lebenden Menschen hervorgegangen ist. Dieser Code ist in den Mitochondrien im Zellkern eingespeichert und heißt mtDNA, *mitochondrial DNA*. Man kann ihn sich wie einen Barcode vorstellen, der, wenn er gescannt wird, für alle Zeiten meine Abstammungslinie nachvollziehbar macht. mtDNA wird exklusiv von Müttern weitergegeben. Mein Code lautet B4a1c1 und geht auf eine Frau zurück, die vor 17.500 Jahren in Zentralasien gelebt hat. Ich stamme aus den endlosen Steppen der Mongolei. Meine Haplogruppe reiht mich, die Stammbaumlose, wieder in die Gesamtgeschichte des *Homo sapiens* ein.

Bei Frauen, und das ist Biologie und demnach nicht verhandelbar, kann man nur die Abstammung mütterlicherseits feststellen, die väterliche Haplogruppe befindet sich bei Männern auf dem Y-Chromosom. Es macht mich zur biologischen Frau, zwei X-Chromosomen zu haben. Das ist kein evolutionärer Nachteil, im Gegenteil. Auf das X-Chromosom passen mehr Informationen, die Frauen zur Fortpflanzung benötigen. Unterschiedliche Baupläne, gleichwertige, ja kompatible Wertigkeit.

Ich trage meine Vorfahrinnen also wirklich in mir. Als ich in Amsterdam meine Reise unternahm, erschienen sie an meiner Seite, aber ich habe sie selbst entwertet und als Manifestierung psychedelischer Ikonen abgetan. Vielleicht waren es die Frauen von B4a1c1. Das klingt doch schon etwas weniger esoterisch, oder?

Meine Haplogruppe kenne ich, weil die Firma 23andMe diese Information in meinem Speichel sequenziert hat. 23andMe wurde 2006 unter anderem von Anne Wojcicki, der damaligen Ehefrau des Google-Gründers Sergey Brin, gegründet. Mit großem Erfolg. Mittlerweile gibt es 186 Firmen, die kommerzielle DNA-Tests anbieten, der Markt boomt. 2022 setzten die Unternehmen rund zwei Milliarden US-Dollar um, 17 Prozent davon aus Europa.[2] 23andMe gehört zu den Marktführern, mittlerweile haben 14 Millionen Menschen aus der ganzen Welt dort ihre Gene entschlüsseln lassen. Ob man die Tests als »wissenschaftlich« bezeichnen kann, wird unter Fachleuten immer noch kontrovers diskutiert. Trotzdem begeben sich auch Menschen, die genau wissen, wer ihre Eltern sind, auf genetische Spurensuche. Das Bedürfnis nach Zugehörigkeit und der Eingliederung in eine Gruppe scheint größer denn je, als suchten Menschen in fragmentierten Zeiten besonders viele – und gelegentlich aberwitzige – Wege zur Verbundenheit. Es ist ein bisschen verrückt: Je weiter man sich im Alltag durch digitale Kommunikationsmittel physisch voneinander entfernt, desto mehr interessiert man sich für entfernte Verwandte und prähistorische Vorfahren.

Ehrlich gesagt eignen sich die Ergebnisse dieser Gentests hervorragend beim Sozialisieren, als Party-Gesprächsthema beispielsweise, obwohl die Resultate überwiegend einem schwammigen ethnischen Gemischtwarenladen aus slawischen, nordeuropäischen und mitteleuropäischen Wurzeln gleichen. Identitätsstiftend wirken sie trotzdem. Des einen lebenslange »Frankophilität« scheint durch 14 Prozent »französische Vorfahren« und des anderen Affinität zu allem Britischen durch ungeahnte keltische Vorfahren genetisch bestätigt zu sein. Ich gestehe, dass ich auch einen gewissen und absolut irrationalen Stolz auf meine mongolische mütterliche Abstammungslinie spüre. Die Großgroßenkelin von Dschingis Khan, Khutulun, war laut Marco Polo »so stark und mutig, dass im ganzen Reich ihres Vaters kein Mann stärker war als sie«.[3]

Etwa 20 Prozent der mongolischen Armee sollen Frauen gewesen sein. Auch in Khans Imperium hatten Frauen Machtpositionen inne: Während er (fragwürdigerweise) die halbe Welt einnahm, führte seine Frau Börte den gesamten Tross. Gemeinsam mit den anderen Frauen koordinierte Börte die Abläufe, Sicherheit, Versorgung und Organisation des Camps, sie zogen, ganz nebenbei, natürlich auch die Kinder groß. »Die Frauen sorgten dafür, dass die Auf- und Abbauten reibungslos funktionierten, die Wagen beladen waren und in der richtigen Reihenfolge losfuhren. Ohne ihre Arbeit hätten die Krieger und Kriegerinnen kein Lager vorfinden können, wenn sie von ihren Eroberungsfeldzügen zurückkehrten«, erzählt die zentralasiatische Expertin Anne Broadbridge der Geschichtsplattform Atlas Obscura.[4] Witwen namens Töregene oder Sorghaghtani regierten das mongolische Imperium nach Khans Tod. Laut Broadbridge genossen weise Frauen in der Mongolei große Autorität: »Man sprach sich mit ihnen ab. Man fragte sie um Rat. Man hat ihnen zugehört.« Ohne die Frauen wären die Feldzüge der Mongolen nicht annähernd so erfolgreich gewesen, so die Wissenschaftlerin.

Ich stamme also bestenfalls von resilienten, anpackenden Frauen ab – das ist doch mal ein erfreulicher Genpool!

Was genau macht mtDNA in meiner Zelle, außer den Code meiner Urmutter weitergeben? Was speist sie in mein Verhalten, in meine Gedanken? In die herkömmliche DNA auf den Chromosomen ist mein Bauplan einprogrammiert. Gewisse Eigenschaften, Vorlieben, Gesichtszüge und Veranlagungen sind mir von meinen unbekannten biologischen Eltern mitgegeben worden. Mithilfe der Haplogruppen können Migrationswellen nachgewiesen und Knochenfunde mit aktueller mtDNA in Verbindung gebracht werden. Die Mitochondrien stammen aus der Eizelle meiner Mutter.

In meinem Geburtsland würdigen Menschen Ahnen, Geister und Seelen. Ist die mtDNA der wissenschaftliche Beweis für die Geister der Ahnen, so wie die Neuroplastizität die spirituelle Erfahrung von magischen Pilzen erklärt? Sind meine weiblichen Vorfahren wirklich immer bei mir, in der mtDNA? Ich besuche eine Frau, die es wissen könnte. Ihr Name ist Jennifer Garrison, und sie ist in etwa dort tätig, wo vor 15 Jahren mein Genom entschlüsselt wurde, im Silicon Valley.

Dort arbeiteten Tech-Milliardäre seit ein paar Jahren daran, das ganze Prinzip Altern und Sterben wie eine veraltete Tradition zu widerlegen und dann hoffentlich abzuschaffen. Als ich in San Francisco sehe, wie klobige, selbst fahrende Autos sich die steilen Straßen voller Schlaglöcher und Risse rauf- und runterquälen, frage ich mich, ob sich Tech-Milliardäre nicht zunächst irdischeren Problemen stellen sollten, bevor sie sich mit dem Tod anlegen. Vermutlich aber fühlen die sich vom drohenden Lebensende deutlich stärker bedroht als von schlechten Straßenverhältnissen oder, sagen wir, Wohnraumkrisen. Dabei bräuchte man gerade hier ein paar Silicon-Valley-mäßige Verbesserungsstrategien: Selbst Lehrer:innen oder einfache Programmierer:innen können sich in San Francisco keine Wohnung mehr leisten. Was bedeutet ewiges oder auch sehr langes Leben in Wohnungslosigkeit und Armut? Wie viel Energie hat man, sich Weisheit anzueignen, wenn man arm, mitunter krank und alt ist?

Dr. Jennifer Garrison hält wenig von den Plänen, das Leben zu verlängern. Sie möchte zunächst, dass Frauen gesünder älter werden und länger in guter Gesundheit leben. Auch sie fragt: »Was habe ich davon, wenn ich ewig lebe, aber krank bin?« Sie möchte endlich die lückenhafte Biologie von Frauenkörpern verstehen, nicht nur auf organischer, sondern auf zellularer, auf neuromolekularer Ebene. Dazu will sie das Signalsystem vom Gehirn an den Körper entschlüsseln. »Die traditionelle Schulmedizin«, so Garrison, »betrachtet den Körper organisch: Wenn du Leberprobleme hast, gehst du zu diesem Spezialisten, und wenn du Ohrenschmerzen hast, zu jenem.« Frauenkörper hingegen müsse man in Gänze betrachten, so Garrison. »Das Gehirn sendet Signale in Form von Hormonen wie WiFi durch den Körper. Wir verstehen noch nicht, wie dieses komplexe System funktioniert.« Diese Signale ließen die Eierstöcke, deren Funktion die allgemeine Gesundheit von Frauen maßgeblich mitbestimmen, frühzeitig »altern«.

Stattdessen wird dieses unverstandene körperinterne Kommunikationssystem als »Natur« hingenommen. Tatsächlich hat schon die Ärztin, Chronistin und weise Frau Dr. Kate

Campbell Hurd-Mead Anfang des 20. Jahrhunderts festgestellt, dass seit der Antike der männliche Körper als »Universalkörper« in der Medizin fungiert, obwohl dieser wirklich nur die Hälfte der medizinischen Wahrheit ausmachen könne. Im vergangenen Jahr haben die Neurowissenschaftlerinnen Rachel Zsido und Julia Sacher vom Max-Planck-Institut für Kognitions- und Neurowissenschaften vom Universitätsklinikum Leipzig festgestellt, dass das weibliche Gehirn während des Zyklus massive Umbauvorgänge durchläuft – innerhalb von 29 Tagen verändert sich die Funktionalität! Ich wünschte, jemand hätte mein Gehirn vor zehn Jahren und heute durchleuchtet. Ich bin mir sicher, mittlerweile sieht es anders aus. »Generell wird das weibliche Gehirn in den Neurowissenschaften immer noch viel zu wenig untersucht«, schreibt die Neurowissenschaftlerin Sacher in ihrem Bericht.[5] Obwohl bekannt sei, dass Hormone das Gedächtnis beeinflussen, würden sich weniger als 0,5 Prozent der Fachliteratur in diesem Bereich mit dem Menstruationszyklus, dem Einfluss von hormonellen Verhütungsmitteln, der Schwangerschaft und der Menopause beschäftigen. Ein weiterer Beweis, dass der weibliche Körper wirklich – medizinisch-wissenschaftlich – immer noch ein Mysterium ist.

Das hat natürlich Auswirkungen auf die generelle Gesundheit von Frauen. Zwar werden wir statistisch älter als Männer, sind aber häufiger krank. Laut WHO lebten 2016 in der EU Frauen 77 Prozent und Männer 81 Prozent ihres Lebens in guter Gesundheit. Weil Frauen aber länger als ihre männlichen Counterparts leben, verbringen sie durchschnittlich 15 Jahre in schlechtem Gesundheitszustand, während die Männer, die schneller sterben, aber weniger lange leiden.[6]

Global sind Frauen 4,8 Jahre länger krank als Männer. In Deutschland denken Mediziner:innen, wenn sie vom »alten Patienten« sprechen, an Frauen.

Wenn die eine Hälfte der Bevölkerung etwa fünf bis zehn Jahre länger krank ist als die andere, belastet sie das Gesundheitssystem natürlich auch länger. Das Geld haben viele Patientinnen gar nicht, weil sie altersarm sind. Und hier beißt sich die alte Katze selbst in den Schwanz. Je weniger Einkommen ein Mensch zur Verfügung hat, umso wahrscheinlicher ist eine Erkrankung.[7] Jennifer Garrison vertritt demnach den richtigen Ansatz – die Medizin müsste dafür sorgen, dass Frauen länger gesund leben.

Es ist nämlich nicht nur aus menschlicher – und das sollte eigentlich reichen –, sondern auch aus volkswirtschaftlicher Sicht unumgänglich, sich gegen Altersarmut, insbesondere der von Frauen, zu engagieren. Nun ergeben erste Studien Jennifer Garrisons, dass eine Verlängerung der Funktionstüchtigkeit der Eierstöcke die Gesundheit von Frauen im Alter verbessern würde.[8]

Weltweite Headlines machte die Biochemikerin, als auf den Titelseiten die reißerische Behauptung auftauchte: »Diese Frau will die Wechseljahre abschaffen«. Die Folge, wie so oft bei den einigermaßen großen News aus der Frauengesundheit, war: Skandal! Waaaas soll daaaaas denn?! Sollen wir etwa bis ans Lebensende Kinder kriegen?! Das ist ja wohl die Krone der Selbstoptimierung! So was Blödes habe ich ja noch nie gehört.

Die Reaktionen finde ich zunächst gar nicht unverständlich. Wie Caroline Criado-Perez bestätigte, hat sich die Forschung in den letzten Jahren nicht damit gerühmt, zugunsten von Frauen zu arbeiten. Warum sollte man nun also einer Forschenden vertrauen, die behauptet, man könne die Wechseljahre einfach abschaffen?

Um diese Frage zu beantworten, fahre ich zum Garrison Lab, ihrer Forschungsabteilung im Buck Institute for Research on Aging, etwa 30 Autominuten nördlich von San Francisco. Die Auffahrt erinnert eher an ein Luxus-Urlaubsresort als an eine Non-Profit-Forschungsorganisation, die das menschliche Altern verstehen möchte. Das Headquarter befindet sich in der beschaulichen Gemeinde Novato auf einem massiven Hügel am Rande eines Naturschutzgebiets. Es teilt sich den Berg mit Rindern, Truthähnen, wilden Rehen und Adlern. Das Buck Institute beschäftigt sich seit 1999 mit dem gesünderen Älterwerden und finanziert sich aus Spenden und Forschungsgeldern. Gesundes Altern scheint ein populäres Thema bei Spendenden zu sein, prekär sieht es hier nicht aus. Nicole Shanahan, zweite Exfrau von Google-Gründer Sergey Brin, hat allein sechs Millionen Dollar ins Buck Institute investiert.

Von Garrisons Büro kann man bis zur Bucht von San Francisco gucken. Abgesehen vom spektakulären Blick misst es irdische Büromaße, ab drei Personen wird es eng. Sie pendelt zwischen ihrem Homeoffice in der Stadt und ihrem Labor, deswegen stehen die Kunstwerke noch auf dem Boden, und auf dem Schreibtisch wimmelt es von unsortierten Gegenständen. Sie habe so viel zu tun, dass sie keine Zeit dafür hätte, ihr Büro einzurichten.

Die reißerischen Headlines werden weder der Arbeit der 48-Jährigen noch ihr selbst gerecht – sie will die Menopause gar nicht besiegen, damit Frauen ewig jung, sexy und fruchtbar, sondern schlicht und ergreifend, damit sie länger gesund bleiben. Noch sei es ihr gar nicht möglich, die Menopause abzuschaffen, das Wissen darüber sei noch nicht erforscht, und genau diese Lücke wolle sie schließen.

Garrison spricht mit leiser, sanfter Stimme über die über Jahrhunderte gepflegten Vorurteile: »Wir wissen noch nicht, wie das Gehirn mit dem Rest des Körpers kommuniziert, und wir wissen auch nicht, warum es das tut. Es hat einfach über Jahre niemand diese Fragen gestellt. Frauen lernen stattdessen vom Anfang ihres Lebens an, dass sie Mängelwesen sind. Sie sind weniger stark, weniger belastbar als Männer und haben Schmerzen und Launen. Sie verinnerlichen das Gefühl, ungenügend und anfällig zu sein.« Niemand habe in den ganzen langen Jahren der Medizingeschichte auch nur versucht, diese Mängel zu verstehen oder gar zu beseitigen. Stattdessen habe man den Mangel schlicht und ergreifend zur Charaktereigenschaft erklärt.

Eingriffe in Frauengesundheit werden kritisch betrachtet und schnell in den Bereich »gewinnorientierte Selbstoptimierung« verbannt. Man müsse einfach damit leben, älter und kränker zu werden, höre ich auch und gerade von anderen Frauen. Garrison zeigt sich unbeeindruckt von solcher Kritik: »Würden alle Männer ab ihrem 50. Geburtstag automatisch keine Erektion mehr bekommen, hätten wir seit Hunderten von Jahren eine Lösung.« Anstatt Frauen zu optimieren, möchte sie verstehen, was sich diese verflixte Natur dabei gedacht hat, als sie die Eierstöcker schneller altern ließ als den Rest des weiblichen Körpers.

Ich frage sie, ob vielleicht in der mtDNA Ursachen für das frühe Ende der Fruchtbarkeit lägen. Das wisse sie noch nicht, antwortet Garrison lächelnd und erzählt, was man jedoch bereits wisse, ist, dass mtDNA entscheidend in der Entstehungsphase der Eizelle sei. »Wenn eine Eizelle entsteht, bilden sich um die Kernzellen sogenannte Futterzellen. Sie geben ihre gesamte Energie, ihr gesamtes Wissen über die mtDNA an den Zellberg weiter, aus dem irgendwann die Eizelle wird.« Über 100.000 Mitochondrien befinden sich in einer Eizelle, auch Zellen im Gehirn oder im Herzen, alle Zellen, die einen hohen Energiebedarf haben, verfügen über eine große Dichte dieser einzigartig weiblichen Zellen.

Ich bin versucht, die »Mitos« als »weise Zellen« zu beschreiben, das mache ich aber natürlich nicht. Ob Garrisons Arbeit tatsächlich dazu führen wird, dass wir den frühzeitigen Feierabend der Eierstöcke besser verstehen können, werden die kommenden Jahre zeigen. Ich bin aber froh, dass es überhaupt jemand versucht – jemand wie Jennifer Garrison, zielstrebig, klug und vor allem furchtlos.

***

In der Nacht nach dem Gespräch träume ich von meinem Sohn. Er möchte allein nach Chile reisen, das Land, in dem das *Wallmapu,* die Heimat der Mapuche, liegt, und in dem sein Vater, mein Mann, geboren ist. Ich blicke ihn an und sage ihm, er solle achtgeben. Dann gehe ich ins nächste Zimmer. Dort steht er wieder, diesmal drei Jahre alt, klein, zart und kindlich. Ich nehme ihn auf den Arm und spiele mit ihm – fallen lassen, auffangen, fallen lassen, auffangen. Es fühlt sich so real an, als würde ich ihn wirklich halten. Im Traum lacht er und ruft: »Noch mal, noch mal!«

Ich wache auf. Es ist halb vier morgens. Das Zimmer ist winzig, kaum größer als das Bett. Das einzige Fenster blickt direkt auf die Mauer des nächsten Gebäudes, nur ein paar Tauben passen auf den Fenstersims dazwischen. Der kleine Körper ist fort. Stattdessen ist es stockfinster, und plötzlich wird mir schmerzhaft klar: Nie wieder werde ich meinen Sohn auf dem Arm halten. Er wird niemals wieder so jung sein – mittlerweile überragt er mich. Seine Kindheit liegt in den letzten Zügen, und ich habe das Gefühl, dass die letzten 14 Jahre so flüchtig an mir vorbeigezogen sind wie der Traum in den frühen Morgenstunden. Ich kann nie wieder in diese frühen Jahre seiner Kindheit zurückkehren.

Die Luft wird dünn. Ich stehe auf und schiebe das Fenster zur anderen Hauswand hoch. Die Nachtschwärze umgibt die gurrenden Tauben, dann kann ich hören, wie sie wegflattern. Ich lasse das Fenster auf und knipse alle Lichter in dem winzigen Zimmer an, sehe das Bett, den Rahmen, meinen Koffer und meine Kleidung. Von draußen dringt kühle Luft ins Zimmer, ich komme im Hier und Jetzt an. San Francisco, Chinatown. Ich bin auf der Suche nach der Weisheit. Meine Familie ist 10.000 Kilometer und neun Stunden entfernt von mir. Ein Stich fährt durch meinen Körper. Ich wünsche mir nichts sehnlicher, als bei ihnen zu sein.

Dann wird mir klar: Das bedeutet es also, älter zu werden. Das eigene Kind groß werden zu sehen, zum Beispiel. Immer mehr Menschen zu verlieren, die man liebt. Die Veränderungen des Daseins im eigenen Körper zu spüren, nicht nur in den Worten und Namen, die im Nebel des Gehirns verschwinden, sondern auch klaren Verstandes zu verstehen: dass mein Körper schwer und müder wird, während alles um mich herum immer in Bewegung ist. Abschied. Trauer. Verlust. Ich sehe Momente, die zehn, sogar 15 Jahre her sind, so klar wie im Film vor mir. Der Sohn, der krabbelt, der läuft, zum ersten Mal schwimmt, Boot fährt. Ich kann diese Erinnerungen betrachten, aber nicht mehr berühren, riechen oder fühlen. Der Sohn, auf dem Arm, Engelchen flieg. Mein Körper erinnert sich ganz genau, wie es sich angefühlt hat, das eigene Kind zu halten. Ich werde es nicht wieder erleben. Auch werde ich nie wieder schwanger sein, nie wieder einen neuen Körper erschaffen. Alles vorbei. Ich muss es gehen lassen. Einatmen, Ausatmen. Neu finden. Neu definieren. Weitergehen.

Egal, ob es Jennifer Garrison gelingen wird, das Rätsel des frühzeitigen Alterns der Eierstöcke zu lösen, eine Zeitmaschine zurück zu dem Moment, an dem ich meinen Sohn auf dem Arm hielt, wird sie vermutlich nicht im Doppelpack liefern können. Selbst wenn ich jetzt noch ein Baby bekommen könnte, würde auch dieses Kind irgendwann groß werden. Wissenschaftlerinnen wie Garrison können biochemische Antworten finden, sie können die Jahre gesundheitlich lebenswerter und damit selbstbestimmter für Frauen machen. Aber die Zeit können sie weder anhalten noch zurückdrehen noch festhalten, gleichgültig, ob sie in einer Linie oder im Kreis fließt. Ich werde trotzdem älter.

Ich bin froh, dass Garrison sich dem schwarzen Loch der Frauengesundheit stellt und es wagt, die Fragen zu stellen, die niemand zuvor gestellt hat: Wer sagt, dass Frauen, Menschen mit Eierstöcken, akzeptieren müssen, dass sie eher an Osteoporose oder Demenz erkranken? Warum wissen wir, wie künstliche Hüften und Herzklappen entwickelt werden, aber nicht, wie genau der weibliche Körper eigentlich funktioniert? Wenn Jennifer Garrison das »WiFi«-System im Körper verstanden hat und Frauen gesünder altern, werden die Augenblicke trotzdem vergehen, die Zeit trotzdem verrinnen.

Ich fragte Garrison, ob sie glaube, dass wir, hätte man das Wissen der weisen Frauen von Puabi, über Fabiola, Trotula und all den anderen namenlosen Heilerinnen der Geschichte nicht abgewertet und vernichtet, bereits wüssten, wie das Gehirn mit den Eierstöcken kommuniziert.

»Auf jeden Fall!«, entfuhr es ihr. Man stelle sich das mal vor: Es hätte immer schon zu gleichen Teilen Männer und Frauen in der Medizin gegeben. Der Ausschluss aus der Medizin, die Studienverbote, die Hexenverfolgung und die Geringschätzung hätten nicht stattgefunden. Stattdessen hätte man eine integrierte, akademische und geschlechtsübergreifende Medizin entwickelt. Man hätte Medikamente gemeinsam mit den Kräuterfrauen ersonnen und ihre Erfahrungen mit Wirkungen und Nebenwirkungen berücksichtigt. Man hätte von den Hebammen und Geburtshelferinnen über die Vielfalt von Schwangerschaften und Geburten gelernt und niemals versucht, *eine* Geburtslösung für *alle* Frauen zu entwickeln, sondern hätte begleitend mit jeder Frau ihre Form des Schwangerseins, ihre Form des Gebärens und des Wochenbetts begleiten können. Man hätte von Ärztinnen die Anatomie des weiblichen Körpers gelernt, wüsste, wie Endometriose und Eierstockzysten entstehen und wie man sie am besten behandelt.

Man wüsste vermutlich längst, warum das Gehirn die Eierstöcke früher in die letzte Lebensphase führt als den Rest des weiblichen Körpers. Man hätte diese Fragen vor Hunderten von Jahren stellen dürfen und sie gemeinsam mit dem Wissen und der Technologie, die die Industrielle und die Digitale Revolution entwickelten, analysieren und vielleicht sogar behandeln können. Man würde nicht über Abtreibung diskutieren, weil man wüsste, dass Abbrüche seit Menschengedenken durchgeführt werden. Man hätte Frauen nie erzählt, sie seien körperlich minderwertig. Die Wechseljahre wären kein Stigma, sondern einfach ein Übergang. Das erhöhte Risiko für Krankheiten im Alter, das mit den Wechseljahren kommt, wäre abgeschafft.

Man hätte jegliche Vorsorge früh mit in den medizinischen Kanon aufgenommen, hätte Ernährung und Bewegung berücksichtigt. Gymnastik wie Yoga oder Qigong würden, wie Zähneputzen, zur täglichen Routine gehören. Meditation würde, wie in Thailand, in der Grundschule unterrichtet. Muskeldehnung würde unabhängig von der Athletik, deren Fitnessübungen einst Leistungsprogramme für Soldaten waren, stattfinden, losgelöst. Vermutlich würden längst Babys genetisch entworfen und in künstlichen Gebärmüttern ausgetragen, schließlich wäre der weibliche Körper niemals moralisiert, niemals als Heiligtum verklärt worden. Man würde mit Hormonpräparaten Zyklen je nach Terminkalender an- und abstellen. Man würde Periodenblut diagnostisch verwenden. Es gäbe mehr Periodenprodukte als Tampons und Binden. Die Menstruationstasse wäre vermutlich verbreiteter, um das Blut aufzufangen und zu analysieren. Frauen hätten weniger Blasenentzündungen, wie toll wäre allein das bitte?!

Perfekt wäre diese Welt nicht. Es gäbe sicherlich immer noch keine gleiche Behandlung für alle Menschen, gleichgültig, wie hoch ihr Einkommen wäre.

Aber: Man stelle sich das vor – eine Gleichberechtigung der Körper und Bedürfnisse. Eine gleichberechtigte Behandlung. Ein respektvoller, liebevoller Umgang mit Patient:innen, wie die historische Ärztin Trotula ihn bereits gefordert hatte. Eine integrierte, ganzheitliche Heilkunde zwischen Medizin und Psychologie. Nobelpreise würden auch für außergewöhnliche Pflegeleistungen vergeben, überhaupt gäbe es mehr Respekt und Gehalt für Mitarbeitende aus Pflegeberufen, weniger Notstand, mehr Hingabe und Würde am Lebensende. Wie würde unser Leben aussehen, wie viel Leiden hätten wir uns erspart? Würden wir *alle* gesünder und somit länger leben?

»In der Medizin geht es gerade nicht mehr darum, Lebenserwartung grundsätzlich zu maximieren, sondern die guten Jahre, die gesunden Jahre«, sagte auch die Weisheitsforscherin Dr. Glück, »weil die Phase, die danach kommt, nicht mehr so lustig ist.« Die sei für die meisten Menschen nun länger geworden.

Die Weisheit ist demnach nicht mit Biochemie manipulierbar. Die Wissenschaft kann Quellen auffüllen und Interpretationen updaten, aber unmöglich innerhalb weniger Jahre jahrtausendealte Wissenslöcher stopfen. Weisheit muss erlebt, sie kann nicht gespritzt oder implantiert werden. Digitale Plattformen und Algorithmen lernen nicht mal eben eine feministische Weisheit und gleichen somit den Graben in den Wissenschaften und dem Miteinander aus, den die Fokussierung auf die männlich konnotierte Weisheit, das männlich konnotierte Wissen und die männlich konnotierte Kultur gerissen hat. Mühsam stückeln Denker:innen Scherben der Schätze weiser Frauen heute wieder zusammen.

Letztendlich haben die weisen Männer selbst in großen Gedanken keine Lösung für ein erfülltes Leben finden können. Wie auch? Ihnen fehlte die Hälfte! Hat diesen Verlust mal jemand betrauert? Den Verlust des Wissens der Vormütter? Jetzt liegt es an einer neuen Generation weiser Frauen, dieses Bild zu vervollständigen.

Während ich durch die steilen Straßen von Chinatown streife, betrachte ich die Gesichter der lange lebenden Menschen, die sich durch die Gassen drängen. Ihre Augen wirken müde, ihre Füße schlurfen schwerfällig über die engen Bürgersteige. Vor Jahrzehnten kamen sie hierher, um ihren Kindern ein besseres Leben zu ermöglichen. Hoffentlich hatten sie es selbst auch gut, denke ich. Tütenweise schleppen Frauen und Männer Kräutermedizin, die sie in chinesischen Apotheken gekauft haben, manche ganze Ziehwagen voller Heilmittel. Ob sie ihre Weisheit ebenso aufwendig wie ihre körperliche Gesundheit pflegen? Oder, wie die Mapuche, mit generationsübergreifenden Freund:innen, Familienmitgliedern und Nachbar:innen Geschichten austauschen?

Weisheit, so habe ich gelernt, entsteht dort, wo das Leben stattfindet. In den vielen Augenblicken, die man in sich trägt, in den fragmentierten Erinnerungen, die durch den eigenen Kopf spuken und in voller Länge in den Tiefen des Körpers gespeichert sind. Irgendwann, nachts im Schlaf, in Hypnose, Meditation oder angeregt von Psychedelika, kommen sie zurück. Sie geistern um mich herum, stimmen mich traurig und hoffnungsvoll zugleich: Meine persönliche Dokumentation meines eigenen Lebens ist immer bei mir. Auch die meiner Vorfahr:innen – sie liegt in meinen Genen. Wenn

Trauma vererbt werden kann, kann ich auch positive, schützende Erlebnisse von ihnen vererbt bekommen haben. Traut man sich, diesen Erinnerungen zu begegnen, sie zu durchleben und zu verarbeiten, gelingt es vermutlich, besonnene Entscheidungen zu treffen, Weisheit entstehen zu lassen. Ich streife durch die hügelige Stadt, bis zur Golden Gate Bridge, zum Pazifik. Heute sieht man kein Meer, sondern nur Nebel. Irgendwo hinter dieser Wand liegt Asien, Geburtsort der Einwander:innen, Heimat von Im Yunjidang, der Vormütter der Haplogruppe B und von mir. Was deren weise Frauen wohl zu sagen haben?

## KAPITEL 13

# Perspektivenwechsel

### Vom Wert der Rituale: Schamaninnen in Korea

Seoul, Stadtteil Hongdae im Westen der Hauptstadt. Dies ist ein Student:innen-Viertel, die renommierte Hongik University mit ihrem ausgezeichneten Kunst- und Designdepartment ist hier beheimatet. Deren Studierende haben Hongdae geprägt, zwischen Karaokebars, Grillrestaurants und Street-Food-Ständen finden sich immer noch Buchläden, die dicke Bildbände über Bauhaus-Architektur verkaufen. Ansonsten reihen sich hippe Cafés, Klamotten- und Kramläden neben Anju-Bars (Afterwork-Biersausen mit alkoholfreundlichen, fettigen Snacks, am liebsten Korean Fried Chicken) wie Perlen in Freundschaftsarmbändchen durch die engen Gassen. »Ältere Menschen« bedeutet hier Leute in meinem Alter, und geschlurft wird auch nicht, eher flotten Schrittes flaniert. Dass Südkorea als Land rasant älter wird, ist diesem Viertel nicht anzusehen. Frauen in meinem Alter trifft man vor allem an den Street-Food-Ständen. Sie braten dicke Sojabohnen-

Pfannkuchen, grillen Fleischspieße und garen Reisnudeln in roter, scharfer Soße. Überall duftet es nach Essen. Während ich überlege, auf was ich Appetit habe, läuft jemand mit einem Softeis in der Länge meines Unterarms an mir vorbei. Um die Ecke schmettert eine Straßenmusikerin eine Powerballade, in der Hoffnung, einen großen K-Pop-Produzenten von ihrem Talent überzeugen zu können. Irgendwo im urbanen Trubel verstecken sich »Fortune Teller Cafés« auf der Einkaufsmeile – auch (oder gerade) Student:innen brauchen ein bisschen Transzendenz, nur rationales Wissen allein scheint Menschen nie wirklich zufriedenzustellen. Als nicht Koreanisch sprechende Person finde ich diese Cafés trotzdem nicht, weil ich die Schilder nicht lesen kann. Ich fühle mich ein bisschen wie im sprichwörtlichen Wald, den man vor lauter Bäumen nicht sehen kann. Wohin gehen? Die Übersetzungs-App spuckt seltsame Antworten aus. Wie realistisch ist es, sich mithilfe von Google-Translator die eigene Zukunft erzählen zu lassen? Ich befinde mich auf der Suche nach den legendären koreanischen Schamaninnen, den weisen Hüterinnen Koreas. Die berühmteste der Gegenwart war die 2019 im Alter von 87 Jahren verstorbene Meisterschamanin Kim Keum-Hwa.

Sieben Jahrzehnte lang hat Meisterin Kim als Schamanin, als *Manshin* oder *Mudang*, zwischen der Götter- und Geisterwelt und unserer Realität moderiert. Schamanismus ist die indigene Religion Koreas, ein animistischer Naturglaube, der Seelen in Pflanzen und Tieren, in Gegenständen und Menschen verortet. Die nordkoreanische Tradition namens *Hwanghae*, die Meisterin Kim praktizierte, glaubt außerdem, dass Menschen sich die Welt mit Geistern, Gottheiten und den Seelen der lebenden Toten teilen. Koreanische Schaman:innen bilden Brücken zwischen Menschen, Wesen und Seelen. Sie agieren als Vermittler:innen zwischen drei Reichen: Himmel, Erde und Unterwelt. Nur wenn ein Gleichgewicht zwischen diesen Welten herrscht, kann es Menschen gut gehen.

In Berlin, beispielsweise, konnte Meisterin Kim nicht schlafen, die Luft sei zu schwer, sagte sie, weil die Seelen der in den Kriegen gestorbenen Menschen rastlos umherirrten. Für diese unruhigen Seelen führte sie 1998 ein Ritual im Berliner Haus der Kulturen der Welt durch: Sie nahm die Seelen in sich auf und gewährte ihnen eine sichere Passage in die Welt der Toten.

Dass Himmel, Erde und vermutlich auch die Unterwelt im 21. Jahrhundert einiges an Ungleichgewicht und Unzufriedenheit hervorgebracht haben, dürfte offensichtlich sein. Entsprechend suchen Menschen wieder vermehrt spirituelle Reinigung in Ritualen – im modernen Südkorea im traditionellen Schamanismus. Rund 500.000 Schaman:innen[1] sollen heute tätig sein, vermutlich sind es viel mehr – zumal koreanischer Schamanismus sich weder mit Kapitalismus noch Social Media beißt. Im Gegenteil, das Geschäft mit der Wahrsagerei blüht in der digitalen Welt, ähnlich wie die Astrologie im Westen. Mithilfe der persönlichen Daten aus Geburtstag, Uhrzeit und Geburtsort sowie den phänotypischen Merkmalen des Gesichts können Schamaninnen die Zukunft vorhersagen und gezielte Ratschläge erteilen.

Alle Menschen in Korea sind mit schamanistischer Kultur vertraut, sie gehört zur Alltagskultur wie K-Pop und Kimchi. Der Schamanismus ist jedoch keine organisierte Religion. Das Fehlen jeglicher Hierarchie macht ihn interessant: Eine Schamanin heißt Menschen willkommen, die mehr über sich lernen oder wissen wollen. Sie hat kein Interesse daran, anderen ihre Praktiken aufzuzwingen, sondern leistet einen Service und wird dafür bezahlt. Heute erreichen Schamaninnen über digitale Kanäle eine ganz neue Generation. Die App »Jeomsin« hat über zehn Millionen Nutzer:innen[2] und verbindet sie mit Wahrsager:innen, die ihnen die Zukunft lesen können. Sowohl die *Mudangs* als auch ihre bekennenden Nutzerinnen sind weiblich.

Einst waren Schamaninnen und Schamanen die religiösen Anführer:innen Koreas, bevor das Joseon-Königreich im 12. Jahrhundert einen konfuzianischen Staat nach chinesischem Vorbild baute. Wie ich von der weisen Im Yunjidang gelernt habe, waren Frauen vom Studium der Schriften des Konfuzius ausgeschlossen. Während der Konfuzianismus staatliche Autorität, eine hierarchische Gesellschaftsordnung, akademisches Wissen und Bildung (für Jungen) proklamierte, schaffte der Schamanismus ein Gefühl der Gleichwertigkeit – mehr noch: Die öffentlichen Rituale symbolisierten eine Befreiung von allem, was trennt. Der Schamanismus wurde so im Joseon-Korea zur Religion der Frauen. Hoffentlich sangen und tanzten die Frauen sich ihren Frust von der Seele.

Konfuzianische Männer in Machtpositionen beäugten den Schamanismus mit Skepsis: Wie wird man diesen Humbug nur los? Sie wussten, dass Verbote ihn nur stärken würden, also bedienten sie sich dessen, was überall auf der Welt am allerbesten gegen Frauenkulturen funktioniert hat: einer systematischen Entwertung. Gerade mal vier Professionen durften Frauen während der Joseon-Zeit ausüben: Hofdame,

Frauenärztin, Kurtisane und Schamanin. Die Beamten des Joseon-Koreas gestatteten die Praxis als Religion für »Frauen und einfache Männer«.[3] Damit initiierten sie einen Kreislauf aus Billigung und Kriminalisierung der Schamaninnen, der sich über Jahrhunderte hinziehen wird.

Schamaninnen galten offiziell als »unehrenhafte Frauen«, dennoch gelang es ihnen, in ihrer Praxis die Regeln des Konfuzianismus zu umgehen. Die Akademikerin Youngsook Kim Harvey schreibt in ihrem Buch *Six Korean Women: The Socialization of Shamans*: »Es war die einzige Rolle, die Frauen zu allen Bereichen der Gesellschaft Zugang verschaffte. Dadurch wurde es die vermutlich mächtigste Position, die eine Joseon-Frau innehaben konnte.« Denn auf den Kund:innenlisten von Schamaninnen fanden sich neben einfachen Menschen auch Adlige, Männer und Frauen, Politiker und Beamte. Selbst die königliche Familie ließ eigene Rituale, *Guts*, im Palast veranstalten. Dadurch bekamen die *Mudang* zu wirklich allen Teilen der Gesellschaft Zugang.

Wählten Könige, Königinnen oder gar ihre Konkurrenten und Feindinnen Schamaninnen als Beraterinnen aus, konnten sie Macht – echte, patriarchale Macht – erlangen. Letztendlich gingen – und das ist bis heute so – fast alle Koreaner:innen zu Schamaninnen, ob im Verborgenen oder offen.

Hier schließt sich der Kreis zur intellektuellen, letzten Königin der Joseon: Königin Min, Meisterin der konfuzianischen Philosophie, galt als überzeugte Anhängerin des Schamanismus. Laut einiger Quellen soll sie versucht haben, die vielen einzelnen schamanischen Strömungen zu vereinen und in einer zentralisierten Form zusammenzufügen. Sie plante außerdem, ihre Lieblingsschamanin Yi Chi Yong zur

Prinzessin zu machen, damit die »alten konfuzianischen Beamten sie verehren müssten«.[3] Die Königin wurde nach anhaltenden Unruhen zwischen Russland, Japan, China und nationalen Splittergruppen 1895 von japanischen imperialen Truppen ermordet. Mit ihr starb die Idee, einen zentralisierten Schamanismus als Staatsreligion zu etablieren.

Als die Meisterschamanin Kim Keum-Hwa 1937 im heutigen Nordkorea geboren wurde, waren die Joseon mit ihrem konfuzianischen Beamtenstaat bereits Geschichte. Das Land stand seit 1910 unter japanischer Kolonialherrschaft. Japan herrschte mit gewaltsamen Einschränkungen über die koreanische Zivilbevölkerung und bezeichnete deren Kultur als »minderwertig und rückständig«. Die Menschen mussten ihre koreanischen Namen gegen japanische eintauschen. Die Verbrechen der japanischen Besatzung sind schwer zu beziffern. Man geht heute von etwa drei bis zehn Millionen[4] zivilen Opfern in ganz Asien aus, zwischen 50.000 und 200.000 Frauen aus dem gesamten asiatischen Raum wurden als »Trostfrauen« zwangsprostituiert, die meisten waren Koreanerinnen und Chinesinnen.[5] Shinto, die japanische Staatsreligion, wurde zur Pflichtreligion in Korea und der Schamanismus verboten.

Kim Keum-Hwas strenge Großmutter war Schamanin. Sie praktizierte im Verborgenen, weil die japanischen Truppen Schamaninnen verfolgten. Trotzdem unterrichtete sie ihre Enkelin: Die junge Keum-Hwa wurde 1943, im Alter von 17 Jahren, mitten im Zweiten Weltkrieg mit einer Zeremonie initiiert.

Als zwei Jahre später der Krieg endete, entschieden die Siegermächte in der Konferenz von Jalta, dass Korea am 38. Breitengrad geteilt werden würde – in einen kommunistischen Norden und einen vom Westen unterstützten Süden. Meisterin Kim, damals 19 Jahre alt, durfte nun offen praktizieren, würde jedoch wenige Jahre später als direkte Folge dieser geopolitischen Entscheidung ihre Heimat für immer verlieren. Auch nach dem Ende des Zweiten Weltkriegs kam Korea nicht zur Ruhe, hielten die Spannungen zwischen den beiden Teilen des Landes an. 1950 griffen nordkoreanische Truppen die Hauptstadt Seoul in einem Überraschungsfeldzug an. Das US-Militär unterstützte den Süden, der Koreakrieg brach aus. Schamaninnen gerieten erneut in den Fokus von Verfolgung: diesmal als angebliche Spioninnen, verdächtigt von beiden Seiten. Kim Keum-Hwa musste sich wieder für die Ausübung ihrer Religion verstecken und 1951 aus ihrer Heimat flüchten. Der Dokumentarfilm *Manshin: Ten Thousand Spirits* aus dem Jahr 2013 erzählt ihre bewegte Lebensgeschichte. Im Film beschreibt sie, wie amerikanische Bomben vom Himmel regneten, während sie vollkommen schutzlos versuchte, sich in Sicherheit zu bringen. Sicher war sie auch im Süden nicht: »Ich floh auf einem Boot, das von südkoreanischen Soldaten verfolgt wurde, weil ich Schamanin war. Sie hielten mich für eine Kommunistin. Es waren gesetzeslose Zeiten. Eine falsche Anschuldigung reichte, um die ganze Familie in Gefahr zu bringen«, so die Schamanin. Im Bombenhagel seien viele Menschen so plötzlich umgekommen, dass ihre Seelen nicht verstanden, dass sie gestorben seien. Sie irrten rastlos umher, gefangen zwischen der Welt der Lebenden und der Toten. Der Koreakrieg war eine humanitäre Katastrophe – er forderte drei Millionen zivile Opfer und zerstörte die gesamte Infrastruktur und Industrie des Landes.

Die junge Frau Kim ließ sich in Incheon am Gelben Meer nieder. Die heutige Stadt hat kaum mehr als den Namen mit dem Fischerdorf gemeinsam. Im Landeanflug auf Seoul blicke ich als Erstes auf die marschige Landschaft vor der Küstenstadt, zu der auch die Insel Kanghwa gehört, wo die Meisterschamanin zuletzt praktizierte und schließlich starb. Heute sehe ich die Hochhäuser der Metropole Incheon, die scheinbar nahtlos in die Hauptstadt Seoul übergeht. Kaum ein Gebäude ist älter als ich. Das moderne Südkorea entstand aus der fast absoluten Zerstörung nach dem Krieg. Diese Wunden ihres Landes prägten Meisterschamanin Kim lebenslang, sie würde nie wieder in ihre Heimat im Norden zurückkehren.

Die Geschichte ihrer Verfolgung endete nicht mit dem Waffenstillstand zwischen den Koreas von 1953. Die nächste Welle der Kriminalisierung von Schamaninnen entlud sich zehn Jahre später – diesmal ausgelöst von General Park Chung-hee, der 1961 durch einen Militärputsch Präsident von Südkorea wurde. Er wollte der Naturreligion endgültig ein Ende bereiten und setzte Polizisten gezielt auf Schamaninnen an.

Wenn ich diese Geschichte aus Verunglimpfung sacken lasse, frage ich mich: Wozu eigentlich der ganze jahrhundertelange Ärger?

Was fürchteten mächtige Männer nur so sehr an dieser überwiegend mündlich überlieferten Tradition der *Mudangs*? Was ängstigte sie an diesem speziellen Wissen und dieser Praxis, die Unterdrückung, Kriege und Kolonialherrschaft überlebte? Weil die Zeremonien schwer verständlich sind? Weil Schamaninnen behaupteten, sie könnten die Zukunft vorhersehen? Weil sie auch über heilerisches Wissen verfügten?

Weil sie die Weisheit ihrer Vormütter weitergaben? Weil sie in ihren Sitzungen den Sorgen und Nöten der Menschen zuhörten und Rat und Heilung teilten?

Joseon-Beamte glaubten, dass Schamaninnen durch ihre Wahrsagerei Unheil verursachen und dass dieser Aberglaube das Land von der Vernunft der Zivilisation abbringt. Dabei hat es in der Bevölkerung immer Bedarf für die weisen Frauen gegeben. Anders als in Europa kam es in Korea nicht zu Schauprozessen und Massenmorden, eher zu Verhaftungen, Missbilligung und Schikane. Schamanistische Zeremonien bestehen aus multiplen Akten, aus Gesängen und Chants, dem Umgang mit Requisiten, aus den Geschichten der alten Göttinnen und Götter. Ihre Heldinnen-Epen werden ihnen zu Ehren innerhalb der Zeremonien nachgespielt. Die großen öffentlichen Riten ziehen sich über Stunden und erfordern von den Schamaninnen körperliche und geistige Höchstleistungen. Während dieser langen Performances entsteht zwischen den spirituellen Frauen und ihren Zuschauerinnen ein starkes Gemeinschaftsgefühl, ein unsichtbarer Teppich aus gemeinsam erfahrener Ekstase – wie in der Disco zwischen DJ und Tänzer:innen. Wenn die Trommeln und Rasseln erklingen, wenn stundenlang Percussioninstrumente schlagen und Flöten jaulen, dann fahren die Geister auch in die Körper der Zuschauer:innen. Jede und jeder, die und der sich schon mal stundenlang zu Rhythmen und Beats geschüttelt hat, kennt dieses Gefühl – Loslassen. Dieses Gefühl reinigt jeden Menschen, egal, ob man an koreanischen Schamanismus glaubt oder nicht. Forscher:innen verschiedener internationaler Universitäten können das belegen. Atmung und Herzschlag werden während eines Konzerts synchronisiert.[6] Aus vielen Körpern wird einer. Warum? Weil es in den menschlichen Genen steckt, gemeinschaftliche Erfahrungen als einend, als verbindend wahrzunehmen?

Vielleicht liegt es an der Zusammenrottung, dass Zusammenkommen von Frauen – in unterschiedlichen Stadien der Ekstase – ein Grund für Verbot oder Geringschätzung sind. Wie bei den *Godsibbs,* den Wäscherinnen oder bei Taylor-Swift-Konzerten scheinen Massen von Frauen Grund genug zu sein, die Kategorien der guten alten Hysterie wiederzubeleben. Wenn Mädchen und Frauen in Konzertarenen ausflippen, lese ich von Massenhysterie. Überwiegend männlichen Fußballfans werden keine (erfundenen) Pathologien nachgesagt, egal wie unflätig sie sich benehmen. Wie die Weiberzeche, die Waschtage: All die historischen Frauengemeinschaften scheinen autoritären Männern eine Heidenangst vor Frauenhorden zu machen. Man sollte doch meinen, dass sich niemand für einen Haufen kreischender Weiber interessiert, oder?! Am meisten beunruhigt es herrschende Männer, wenn diese Weiberhorden politisch werden: Wie die Frauen Ägyptens im Arabischen Frühling oder die mutigen Frauen Irans, die trotz Gefahr für Leib und Leben unermüdlich für Menschenrechte auf die Straße gehen. Dann wird mitunter besonders hart durchgegriffen.

Wie die Geheimpolizei des südkoreanischen Diktators Park Chung-hee in den 1960er- und 70er-Jahren. Park versprach dem immer noch kriegsgeschüttelten Volk eine blühende industrielle Zukunft, indem er den »angehängten, ländlichen Raum« einem massiven, staatlich kontrollierten Konjunktur-Make-over namens »Das neue Dorf«, *Saemaeul Undong,* unterzog. Aus einfachen Fischern und Bauern sollten sofort großflächig produzierende Reisbauern, aus deren Kindern Bauarbeiter und Ingenieure werden. Dörfer ohne Infrastruktur würden sich auf diese Weise in Orte mit Elektrizität und, viele Jahrzehnte später, flächendeckendem Internet verwandeln. Um diese Zukunft wahr werden zu lassen, müsse nur der alte Aberglaube abgeschafft werden.

»In den 1960er- und 70er-Jahren verfolgte mich die Regierung mit Anschuldigungen, dass Schamanen und Schamanismus ein Hindernis für die Modernisierung des Landes seien«, erinnerte sich Meisterschamanin Kim. Sie wurde verhaftet, hin und wieder gelang ihr die Flucht vor Durchsuchungen. Sie hielt ihre Rituale schließlich im Wald ab, weil Volksmusik und -kultur zum Schweigen gebracht und gegen die rasante wirtschaftliche Entwicklung des Landes gestellt wurde – als müsse man das eine gegen das andere eintauschen.

Genützt hat es ihm nichts. 1979 wurde Park Chung-hee von seinem eigenen Sicherheitschef erschossen. In den 80er-Jahren wurde »Das neue Dorf« abgeschafft und die Folklore aktiv rehabilitiert. Hätte Park gewusst, wie gut Apps, Tradition und Digitalisierung zusammenpassen, hätte er sich die Mühe sparen können! Die mächtigen Männer Koreas haben den Schamanismus jahrhundertelang so geringgeschätzt, dass ihnen der kapitalistische Wert vollkommen entgangen ist! Vermutlich hätten schon die Joseon die Zentralisierung des Schamanismus auf Staatsgrundlage vorangetrieben, das Geld behalten und den Schamaninnen einen Hungerlohn ausgezahlt!

Nach dem Ende der Diktatur gestattete die demokratische Regierung Südkoreas die Ausübung schamanistischer Rituale im öffentlichen Raum. Dem Aufstieg der Meisterschamanin zur Botschafterin koreanischer Kultur stand nun nichts mehr im Weg. Sie performte auf der ganzen Welt und erlangte nationale Anerkennung eher als Kulturschaffende denn als Schamanin. Es liegt etwas Universelles in der Trance durch Trommeln, im Stampfen und Drehen. Alle Geister der Welt verstehen diese Sprache. Kim hatte eine Sehnsucht des Publikums nach alten Ritualen im Zuge massiver gesellschaftlicher Veränderung getroffen.

Ich kenne dieses Gefühl von mir selbst – ich vermisse einen Zugang zur Spiritualität dann am meisten, wenn ich mich verloren fühle. Wenn ich fürchte, dass mir die Zeit davonrennt, dass sich die Welt zu schnell verändert, dass Gegebenheiten, die ich als sicher angesehen hatte – wie Frieden –, plötzlich ins Wanken geraten. Kann ein bisschen Magie im Alltag, wenn sie durch Riten entsteht, zu mehr Weisheit in Entscheidungsfindungen führen? Gibt mir das Gefühl von Zugehörigkeit, das Zeremonien und Rituale verleihen, nicht die Weisheit, mich weniger verloren zu fühlen?

Hier holte Frau Kim ihr Publikum ab. Die Wunden der bewegten Historie, die Geister und Seelen, die sie seither begleiten, haben sie zur Hüterin der koreanischen Volkskultur werden lassen. Indem sie ihre Praktiken erhielt, immer wieder performte, weitergab und pflegte, bewahrte sie sich ein Stück ihrer verlorenen Heimat in Nordkorea, erzeugte sie einen Ort gemeinschaftlicher Heilung. Sie hat den Wert ihres Wissens, ihrer Weisheit, niemals infrage gestellt. Mit ihren Ritualen schaffte sie für zahllose Zuschauer:innen auf der ganzen Welt ein spirituelles Zuhause.

Die historischen Eckdaten von Frau Kims Leben, die Auswirkungen der japanischen Kolonialzeit auf das Selbstverständnis der Koreaner:innen, die kurz aufeinanderfolgenden Kriege mit ihren hohen zivilen Opferzahlen und die Politik von General Park stecken auch in meinem Körper. Die Wunden der Zerstörung, der Armut, der Gewalt in der von Unterdrückung und Krieg gepeinigten Gesellschaft haben dazu geführt, dass Kinder wie ich ausgesetzt und ins Ausland adoptiert wurden. Meisterschamanin Kim konnte Trost spenden, weil sie in ihren Ritualen diese Wunden nicht ignorierte, sondern benannte und zu heilen versuchte.

Meine Spurensuche nach weiblicher Weisheit, mein ausschnitthafter Blick in die Geschichte Europas, Asiens und Lateinamerikas offenbart tiefe gesellschaftliche Verletzungen, natürlich nicht nur für Frauen, sondern für alle Menschen. Es ist eine Historie voller Wandlungen, von Zerstörung und Wiederaufbau. Unsere Körper und Erinnerungen sind damit verbunden, ob durch Ahnengeister oder genetisch vererbtes Trauma, durch unzulängliche Kommunikation von Emotionen oder durch getötete und ermordete Verwandte, deren Leerstellen die Familienhistorien bis heute prägen – in Deutschland ist auch die innerdeutsche Grenze nicht verschwunden, selbst drei Jahrzehnte nach der Wiedervereinigung. Gleichzeitig erfahre ich von Inseln feministischer Weisheit, wie den *Chuchus* im *Ruka,* die Traditionen der Mapuche schützen und weitergeben, oder von Frau Kim, die trotz jahrzehntelanger Verfolgung den Wert ihrer Rituale gerade in unruhigen Zeiten niemals infrage stellte.

Schaffe ich hierfür Bewusstsein, öffne ich eine Tür zur feministischen Weisheit. Dann spüre ich die Geister, gleichgültig, ob ich sie »Seelen der Ahnen«, mtDNA, transgenerationales Trauma oder einfach Familiengeschichte nenne. Sie erreichen mich in blitzartigen Erinnerungen kurz vor dem Einschlafen, in Déjà-vus. Sie kämpfen gegen die Geschichtsvergessenheit und vergegenwärtigen mir selbst, zu verstehen, was ich in meinem Radius an Wert angehäuft habe. Simone de Beauvoir hatte unrecht: Frauenleben waren nicht »arm«. Sie sind als arm dargestellt worden, die gängige Erzählung hat Nachkriegsfrauen als Mütter und Hausfrauen »arm« aussehen lassen.

***

Als Meisterschamanin Kim Keum-Hwa in den späten 1990er-Jahren in Berlin Rituale durchführte, spürte sie die schamanistische Veranlagung der in Deutschland lebenden Krankenschwester, Heilpraktikerin und Köchin Eui Ok Shu energetisch auf: »Die Schamaninnen fühlen das sofort«, erklärt Shu. Die 70-Jährige sitzt in der Küche ihrer Wohnung in Berlin. Als Meisterin Kim sie kontaktierte, ging es ihr nicht gut. Im koreanischen Schamanismus heißt dieser Zustand *Shinbeyon*, zu Deutsch »Verlust des Selbst« oder die Schamaninnen-Krankheit. In der Mythologie ist *Shinbeyon* eine Form der »Besessenheit«, wenn eine Gottheit eine Person als Gefäß aussucht. Meisterin Kim lud Shu ein, von ihr persönlich als Schamanin ausgebildet und initiiert zu werden. Nur dann würde es ihr besser gehen. Shu befragte Freund:innen, die ihr wirklich »schamanische Züge« attestierten. Die Berufung von Meisterin Kim hat sie jedoch abgelehnt. »Das ist ein anstrengendes Leben«, erzählt sie, »man muss viel praktizieren, beten, um die wirklich guten und hohen Gottheiten zu erreichen. Viele Schamaninnen geben sich mit einfachen Geistern und Gottheiten zufrieden. Ihr Rat ist schlecht, mitunter schädlich.« Schamaninnen seien den Launen ihrer Gottheiten und Geister ausgesetzt. »Ich werde mit dieser Welt schon kaum fertig, warum sollte ich mir auch noch das Jenseits aufladen?«, fragt sie mich mit großen Augen. Ich finde diesen Einwand verständlich – mir reicht auch eine Welt. Außerdem, so Shu, sei die Ausbildung und Initiierung teuer. So viel Geld habe sie damals, alleinerziehend, einfach nicht gehabt. Shu kam 1974 im Pflegenotstand als koreanische Krankenschwester nach Deutschland. Ihre Familie hat gute genetische Verbindungen zu anderen Welten: Ihre Großmutter war eine Wahrsagerin, ihr Großvater Schamane und Feng-Shui-Meister.

Auf eine Weise blieben die Geister bei ihr. Sie schützen sie vor Unfällen, erzählt sie. Meisterschamanin Kim habe ihr damals gesagt, sie müsse sich nur »umdrehen, und du hast alles. Den ganzen Werkzeugkasten, von deinen Ahnen. Aber du willst das nicht haben.«

Ganz stimmt das nicht. Eui Ok Shu hat andere Wege gefunden, ihrer Rolle als weiser Frau gerecht zu werden – in ihrer Heilpraktikerinnen-Praxis in Berlin, in der sie traditionelle chinesische und koreanische Medizin praktizierte. In ihrem koreanischen Restaurant, das sie mit Freundinnen führte, und im politischen Engagement. Als Teil einer koreanischen Aktivist:innen-Organisation »mische« sie sich in die koreanische Politik ein. Wie Meisterin Kim erkannte sie immer schon den Wert in ihrer Arbeit, auch wenn die Gesellschaft ihr diesen Wert nicht immer zurückgespiegelt hat. »Die koreanischen Krankenschwestern haben hier in puncto

Menschlichkeit auch Entwicklungshilfe geleistet«, erzählt Shu. Die Art und Weise, wie der Individualismus in Europa manchmal in Egoismus umschlage, habe sie aus Korea nicht gekannt.

Wenn die Geister heute zu ihr sprechen, verweigert sie sich schlicht und ergreifend: »Ich weiß, dass es euch gibt, aber ich habe kein Interesse, mich mit euch zu beschäftigen!« In ihrer Rolle als Hüterin ihrer Community, ihrer Familie, geht Eui Ok Shu auf, obwohl sie die Trachten der Schamaninnen abgelehnt hat. Ihre Verbindungen reichen nicht nur in die Geisterwelt, sondern tief ins soziale Gewebe hinein. Wie ein Sicherheitsnetz hält die Koreanerin es zusammen. Sehnsucht nach dem Jungsein hat Eui Ok Shu nicht. »Wenn du in Korea als Frau älter wirst, hast du eine gewisse Gleichheit erreicht«, erklärt die ehemalige Heilerin. »Du wirst nicht mehr als *Frau* angesehen, sondern als *Greisin*. Damit hast du eine ganz andere Gesellschaftsstellung als eine junge Frau.«

Auch Meisterschamanin Kim hat die großen Erfolge in der zweiten Hälfte ihres Lebens gefeiert. »Je älter sie wird, umso charismatischer wird sie. Ich mag ihre Performance im *Gut*, im Ritual, jetzt lieber als früher«, erzählte ein Assistent in einem Filmbeitrag über die Meistern Kim. Damals war sie beinah 80 Jahre alt. Sie performte die stundenlangen Geisterbeschwörungen nicht mehr selbst, sondern nur noch ausgewählte Passagen ihrer Zeremonien.

Nach ihrem Tod hat ihre Nichte ihre Aufgaben übernommen. Jedes Jahr führt sie Riten durch und initiiert neue Anwärterinnen.

»Schamaninnen sind die traditionellen Therapeutinnen«, erklärt Eui Ok Shu, »sie fragen spezielle Fragen und können sehr gut zuhören.« Oft machen die Menschen nur kurze Besuche und konsultieren Schaman:innen gelegentlich als spirituellen Coach oder Wahrsageberater:in. Nur wenn die Schamanin ein ernsteres Problem diagnostiziert, führt sie ein längeres, aufwendigeres Ritual durch. Ein vollständiges Ritual ist das allerletzte Mittel, um ein Problem zu lösen. Durch Bewegung und Tanz verschmilzt die Schamanin mit der Gottheit oder dem Geist. Sie wird selbst zur Göttin und gibt als solche Ratschläge.

Der koreanische Schamanismus ist nicht mit der Elite, den sozialen Klassen, Zölibat oder Jugend verbunden. Der Schamanismus, oder vielmehr die Weisheit des Schamanismus, ist auch nicht mit ewigem Glück gleichgestellt. Schamaninnen wollen und können das Leben nicht »gut« oder »glücklich« zaubern. Sie bieten Orte und Plätze für Heilung durch Zuhören und Rat, sie weisen Richtungen und bieten die gelegentliche Geisteraustreibung an. Kompakte Lebenslösungen liefern sie nicht. Schamaninnen müssen tief in ihrer eigenen Seele suchen, um so praktizieren zu können, dass sie die, wie Eui Ok Shu sagt, wirklich weisen Gottheiten rufen können. So eine Gottheit fordert Platz und Aufmerksamkeit ein – sicherlich geben die eigenen Bedürfnisse, das eigene Ego nicht immer genug Kapazität her.

Es gibt kein Rentenalter für Schamaninnen. Sie werden weder in jungen, noch mittleren, noch fortgeschrittenen Jahren als attraktiv oder sexy wahrgenommen – als Ehefrauen sollen sie Unglück bringen (weil sie zu mächtig sind?). Sie verbinden sich selbst und die Teilnehmer:innen und Zuschauer:innen mit der archaischen Sehnsucht nach Befreiung durch Riten, Trance, Ekstase und Verbindung. Sie sind mitunter furchteinflößend und sicherlich persönlich gelegentlich einsam. Sie verkörpern eine uralte Form der »weisen Frau« oder auch der »weisen Alten«, die außerhalb des Patriarchats überlebt hat. Sie leben feministische Weisheit und würden sich doch mit Händen und Füßen gegen so ein Label wehren.

Alle Frauen, alle Menschen sind Teil eines Gewebes aus persönlichen Biografien und historischem Kontext. Egal, ob man es wie Meister Kong *Ren* oder wie die Mapuche *Cosmovision* nennt. Hier liegt die Essenz der Zugehörigkeit, die Quelle der feministischen Weisheit. Jede von uns ist durch unsere Abstammung, aber auch durch den Alltag, durch unsere kleinen Lebensweisheiten miteinander verbunden, dessen möchte ich mir in jeder Sekunde, an jedem Tag bewusst sein. Ich kann mich daran erinnern: Wer wäre ich ohne die Lebensmittellieferant:innen, die Menschen, die meine Kleider und Möbel herstellen, mein Telefon und meinen Computer zusammengeschraubt und gelötet haben? Ohne die Bus- und Bahnfahrer:innen, die Pilot:innen, die Frau im Kiosk oder im Obstladen, die Frau, die mir die Haare schneidet oder meiner Freundin die Fingernägel lackiert, die meinen Sohn unterrichtet oder meine Wohnung sauber macht, die die Ärzt:innen-Termine annimmt oder mir Bücher verkauft, mir die Croissants und das Brot in die Tüte packt, die Suppe kocht oder Eiskugeln in die Waffel legt, das Essen nach Hause liefert und den Kaffee serviert – wie sähe mein Leben ohne diese feinen Abhängigkeiten aus? Möchte ich, kann ich von ihnen unabhängig sein? Vielleicht werden in Zukunft KIs die Computer und Möbel herstellen, aber wer wird die KI programmieren?

Stecken nicht die Geister oder die Essenz derer, die sie zusammengeschraubt haben, in den Dingen, die ich für unentbehrlich halte? In meinem Telefon? Meinem Computer? Wer putzt den Staub in den Datenfarmen, in denen die Inhalte meiner Cloud lagern? Stecken die Seelen aus dem Boden in den Pflanzen vor meinem Bürofenster? Das Gewebe aus Millionen unsichtbarer Hände webt die emotionale Hängematte aus *Tend und Befriend,* Kümmern und Anschließen, der weiblich konnotierten Form der Stressbewältigung. Statt sich der männlich konnotierten *Fight or Flight-,* der Kampf- oder Rückzug-Taktik, zu bedienen, rotten sich weibliche Menschen und Tiere in Gruppen zusammen. Sie suchen innerhalb der Gemeinschaft nach einer Lösung.

Ich stelle mir all die Hände vor, die ihre sprichwörtlichen Finger in meinem Leben haben. Ich stelle mir vor, wie sie einander halten und ein globales Netz aus Wertschätzung und Weisheit bilden. So ist *jede* Textilie dieser Welt durch menschliche, häufig weibliche Hände gegangen. Sitzen Frauen in Fabriken billiger Produzenten, wird ihnen die aktive Mitarbeit jedoch verwehrt. Ihre Arbeit gilt als »Massenware«, als »maschinengemacht«. Wer denkt schon darüber nach, dass diese Maschinen von lebenden Händen bedient werden? Sie hängen an einem Körper, der ein Gesicht und Empfindungen hat. Der sich vermutlich abends über einen kleinen Altar beugt und die Geister um faire Behandlung und bessere Bezahlung bittet. Auch diese Hände leisten Handarbeit.

In Seoul bin ich auf der Suche nach Schamaninnen in einem Museum für Schamanismus im Norden der Stadt gelandet. In einem restaurierten Tempel sind zahlreiche Ausstellungsstücke aus den unterschiedlichen regionalen Arten des Schamanismus ausgestellt. Hier lernte ich beispielsweise, dass männliche Schamanen sich bis vor Kurzem in Zeremonien als Frauen verkleiden mussten, um von den Gottheiten und Geistern als Gefäß angenommen zu werden. Eine Erklärung lautete, dass die feminine Energie der Intuition näher sei als die maskuline. Statt einer Schamanin hat das Museum einen Wahrsage-Automaten. Die futuristische Maschine funktioniert mithilfe einer Kamera, die das Gesicht der Ratsuchenden fotografiert, scannt und basierend auf den Gesichtszügen eine Fahne der Hüter-Gottheiten aus den fünf Himmelsrichtungen zieht. Unter Begleitung einer pompösen Fanfare wurde mir die rote Fahne des Südens zugeordnet – eine gute Wahl, sie steht für Glück und Wohlstand. Immerhin. Vielleicht braucht es nicht immer ein riesiges Ritual, vielleicht kann ich mir auch selbst eins ausdenken.

Es gibt Werte aus dem koreanischen Schamanismus, die ich übernehmen und anwenden kann: die Achtung vor den Ahnen, die Pflege des jeweiligen indigenen Glaubens, die Liebe und Wertschätzung für die Natur und das Mitgefühl. Die weise Frau der Vergangenheit, Gegenwart und Zukunft ist eine Hüterin – eine Beschützerin. Manchmal ist sie eine Art Nationalheilige wie Meisterin Kim und manchmal eine ehemalige Krankenschwester. Weise ist sie immer.

KAPITEL 14

# Stärke

## Vom Wert des Kämpfens und des Performens: Veteraninnen in Benin, Menopausen-Aktivistinnen in Addis Abeba und Hochstaplerinnen in Berlin

Wie werde ich nun eine weise Frau, eine Hüterin, des Zusammenhalts und der Geschichten?

Indem ich weiter in die Welt schaue. Mir ist eine französische Postkarte, vermutlich aus dem 19. Jahrhundert, in die Hände gefallen. Sie zeigt die »Veteraninnen« der *Agodjie,* der Elite-Frauenarmee des Königreichs Danxome, das einst im Süden des heutigen Benin in Westafrika lag. Aufgenommen und vervielfältigt wurde das Bild als »exotisches Motiv« während der Kolonialherrschaft. In Frankreich nannte man die *Agodjie,* aus Mangel an Worten für eine Elite-Armee bestehend aus Frauen, nach den Kämpferinnen des antiken Griechenlands die »Dahomey-Amazonen«. Die Karte zeigt etwa ein Dutzend Kriegerinnen, geschmückt mit Ketten, Armreifen, Stöcken und Schwertern. Die fruchtbaren Jahre dieser Frauen liegen Jahrzehnte zurück. Sie stehen aufrecht, die Gesichter gezeichnet vom Kämpfen. Aber sie tragen keine Rüstungen und sichtbare Zeichen von Verjüngungsprozeduren, sondern zeigen ihre Anerkennung, Insignien ihres sozialen Rangs und Werts, mit erhobenem Haupt. Sie mögen von Frankreich besiegt worden sein, aber ihre Würde konnte ihnen niemand nehmen.

Die *Agodjie* stehen als historische Vorbilder Modell für die königlichen Leibgarde *Dora Milaje* des fiktiven afrikanischen Königreichs Wakanda, die Comic-Film-Serie *Black Panther* machte sie weltberühmt. Verkörpert wurden sie in den Filmen unter anderem von der US-amerikanischen Schauspielerin Danai Gurira als Okoye und der deutschen Schauspielerin Florence Kasumba als Ayo. Beide Frauen befinden sich in der zweiten Lebenshälfte.

Nach dem Erfolg des *Black Panthers* hat die US-amerikanische Regisseurin Gina Prince-Bythewood den *Agodjie* mit dem Film *The Woman King* ein mainstreamtaugliches Denkmal in der westlichen Welt gesetzt. Hollywood-Ikone Viola Davis, damals 56 Jahre alt, spielte die fiktive *Agodjie*-Generalin Nanisca, die ihre Armee in den Kampf gegen einen verfeindeten Stamm und portugiesische Sklavenhändler führt. Der Film erreichte international ein großes Publikum. Besonders spannend finde ich die Zusammensetzung des Publikums, das *The Woman King* in den USA zum Hit machte: 60 Prozent der Filmfans waren Frauen, knapp 60 Prozent davon über 35 und die anderen knapp 40 Prozent über 45![1] Unglaublich: Alte Frauen gucken einen Kriegsfilm! Vielleicht sollten Filmemacher häufiger über authentische Geschichten weiser Frauen drehen.

Der Ökonom Leonard Wantchekon kommt aus dem Süden von Benin, dem ehemaligen Königreich Danxome. In Kooperation mit der African School of Economics und der Princeton University hat er eine Studie verfasst, die die Geschichte der *Agodjie* von den vorurteilsbesetzten Aufzeichnungen der westlichen Beobachtenden trennt und aus der Sicht überlebender Familienangehöriger der Kriegerinnen wieder zusammengepuzzelt hat. Etwa 50 Kämpferinnen überlebten den Kampf mit Frankreich. Die *Washington Post* veröffentlichte 2021 ihre Geschichte: Dort wird zum Beispiel von Nafivovo erzählt, sie kümmerte sich nach dem Krieg um die Kinder im Dorf, kochte und beschützte sie. Oder von Adana: Sie konnte sich nicht mit der Hausarbeit anfreunden, vermisste das Schlachtfeld. Als ihre Enkelkinder alt genug waren, brachte sie ihnen Selbstverteidigung bei.[2] Beide blieben Autoritätsfiguren ihrer Communitys.

Historiker:innen haben belegt, dass vor der Ankunft der Europäer Schlüsselpositionen im Reich Danxome immer von einem Mann und einer Frau besetzt waren. Paarweise dienten Frauen zusammen mit einem männlichen Kollegen als Verwalterinnen, hochrangige Staatsbeamtinnen, Ministerinnen, Protokollführerinnen, politische Beraterinnen, Entscheidungsträgerinnen, Spioninnen, Soldatinnen und Wächterinnen.[3]

»Als die Franzosen 1894 Benin übernahmen, zerstörten sie diese Institutionen vollständig. Frauen wurden aus kolonialen Bildungs- und Regierungsinstitutionen ausgeschlossen. Vorkoloniale Geschlechternormen verschwanden, weswegen die Politik und Gesellschaft in Benin heute bei Weitem nicht so inklusiv sind wie vor der Kolonialisierung«[4], sagte

Leonard Wantchekon der *ZEIT* in einem Interview. Die Danxome waren keine Modell-Nation, haben sich nach Ankunft der Europäer in den Sklavenhandel verwickeln lassen und gefangen genommene Mädchen verfeindeter Stämme in die *Agodjie* zwangsrekrutiert. Aber: Das Potenzial von Frauen aller Altersklassen wurde in Danxome wertgeschätzt und in ihre Gesellschaft eingebunden.

»Früher wurde das Wissen, das ältere Frauen mitbringen, auf dem Kontinent wirklich respektiert. Es war das Gegenteil von dem ›o, sie sind alt‹, das wir nun erleben«, erklärt die südafrikanische Geschäftsfrau Sue Mbaya in einem englischen Podcast. Ihrer Meinung nach verblasse das traditionelle Bild älterer Frauen, weil westliche Ideale auch auf dem afrikanischen Kontinent dominieren. Viele Frauen seien heute aufgrund des Zusammenbruchs ihrer alten Kulturen und der zusammenhangslosen sozialen Infrastruktur tatsächlich pflegebedürftig. »Mittlerweile ist das Wissen und der Respekt, den man als Frau vielleicht erhalten hätte, nicht mehr gleichwertig mit dem von Männern, die man feiert, weil sie ›grauhaarig und weise sind‹«[5], so Mbaya. Die Südafrikanerin räumt auch mit der romantisierten Vorstellung auf, dass Frauen auf dem Kontinent weniger Angst vor dem Alter hätten, weil sie in Ältestenräten sitzen dürften: »Wie viele Frauen, aber auch wie viele Männer sitzen denn bitte in solchen Räten?« Natürlich sollten Frauen unbedingt dort ihren Platz finden, aber aufgrund ihrer Weisheit, nicht weil sie »nicht mehr fruchtbar sind und deswegen für junge Männer keine sexuelle Bedrohung mehr darstellen würden.« Die Geschäftsfrau, die mittlerweile in Addis Abeba lebt, gilt als bekannteste Menopausen-Aktivistin des afrikanischen Kontinents. Ihre eigenen Erfahrungen mit den Wechseljahren – und die Tatsache, dass sie für eine moderne medizinische Behandlung von ihrem Wohnort in Äthiopien in ihr Heimatland reisen muss –, hat sie zur Aktivistin werden lassen. Sie findet auch, dass Rituale kein gleichwertiger Ersatz für eine angemessene Behandlung seien. Nur ein Bruchteil der afrikanischen Frauen sähen überhaupt eine Gynäkologin in ihrem Leben – auch zur Geburt nicht. Sue Mbaya versucht Frauen mit einem eigenen Podcast und Veranstaltungen aufzuklären. Sie tritt sprichwörtlich auf und erzählt ihnen die frohe Botschaft der Wechseljahre und des Älterwerdens – eine quasi missionarische Aufgabe und, wenn man so will, eine Variante des Daseins als weise Frau.

Ich mache das auch, hierzulande und neuerdings neben meiner Arbeit als Autorin hauptberuflich. Denn im Alter von 47 Jahren fungiere auch ich als lebende Informationsquelle, als Erzählerin einer Losung, wie Mbaya oder die Frauen der Mapuche. Denke ich darüber nach, möchte ich mir selbst das Fell über die Ohren ziehen – auch ich schrecke immer noch vor der mächtigen Aura des großen W für Weisheit zurück. Zielgruppe sind, sowohl aus aktivistischen als auch unternehmerischen Gründen, Unternehmen und ihre Mitarbeiterinnen – lauter schwer arbeitende Frauen zwischen 40 und 60, die mitunter feststellen, dass sie häufiger als noch ein paar Jahre zuvor ihre Schlüssel, Telefone und Strickjacken verlegen, Termine verdrehen und in der Kantinenschlange übersehen werden.

Meine Vorträge sollen sie darüber aufklären, dass sie weder den Verstand verlieren noch ihre Jacke mit einem magischen

Tarnmantel verwechselt haben, sondern in der Perimenopause sind. Dass sich ihr Leben zwar verändert, die Veränderung aber hinnehmbar oder sogar herzlich willkommen ist, vor allem wenn das Unternehmen, in dem sie ihre Arbeit und ihre Zeit verbringen, ihnen entgegenkommt.

Klingt alles wunderbar einleuchtend. Ich würde weibliches Wissen weitergeben und damit mein Geld verdienen. Spitze. Wasserdicht. Nur: Wer oder was gab mir eigentlich die Erlaubnis, mich als »Expertin« zu bezeichnen? Hatte ich Medizin studiert? Reichte es, ein Buch zum Thema geschrieben und meine eigenen Erfahrungen damit gemacht zu haben? Diese Gedanken spukten in meinem Kopf herum, als ich mir zu Shorts und Schlappen eine ordentliche Bluse und ein Jackett anzog, ganz im Geiste der modischen Chimären des Zoom-Zeitalters: Obenrum Business für den Bildausschnitt, untenrum Worcation-Freiberuflerin; halb Expertin, halb gefühlte Hochstaplerin. Die Veranstaltung fand online statt, somit stand ich allein in meinem Büro und sprach über Kamera und Mikrofon in meinen Laptop.

Ich hatte mich ausgiebig vorbereitet, vor allem faktisch. Ich wollte auf keinen Fall schwammig, geschwätzig oder gar gefühlig werden, sondern ordentliches, handfestes und nützliches Wissen vermitteln. 400 Frauen nahmen teil. Ich versuchte aufmerksam die Gesichter zu betrachten, mir vorzustellen, in einem Raum mit den Zuhörerinnen zu sein, versuchte Augenkontakt herzustellen.

Die Kundin aus der Personalabteilung hatte als Service für die Mitarbeiterinnen zwei Betriebsärztinnen eingeladen, die im Nachgang medizinische Fragen beantworten sollten. Eine der beiden Ärztinnen war vermutlich in meinem Alter, die andere schätzte ich auf etwa Anfang, Mitte 60. Ihre Anwesenheit beruhigte mich, schließlich würden sie mein mitunter knappes medizinisches Wissen ausgleichen können. Es ging los.

Mein Talk glich einem erzählerischen Marathon. Ich öffnete meinen Mund, und Worte purzelten heraus, wie Münzen aus einem Wechselautomat. Ich joggte durch die Grundlagen des weiblichen Hormonzyklus, nahm die Symptome der Perimenopause im Sprint, berichtete von strukturellen Hürden, da die Wechseljahre nicht im Medizinstudium gelehrt werden und nicht über die Krankenkasse abrechenbar sind. Ich atmete tief durch und gab, so ruhig und überzeugend wie nur möglich, angewandte Tipps, was Frauen selbst und was Arbeitgeber tun können (Ernährung, Sport, gegebenenfalls Hormontherapie, Ventilatoren am Arbeitsplatz, Aufklärung et cetera). Das Ganze erinnerte mich emotional an mein mündliches Abitur – zumindest auf der Performancedruck-Ebene. Solche Gefühle kannte ich aus meinen Lesungen nicht. Dort folgte ich einfach den Worten, die eine frühere Version meines Ichs verfasst hatte. Häufig überraschte mich ihre Wortgewandtheit, ihr Selbstbewusstsein. Das motivierte mich, schließlich steckte diese frühere Version noch immer irgendwo in mir. Aber ohne Buch stand ich allein da.

Als Vortragende fühlte ich mich damals wie eine Schauspielerin, die auf der Bühne jederzeit ihren Text vergessen könnte. Schauspielerinnen, und das haben sie mit Ärztinnen gemeinsam, werden immer noch latent geringer geschätzt als ihre männlichen Kollegen. Auch ihnen wurde jahrhundertelang das Handwerk verboten, in Deutschland dürfen sie erst seit etwa 300 Jahren wieder auftreten (Männer seit etwa 3.000 – nur zum Vergleich). Dabei existiert das Theater vermutlich so lange, wie es Menschen gibt. Im antiken Rom wurden beispielsweise Sklav:innen zum Schauspiel gezwungen, und dennoch waren Frauen nur im Unterhaltungstheater erlaubt und niemals im ernst zu nehmenden Drama – das hohe griechische Theater hatte ihnen die Bühne gänzlich verboten. Die größte schauspielerische Herausforderung für Männer waren selbstverständlich Frauenrollen.

Die junge christliche Kirche warf sich im späten Römischen Reich heldenhaft vor Sklavinnen, die zu erotischen Darbietungen gezwungen wurden, und erteilte kurzerhand ein generelles Schauspielverbot für alle Frauen. Erst im 16. Jahrhundert kämpften sich Darstellerinnen in Italien, Frankreich und Spanien auf die Bühnen zurück, in England und Deutschland, wie gesagt, sogar erst im 18. Jahrhundert.[6] Zeitgleich wurden Darstellerinnen in Japan aus dem *Kabuki*-Theater verbannt, obwohl genau diese Disziplin ursprünglich eine Frauenkunst war. Aber Feudalherren und Shogun, der Militärdiktator in vorkaiserlichen Zeiten, waren sich einig: Frauen auf der Bühne schaden der Moral und der Kastentrennung. Weg mit ihnen! Bis heute spielen im traditionellen *Kabuki*-Theater nur Männer.[7] In China durften Frauen im späten 19. Jahrhundert in *Pinyin*, der Peking-Oper, performen, vorher war es auch ihnen nicht erlaubt.[8] Damit keine Missverständnisse entstehen: Nicht eine der Frauen wurde von der Bühne verbannt, weil sie keine überzeugende Schauspielerin gewesen wäre. Sie wurden verbannt, weil die männlichen Zuschauer sich im Angesicht einer Frau auf der Bühne sexuell nicht unter Kontrolle hatten. Der Shogun wollte mit dem Verbot seine Samurai schützen! Er war nicht der Einzige:

In Indien waren die Performances der *Devadasis*, symbolisch mit Gottheiten ihrer Tempel verheiratete Priesterinnen, sehr populär, weil sie zweimal am Tag öffentlich zu deren Ehren tanzten. Die britischen Kolonialherren fanden, dass Frauen, die nicht mit Männern verheiratet waren und öffentlich tanzten, Prostitution und moralischen Verfall förderten. Folge: Entwertung, Verbot![9] Anstatt Männern zu erklären, dass sie sehr wohl in ihrer Fantasie, aber nicht im echten Leben sexuelle Assoziationen mit öffentlich in Erscheinung tretenden Frauen haben dürfen, degradierte man die Darstellerinnen. Logisch, oder?

Natürlich saßen keine Männer in meinem Vortragspublikum. Aber die breitbeinige Selbstverständlichkeit, mit der Männer das Wort ergreifen und ihre Gedanken präsentieren, wird auch aus einer Geschichte gespeist, die ihnen diese Position niemals streitig gemacht hat. Ein Mann auf der Bühne, der erzählt, wo's langgeht, ist absolut normalisiert, »natürlich« geradezu. Frauen fehlen ein paar Jahrtausende Selbstverständlichkeit, ein paar Rampensau-Gene, die von Abertausenden Generationen weitervererbt werden. Auch mein Thema »Wechseljahre«, das mir so warm und geliebt wie ein paar Kaschmirsocken im Winter ist, wird natürlich immer noch als öffentlich unpassend erklärt. Als die Künstlerin und Schriftstellerin Miranda July im Frühjahr 2024 ihren Roman *Auf allen vieren* veröffentlichte, schaffte es in Deutschland eine einzige Rezension, das Wort »Wechseljahre« auszuformulieren, obwohl die Perimenopause der Protagonistin und der Schriftstellerin das zentrale Thema dieses erfreulich erotischen Buchs sind. Grund: Miranda July ist eine sehr attraktive Frau und gilt unter männlichen Feuilletonisten als subversives Sexsymbol für intelligente, ja feministische Männer – nur scheint der solidarische Feminismus nicht auszureichen, um so eine als scharf anerkannte Frau öffentlich mit den Wechseljahren in Verbindung zu bringen. Was würde *das* mit ihr als sexuell anziehendem Wesen machen? Oder, noch schlimmer, ihrer literarischen Relevanz? July beschreibt an einer Stelle, wie der junge Lover der 45-jährigen Protagonistin ihr den Tampon als Ausdruck eines intimen, sexuellen Aktes in der besten König-Charles-Königin-Camilla-Telefonsex-Tradition wechselt. Zur gleichen Zeit schimpft eine bekannte deutsche Literaturkritikerin und Autorin in einer Schweizer Sendung über den provokativen kollektiven Roman *Wir kommen,* weil sie sich überhaupt »nicht für die Menstruationsbeschwerden« von Autorinnen interessiere, das »sollen die mit ihren Freundinnen« besprechen. Frauenkram kann niemals literarische Kunst sein. Es gehört nicht auf öffentliche Bühnen.

Ich erzählte trotzdem von Herzstolpern und Starkblutungen und empfahl Tischventilatoren und Aufklärungsworkshops mit männlichen Führungskollegen. Als ich fertig war, blendete die jüngere Betriebsärztin ein Klatsch-Emoji ein, und die ältere andere blickte ausdruckslos nach vorn. Als sie das Wort erhielt, nahm sie meinen Vortrag ganz ruhig auseinander: Jedes Symptom, wie Herzrasen, Kopfschmerzen oder Erschöpfung, sei eher einer tief liegenden Erkrankung als den Wechseljahren zuzuordnen. Rotes Fleisch sei unersetzlich als Nahrungsmittel, und einen Hormonstatus im Blut solle man keinesfalls nehmen, der ändere sich ja andauernd und so weiter. Und natürlich habe sie im Studium die Wechseljahre behandelt (die Menopause kommt im Medizinstudium in Deutschland wirklich *nicht* vor) – das sei doch wohl klar und absolut selbstverständlich.

Während sie sprach, spürte ich eine physische Reaktion von der Sohle meiner Sandalen bis zum engen Hemdskragen aufsteigen: Scham. Von den »Kleine Maus«-Genen habe ich anscheinend genug in meiner biologischen Programmierung. Jetzt sprach die Ärztin, die über Fachwissen verfügte, wenn auch ein Fachwissen, das andere, befreundete Fachärztinnen hinterfragen oder sogar als »veraltet« bezeichnen würden. Doch in diesem Augenblick blieb es genau das: Expertise, mit Doktortitel als Beweis. Vermutlich hatte sie sich in ihrem Studium ständig so gefühlt wie ich jetzt: Was will das Mädchen in der Männerdomäne? Reichen ihre neuronalen Schaltkreise für so komplexe Themen?

Wieder betrachtete ich die Zuhörerinnen in ihren briefmarkengroßen Zoom-Fensterchen. Sie hatten ihre Mittagspause mit mir verbracht, um etwas zu lernen, um vielleicht Mut zu fassen, ein als peinlich gebrandmarktes Thema bei ihren Vorgesetzten anzusprechen – ich befand mich doch auf Mission! Ich sagte: »Ja, aber lasst euch helfen, beharrt auf einen Hormonstatus bei der Frauenärztin!«

So viele Jahrhunderte haben patriarchalische Gesellschaften Frauenwissen und Performances entwertet, da ist es schon fast logisch, dass ich mir und meinem Wissen ganz, ganz tief in mir nicht traue. Natürlich leiden auch Männer unter Lampenfieber und Hochstaplersyndrom, aber sie haben letztendlich die Tradition und somit die Zuhörer:innen immer auf ihrer Seite. Für Frauen ist ein Auftritt, ein Vortrag, trotz allem immer noch historisches Neuland und demnach auch ein Stück inhaltliche Überzeugungsarbeit. Körper passen sich viel langsamer an die sich wandelnden Umstände an, als die technologisierte Welt glauben macht. Frauen, die sich in Männerdomänen durchgekämpft haben, haben selten daran gedacht, weibliches Wissen zu rehabilitieren (oder andere Frauen zu fördern). Sie haben vielmehr in den Chor der Männerkulturen eingestimmt: Weg mit dem Humbug! Sich mit den Wechseljahren zu befassen ist rückständig! Das ist Privatsache! Hormone verstehen wollen ist wertlos! Das ist Natur, da muss man durch!

Nach meinem Vortrag schaffte ich es nicht zu sagen, dass die meisten Frauen mit Wechseljahrsbeschwerden aufgrund dieser einseitigen Sicht auf Symptome monatelange Ärztinnen-Odysseen absolvieren und ohne Diagnose, dafür mit großer Unsicherheit und Furcht, entlassen werden. Es gelang mir nicht, Studien zu zitieren, die belegen, dass rotes Fleisch bei Frauen das Brustkrebsrisiko erhöht.[10] Auch dass die jahrhundertelange Marginalisierung und Vernachlässigung des weiblichen Körpers in der Medizin zu Wissenslücken führen, die Frauen mit Pathologien wie der neuroimmunologischen Erschöpfungserkrankung ME/CFS alleinlässt, dass jährlich circa 20.000 Frauen an Herzinfarkten sterben[11], unter anderem, weil medizinisches Personal die genderspezifischen Symptome nicht erkennt[12], kam mir nicht über die Lippen. Ich fühlte mich wie ein runtergeputztes, zum Schweigen gebrachtes Mädchen.

Erstaunlicherweise endete diese Episode mit einem Happy End. Ich wurde vom gleichen Unternehmen für einen weiteren Vortrag gebucht, auch diesmal sollte die ältere Ärztin medizinisch betreuen. Ich beschloss, der Ärztin vorher meine Unsicherheit nach dem letzten Vortrag zu erzählen. Sie entschuldigte sich, und in der zweiten Runde schoben wir uns schwesterlich frauengesundheitliche Bälle hin und her. Sie war kein richtiger Patriarch, sie trug ihn nur als Rüstung.

Ist es notwendig? Oder gar weise, dass gesellschaftlich erfolgreiche, ältere Frauen solche Rüstungen mit sich herumschleppen, um ihren so hart erkämpften Platz zu verteidigen? Wäre es nicht weniger anstrengend, die ganze Sitzordnung neu zu organisieren?

Für solche Fragen haben Sue Mbaya und die 100.000 Frauen in Kenia, die sich eine Frauenärztin oder einen Frauenarzt teilen müssen, keine Zeit. Ihnen geht es um Aufklärung und Minimalversorgung. Auch Sue Mbaya hört Zweifel, wird gefragt, warum sie ihren guten Ruf als angesehene Geschäftsfrau mit einem solchen Thema riskiere. Doch sie weigert sich, solchen Rufen zu folgen, und kämpft weiter. Ich wünsche mir, dass Frauen voller Stolz, Selbstbewusstsein und Selbstwert ihre Expertise, ihre Weisheiten vortragen können, egal ob vor großem Publikum, beim Abendessen mit der Familie und im Freundeskreis oder an der Feuerstelle. Manchmal hilft es, mir ein gedankliches Schwert und einen imaginären Stock herbeizumanifestieren und wie eine *Agodjie* nicht vor der vermeintlichen Stärke des Gegenübers einzuknicken. Das ist weise.

KAPITEL 15

# Aussicht

## Vom Wert der komplexen Weiblichkeit: Die Göttin der Zeit, der Schöpfung und des Krieges in Indien

Als Barack Obama 2023 in Berlin sprach, behauptete er, dass es, wenn alle politischen Führungsköpfe Frauen wären, keinen Krieg mehr gäbe. Stimmt das? Würde eine stärkere Gewichtung des weiblich Konnotierten ewigen Frieden garantieren? Oder ist diese Fantasie letztendlich auch sexistisch? Kann überhaupt so etwas wie gesellschaftlicher Frieden entstehen, wenn nicht alle Geschlechter eine Hand an der Steuerung des Geschehens haben dürfen?

Gäbe es eigentlich so etwas wie eine weiblich konnotierte Hierarchie? Hätte man Göttinnenordnungen erdacht, in denen autoritäre Priesterinnen an der Spitze der Gesellschaft stünden? Hätte eine Welt, die weise Frauen nicht diskriminiert hätte, sich genauso schnell industrialisiert? Wie würden wir Wohlstand definieren, wenn die weiblich konnotierten Weisheiten ebenso wichtig gewesen wären? Welche Entwicklungen stünden für den Fortschritt? Welche Bilder für die Freiheit?

Nicht alle Aspekte der Mapuche-Frauen, beispielsweise, finde ich nachahmenswert. Abtreibungen verstoßen ebenso gegen die *Cosmovision* wie Impfungen. Wann schamanistische Wahrsagerei in Südkorea in einfachen Aberglauben umschlägt, wird auch unter Frauen kontrovers diskutiert – Eui Ok Shu, die selbst Erfahrungen mit Ahnen und Geistern hat, sorgt sich gelegentlich um die Vernunft ihrer Landsleute.

Kommt mit feministischer Weisheit unweigerlich auch feministische Torheit? Gäbe es mehr »Todesengel«, Serienkiller aus Care-Berufen? Gäbe es eine Kultur der emotionalen Übergriffigkeit? Wäre es gesellschaftlich akzeptiert, emotional verschlossene Menschen zu diskriminieren? Würden Unternehmen ihre Mitarbeitenden so fürsorglich behandeln, dass Care in Überwachung umschlüge? Würden sie emotionale Abhängigkeiten schaffen? Würden wir in autoritären, gemeinschaftlichen Gesellschaften leben, die jegliche vermeintlich egoistische Entscheidung ahnden würden? Hätten weiblich konnotierte Staatstheorien irgendwann, ähnlich wie die Ein-Kind-Politik in China, eine Art Deckel für die Bevölkerung zugunsten der Umwelt und Ressourcen erdacht? Gäbe es ein so ausgeprägtes Individualbestreben? Wie würden wir Freiheit und vor allem Unabhängigkeit definieren?

Gäbe es einen Fokus von Kindern auf die eine, biologische Mutter? Oder würden sie in Gruppen bemuttert, von Menschen aller Geschlechter? Könnte man sich ein Mutter-Bild aus vielen Müttern-Puzzleteilen vorstellen: die, die gebären, die, die rausgehen und erkunden, die, die Bücher vorlesen und Höhlen bauen, die, die Wunden versorgen, die, die nur einmal in drei Jahren auftauchen und neue Facetten eröffnen, weil sie nicht jeden Tag anwesend und nicht selbstverständlich geworden sind. Und die Väter: die, die das Essen kochen, die das Haus sauber halten, die auf Kita- und Schulwegen begleiten.

Mädchen wären jedenfalls niemals aus den Schulen ausgeschlossen worden. Ihr Intellekt wäre niemals geringer geschätzt worden. Jungen und Mädchen hätten die Wahl gehabt, basierend auf persönlichen Interessen, Talenten und der Frage: Was liegt mir? Handwerk, Medien, Hauswirtschaft, Landwirtschaft, Pflege, Wirtschaft, Kunst, Verteidigung, Sicherheit, Recht, Medizin, Wissenschaft, Lehre oder Hausarbeit? Wertungen hätte es nicht gegeben. Es hätte Häuser gegeben, die hoch in den Himmel ragen, und solche, die wie Gebärmütter fensterlos am Boden bleiben. Die Städte hätten weniger exzentrische Kathedralen. Dafür gäbe es vermutlich mehr Wohnraum, weniger Treppen, Hauptverkehrsstraßen und weniger Wohnhäuser an laut pulsierenden Adern. Nicht nur, weil weise Frauen und ihre Bedürfnisse berücksichtigt wurden, sondern weil Männer in einer gleichberechtigten Welt viel mehr Zeit zu Hause verbracht hätten. Sie hätten festgestellt, dass die Gestaltung des Wohnraums mindestens so viel wert ist wie die öffentlicher Gebäude. Architekt:innen werden bis heute im Wohnungsbau schlechter bezahlt. Die existierenden Stadtbilder verändern sich nur langsam in Richtung einer gleichberechtigten Nutzung für alle, für Menschen aller Geschlechter, für Junge und Alte, Menschen mit Behinderungen, Menschen mit all ihren unterschiedlichen Möglichkeiten und Bedürfnissen.

Wäre es eine neidfreie Welt? Mitnichten. Vielleicht würden Konflikte anders gelöst. Vielleicht hätte man innerhalb des Justizsystems Streit- und Versöhnungsrituale entwickelt. Man hätte zyklische und lineare Zeit erforscht.

Es klang bereits durch: Weise Männer hatten Probleme mit Frauen. Aristoteles sagte, Frauen seien nicht so rational wie Männer und würden daher naturgemäß von Männern beherrscht. Immanuel Kant stimmte zu und setzte sogar noch eins drauf. Er behauptete, dass Frauen »keine bürgerliche Persönlichkeit« und im öffentlichen Leben kein Mitspracherecht verdient hätten. Jean-Jacques Rousseau versuchte sich hier vermittelnd, indem er betonte, dass Frauen und Männer lediglich unterschiedliche Tugenden besäßen. Die Tugenden der Männer prädestinierten sie für Führungsaufgaben, während die Tugenden der Frauen sie für Heim und Herd auszeichneten. Na klar. Da haben wir sie wieder, die Natur. Fast »naturgegeben« ergeben die Gedanken dieser zweifelsfrei über dieses immense Missverständnis hinaus sehr weisen Männer die Grundlage unserer heutigen Moral- und Gesellschaftsvorstellung, hier wie dort und eigentlich überall.

Fortschrittlich wäre es, wenn man den Kulturen, die das Miteinander in den Mittelpunkt stellen, keine »Rückständigkeit« attestieren würde. Wenn man akzeptieren würde, dass Elemente davon, gleichgültig, ob sie von indigenen Menschen oder von Frauen (oder beiden!) praktiziert werden und wurden, jetzt schon Teil der sogenannten Leitkultur in patriarchalisch geprägten Ländern sind. Einfaches Beispiel: Ich habe gelernt, dass in Südkorea keine neue Religion eine Chance hatte, die nicht Elemente des Schamanismus beinhaltete. Dass Frauen dem Protestantismus die Türen nach Südkorea geöffnet haben, weil sie ohnehin schon als religiöse Figuren wahrgenommen wurden. Die Kultur des Schamanismus war und ist so tief mit der Identität Südkoreas verwoben, dass es unmöglich wäre, sie zu verneinen.

Die Mapuche leben seit 500 Jahren mit Spanier:innen und Chilen:innen. Die lateinamerikanische Mate-Tee-Kultur, beispielsweise, entstammt den in Argentinien lebenden Mapuche. Mittlerweile wird sie in ganz Lateinamerika praktiziert – mir war bis zu meinem Besuch in der *Araucania* nicht klar, dass diese Art, Tee zu teilen, ursprünglich von ihnen kommt. Sie haben nicht nur Handel betrieben, sondern natürlich auch Familien mit chilenischen Partner:innen gegründet. Es wäre so einfach, zur Kenntnis zu nehmen, dass es interkulturelle Einflüsse gibt, dass es heute keine »reine« Mapuche- oder chilenische Kultur mehr gibt, sondern nur eine gemeinsame. Der Umgang mit der Natur in der *Cosmovision* der Mapuche nahm das Prinzip der Nachhaltigkeit vorweg. Die spirituellen Anführerinnen der Mapuche, die *Machis,* sind Frauen oder Männer, die sich für die Zeremonien in Frauengewänder kleiden, weil nur das Weibliche, die schöpferische Kraft, den Geistern und Göttern gegenübertreten darf – ähnlich wie im koreanischen Schamanismus. Wertschätzung für Natur und weibliches Wissen gäbe es quasi gratis dazu.

***

Dass die Frau als Schöpferin ein ziemlich komplexes Wesen ist, spiegelt sich auch in der indischen Göttin Kali wider. In der westlichen Welt kennt man sie als Kriegsgöttin, das liegt an ihrem furchterregenden Auftritt. *Kali* bedeutet wörtlich übersetzt »die, die schwarz ist«, auf Bildern wird ihre Haut entweder schwarz oder blau gemalt. Mal wird sie als schön, dann wieder als hässlich dargestellt, mal ist sie jung, mal alt, mal lebensgebend, mal absolut tödlich. Sie trägt eine Kette aus Schädeln und einen Rock aus Armen, manchmal sogar tote Kinder als Ohrringe. In ihren bis zu 16 Händen hält sie eine Sichel und Schwerter. Kali ist furchteinflößend, wild und stark. Auf einigen Darstellungen hält sie den Kopf eines Dämons in einer ihrer Hände. Das Blut tropft in eine Schale, damit es den Boden nicht berührt und kontaminiert. Manchmal steht sie auf dem Körper des Gottes Shiva, ihres Mannes. Es gibt sogar Bilder, auf denen sie Shivas Bauch aufgeschlitzt hat und dessen Innereien verspeist, als wolle sie ihn sprichwörtlich in sich aufnehmen.

Kein Wunder, dass britische Besatzer sie auf den Titel der »Kriegsgöttin« festnagelten – was auch sonst? Eine blaue Frau mit sehr vielen Armen, die Köpfe abschneidet und Blut am Mund hat, kann nur für den Kampf und die Zerstörung stehen. Dabei ist Krieg nur eine ihrer zahlreichen Zuständigkeiten. Ihr eigentlicher Job ist Schöpferin. Im Hinduismus wird sie als Mutter Erde verehrt, trotz Messern und allem. Geburt und Tod repräsentiert sie wie zwei Seiten einer Medaille.

Auch in den Tantras nimmt sie eine zentrale Rolle ein. *Tantra* heißt auf Sanskrit »Zusammenhang«, »Gewebe« oder »Text«. Man versteht unter Tantras dialogische Gespräche zwischen hinduistischen Gottheiten. Die Sexpraktiken sind ein Teil davon. Vermutlich wurden sie im 6. Jahrhundert niedergeschrieben. Die tantrische Weltsicht sieht den Ursprung der Kraft des Universums in *Shakti,* der unendlichen, weiblichen Energie. Ihr männliches Pendant heißt *Shiva*. Jeder Mensch vereint beide Energien in sich, sowohl *Shakti* und als auch *Shiva*. Im *Shakti* geht es um Spannung zwischen Mutterschaft und Zerstörung. Kali ist als Schöpferin eine der drei zentralen Göttinnen.

Die, die erschafft, existiert logischerweise außerhalb der Zeit. In ihrer Inkarnation als Göttin der Zeit verschlingt sie alles – Alter, Erfahrungen, Freuden, Leiden, geliebte und verabscheute Momente, Beziehungen, Erfolge und Misserfolge, Vermächtnis und schließlich sogar das letzte Zeichen, dass wir jemals hier waren. Und sie gebärt: neues Leben, neue Chancen, neue Ideen, neue Kriege, neue Liebe, neue Zerstörung, neue Zärtlichkeit, neue Schönheit, neue Krankheit. Sie existiert im ewigen Zyklus aus Schaffen und Zerstörung, Geburt und Tod.

Den britischen Kolonialherren war Kali in ihrer Gewalt, aber auch ihrer Vielschichtigkeit nicht geheuer. Für das unterdrückte indische Volk wurde die Göttin zum Symbol des Widerstandes, zu »Mutter Indien«, dem Land selbst. Ein Poster aus dem Jahr 1878 zeigt eine besonders angriffslustige Kali, mit »verdächtig britisch aussehenden« Köpfen an ihrer Kette – laut dem British Museum selbst.[1] Es wurde, wenig überraschend, zensiert. Auch das heutige Indien ist eine patriarchalisch geprägte Kultur. Aber der Kali-Kult hat überlebt.

Komplexe Göttinnen gab es auch in Europa – Hel, die nordische Göttin des Todes und der Unterwelt, galt ebenfalls als Hüterin der Seelen, auch sie hielt die Macht über Leben und Tod in ihren Händen. Im 18. und 19. Jahrhundert verschmolz sie mit anderen Gottheiten zu Frau Holle, der wettermachenden Oma aus dem gleichnamigen Märchen.

Auch in der westlichen Welt haben »Frauenkulturen« ihre Spuren hinterlassen. Der wichtigste Einfluss der weiblichen Kultur bleibt die Pflege und Fürsorge. Die US-amerikanische Philosophin Carol Gilligan schrieb 1982 in ihrem Buch *In a Different Voice*, dass es eine alternative moralische Handlungsmöglichkeit zu den abstrakt-logischen Optionen gibt. Eine fürsorgliche Entscheidung, die Menschen als Einzelpersonen, nicht als abstraktes Ganzes in den Mittelpunkt rückt, sei von gesellschaftlichem Wert, so Gilligan. Sie nennt dieses Denken, das sich schwerpunktmäßig auf Beziehungen und Verantwortung bezieht, »die moralische Stärke der Frauen«.[2] Oder eben aller Menschen, die dieser Denkschule folgen.

Mir geht es wirklich nicht um die Abschaffung der logischen Entscheidungen, sondern um eine Erweiterung des Werkzeugkastens der Lebensentscheidungen um die fürsorgliche Dimension des Miteinanders. Laut Dr. Judith Glück soll es für die Weisheit unumgänglich sein, einen Schritt zurückzugehen, um das ganze Bild zu betrachten. Das *ganze* Bild beinhaltet die weiblich konnotierte Kultur. Logisch, dass, wenn Frauen gleichberechtigt werden, man auch ihre jahrtausendealte Prägung eines fürsorglichen Denkens bedenken und einflechten sollte. Wenn wir jetzt die duale Geschlechtsordnung auflösen würden, was würde dann aus dem weiblich konnotierten Wissen? Würde es als »rückständig« in der Geschichte verblassen? Wäre das nicht ein wahnsinniger Verlust? Ist es nicht für non-binäre und Transmenschen wichtig, das Weibliche ebenso wertvoll zu verorten wie das Männliche?

Und genau dieses Weibliche im Sinne der Marktwirtschaft in Zukunft zu berücksichtigen. Es gibt keinen Grund, Pflegepersonal weiterhin prekär zu bezahlen. Es gibt keinen Grund, Erzieher:innen weniger Status zuzugestehen als beispielsweise Journalist:innen. Es gibt überhaupt keinen Grund, ältere Menschen, vor allem Frauen, in der Arbeitswelt zu diskriminieren. Eine Frau, die über 20 Jahre Erfahrung mitbringt, sollte für jedes Unternehmen eine Bereicherung sein, weil sie neben ihrer beruflichen Laufbahn immer, egal ob mit Kindern oder ohne, einen Haushalt gemanagt hat.

Wie kann man Sorgearbeit nun in Geld auszahlen? Wie wäre es, wenn Unternehmen, die ihre Führungspersonen zeitlich immer verfügbar haben wollen, deren Partner:innen auch Gehalt zahlen? Dafür, dass sie diese Dauerverfügbarkeit ermöglichen? Oder Beziehungsverträge unterstützen und deren Beglaubigung bezahlen, in denen eine konkrete Teilung von Gehalt und gemeinsam angeschafftem Eigentum juristisch wasserdicht festgehalten wird? Damit gäbe es keine Frage mehr, wem mehr vom Gehalt zusteht. Es gäbe sozusagen zwei Jobs – einen betrieblichen und einen haushaltsführenden –, und beide erhielten die gleiche Anerkennung – gesellschaftlich und finanziell.

Elterngeld, beziehungsweise Kindergeld in Höhe des Elterngeldes, sollte konsequenterweise über die gesamte Erziehungsphase hinweg gezahlt werden, nicht nur im ersten Lebensjahr. Der Elternteil, der die Sorgearbeit übernimmt, muss dafür ebenso entlohnt werden wie der, der in der Wirtschaft arbeitet. Die Pflege von Angehörigen, die nicht für sich selbst sorgen können, sollte, wie Elternschaft, finanziell unterstützt werden.

***

Was also tun? Was lehrt uns die Weisheit, warum beschäftigen wir uns mit ihr? Was kann sie für einen Feminismus in der zweiten Lebenshälfte bewirken? Was kann sie uns für die zukünftige Gestaltung unserer Welt bringen?

Dass wir offen bleiben müssen. Dass wir Gefühle ernst nehmen und Empathie für andere entwickeln sollten. Dass wir in der Lage sind, uns selbst infrage zu stellen und immer weiter Bereitschaft zum Lernen zu zeigen. Das sind die fünf Säulen von Dr. Judith Glück. Für die feministische Weisheit würde ich mir wünschen, vollständiger zu denken: Mein Name steht als Autorin auf dem Cover, aber wer hat diesen Text korrigiert, wer hat ihn gesetzt? Wer hat die Termine zur Besprechung koordiniert? All die Frauen, deren Weisheit ungesehen bleibt, von der Verlagslektorin über die Korrekturleserinnen, die Vertriebsmitarbeitenden, die Herstellerin bis zu den Personen, die das Verlagsgebäude gereinigt haben. Beim Film und im Theater werden alle Mitarbeitenden im Abspann erwähnt. Das finde ich fair.

Ich habe bezeugen dürfen, wie männliche Freunde, die scheinbar ziellos durch ihr junges Erwachsenenleben schifften, Sinnhaftigkeit in der aktiven Fürsorge ihrer eigenen Kinder fanden. Die Care-Arbeit zu Hause zu teilen gehörte meistens weniger dazu. Ich hoffe, dass meine und die nachfolgende Elterngeneration ihren Söhnen beibringen kann, dass Hausarbeit keine minderwertige »Frauenarbeit«, sondern ein Verbindungsstück des Miteinanders ist. Es ist cool, die Teller wegzuräumen, weil man damit zeigt, dass man kein Arsch ist. Es ist uncool, den eigenen Müll überall liegen zu lassen, weil damit sowohl dem gemeinsamen Raum als auch den Mitmenschen gegenüber Geringschätzung zum Ausdruck gebracht wird. Wie weise kann die ewige Erhöhung der eigenen Gewinne sein, wenn sie auf Kosten anderer gehen? Das hieße doch, dass man das große Ganze ausblendet, anstatt es anzuschauen. Manche fürchten in diesem Teil der Welt, dass es der Kindergeneration erstmals nach dem Zweiten Weltkrieg nicht besser gehen wird als der Elterngeneration. Ist das nicht auch eine Frage dessen, wie man »besser« definiert? Wäre gesund und anerkannt, gerechter, ja weiser nicht auch eine Form des »besseren Lebens«?

Weisheit, besonders feministische, ist notwendig in einer Gegenwart, die Zuspitzungen auf kleine Ausschnitte statt auf Panoramablicke fördert. In der Älterwerden mit Verfall, mit Minderwertigkeit assoziiert wird. In der ältere Frauen übersehen und aus dem Arbeitsmarkt gedrängt werden, anstatt ihnen die Rolle der Hüterinnen zuzugestehen, die sie in der Menschengeschichte so lange bekleideten. Man sollte mit den Frauen über 45 Jahren, die in Vorzimmern und an den Kassen sitzen, die in Krankenhäusern Schichten schieben, übers Menschsein und über ihre Weisheiten sprechen. Sie sind die Bücher, die unsere Geschichte, unsere Kultur bezeugt haben. Sie waren Zeuginnen bewegter Momente, und ihre Stimme ist selten gehört worden. Berücksichtigt man diese Aspekte, werden nicht nur Frauen ihre Positionen klarer sehen, sondern auch zukünftige künstliche Intelligenzen nicht dem Missverständnis aufsitzen, dass Emanzipation möglichst nur mit Erwerbsarbeit und ewig jungem Aussehen assoziiert wird.

Die Beispiele von Frauen, die ich auf der ganzen Welt getroffen habe, zeigen, dass die Rolle der weisen Frau nicht nur zahlreiche Facetten aufweist, sondern auch ganz unterschiedliche Einflüsse hat. Aktivismus, generationsübergreifender Austausch, aber auch bemuttern und begroßmuttern, auch und besonders im nicht biologischen Sinne, gehört dazu. Frauen haben sich durch die ganze Geschichte hindurch in der zweiten Lebenshälfte neu erfunden, wie Im Yunjidang es im Joseon-Korea des 18. Jahrhunderts getan hat. Die Zeit ist reif für weise Frauen. Überall.

Manchmal bedarf es weiser Frauen, die Dinge tun, die sich nicht gehören. Weiser Frauen, die ihre moralischen Überzeugungen aus den theoretischen Bereichen heraus und auf die Straße geführt haben. Zum Beispiel Azucena Villaflor de Vincenti und Hebe de Bonafini, die »Mütter von der Plaza de Mayo«, die in Buenos Aires am 30. April 1977 eine halbe Stunde stumm demonstrierten, um auf das Verschwinden ihrer Kinder durch die Militärdiktatur hinzuweisen. Danach demonstrierten die Madres jeden Donnerstag, über 30 Jahre lang. Man nannte sie *Las Locas,* die Verrückten, weil sie sich weigerten aufzugeben. Sie ließen nicht locker. Am 23. Dezember 2010 erwirkten sie eine UN-Konvention gegen das Verschwindenlassen von politischen Gefangenen. Weise Alte haben Macht, wenn sie sie erkennen, wenn sie sich zusammentun.

Ich würde gern Judith Glücks Vorschlag umgesetzt sehen: Online-Kommentare mithilfe einer Weisheitsskala bewerten zu lassen. Sie glaubt fest daran, dass die Kommentare weniger beleidigend und hasserfüllt ausfallen würden. Ich versuche jedenfalls eine innere Weisheitsskala zu nutzen. Vor jeder Entscheidung frage ich mich: Wie weise ist meine Entscheidung auf einer Skala von 1 bis 5? Oder mein Kommentar auf Instagram? Der Rat an meine Freundin? So werde ich hoffentlich eine weise Frau in der zweiten Hälfte meines Lebens, die liebt, beschützt und fürsorgt. Die auf andere Rücksicht nimmt. Die ihren Schwestern, Töchtern, Nichten, Müttern und Großmüttern, die ihren Freundinnen und Kolleginnen zuhört. Die andere sein lässt, die nicht abwertet. Die sich Zeit lässt, vor allem mit den großen Entscheidungen des Lebens. Der Luxus des langen Lebens: weniger eilen, bedächtiger handeln. Die gelegentlich furchtlos eingreift und zwischenruft. Vielleicht können wir zusammen lernen, bei Entscheidungen, den großen eigenen, aber vor allem denen, die andere Menschen miteinschließen, innezuhalten, auf diese Skala zu schauen und abzuwägen: Wie weise wäre das?

Die Welt kann mehr Weisheit vertragen, vor allem von Frauen. Anfangen kann man sofort. Jetzt gleich.

## EPILOG

# Wie eine Künstlerin die feministische Weisheit hörbar macht

Auf dem Weg in den Gropius-Bau wiederhole ich mantramäßig: *Ich werde mich darauf einlassen.* Ich würde mich nicht sperren, mich nicht ablenken lassen. Es ist Ende Oktober, und zwar wettermäßig von der übelsten Sorte. Auf dem kurzen Weg zwischen meiner Wohnung und dem Ausstellungshaus schlägt mir der Regen mit einer derartigen Gewalt ins Gesicht, als wolle er mich persönlich angreifen. Kurz nach 16 Uhr und bereits stockfinster: Das Licht und das Leben scheinen Berlin verlassen zu haben. Ich will umkehren. Mir ist nicht nach Singen zumute. Die Welt scheint nur noch an seidenen Fäden zusammengehalten zu werden. Wovon kann ich singen, außer vom Schmerz und von der Hilflosigkeit?

Singen soll ich nicht allein, sondern mit anderen Menschen und der Künstlerin Ayumi Paul. Paul, eine ehemalige klassische Violinistin, arbeitet seit ein paar Jahren am »Singing Project«, einer wandelnden Skulptur. Um Lieder geht es dabei nicht. Musizieren nach Noten oder nach Vorgabe interessiert die japanisch-deutsche Künstlerin nicht, ihr geht es darum, Töne aus der Tiefe des Körpers, aus der Tiefe der Erinnerungen entstehen zu lassen. Keine Melodien, nur Töne. Trotzdem, so sagt sie, könne man sich singend begegnen und zusammen Musik machen.

Klassische Musik funktioniere frontal, autoritär, organisiert vom Dirigenten oder auch von Dirigentinnen. Ayumi Paul sucht eine gleichberechtigte, eine verbundene Art der Zusammenarbeit und des Zusammenkommens.

Pauls Arbeit fasziniert mich. Wie die Forscherin Jennifer Garrison stellt sie scheinbar einfache Fragen, die noch nie jemand gestellt oder beantwortet hat, wie: Kann man Musik auch anders erfassen als in streng mathematischen Notenkonzepten? Sie hat es probiert – sie hat Salzwasser auf Papier gekippt und es mithilfe der Schallwellen ihres Gesangs verteilt, trocknen lassen und so die Töne in glitzernden Salzkristallen sichtbar gemacht. Sie misst die Schwingungen, die durch die Luft wandeln, wenn sie Johann Sebastian Bachs Kompositionen auf ihrer Geige spielt, und lässt sie auf Schallplatten ritzen. »Alles Leben klingt durch unsere Körper«, sagt Paul, »sie sind Tonabnehmer und Aufnahmegerät.«

Ich kenne das Gefühl, Schwingungen im Körper zu spüren von Konzerten, in denen Bässe den Boden zum Vibrieren bringen, oder von Ketten- oder Heckensägen im Nachbargarten, deren Gejaule die Gläser in der eigenen Küche wackeln lassen.

Das Zuhören, findet Ayumi Paul außerdem, ist eine verloren gegangene Kunst.[1] Tatsächlich gehen viele zarte Geräusche und Nuancen in der Flut des digitalen Zeitalters unter, werden von der Kakofonie aus Social Media, Chats, Reels und E-Mails geschluckt. Paul möchte, dass wir wieder zuhören lernen – der Musik, der Natur, einander.

Ich habe sie im Interview kennengelernt und hatte das Gefühl, wir kämen aus der gleichen Materie, als hätten wir uns gegenseitig erkannt. Die Tochter eines deutschen Vaters und einer japanischen Mutter baut Skulpturen, die alles miteinander verweben: Musik und Kunst, Kosmos und Mensch. Für mich gehört sie zu der der gleichen Familie wie die Schamaninnen ferner Länder, obwohl sie ganz weltlich in Gießen in Mittelhessen aufgewachsen ist.

Ich quäle mich durch den Regen, schließe mein Fahrrad ab und laufe auf die Minute pünktlich in den mächtigen Bau des preußischen Großarchitekten Karl Friedrich Schinkel in Berlin-Mitte. Dieses Haus ist das Gegenteil vom Gebärmutterhaus *Ruka* aus Holz und Stroh oder die mit Gaben und Bildern geschmückten Tempelräume der koreanischen Schamaninnen. Der Gropius-Bau ist eine Kathedrale der Kultur, das Monument eines großen preußischen Architekten zur Feier der ganz hohen Kunst.

Mit nassen Füßen und triefendem Mantel erklimme ich den massiven Treppenabsatz dieses ehrerbietenden Gebäudes. Entgegen meiner Erwartungen ist der Abend gut besucht, trotz Regen und Sturm. Ich streife meine schmutzigen Stiefel und den feuchten Mantel ab. Noch japsend nehme ich mir ein Sitzkissen. Ayumi Paul trägt kein Make-up, keine Maske, keine Verkleidung. Sie begrüßt mich mit einer Tasse Tee. Ich setze mich im Schneidersitz auf das Sitzkissen, stelle die Tasse ab, ziehe eine Kerze zu mir herüber, nehme einen kleinen Schluck Tee und lasse die heiße Flüssigkeit durch meinen Körper laufen, wie eine warme Spur der Geborgenheit. Ich atme tief ein und blicke in die Flamme. *Lass dich darauf ein*, sage ich mir erneut: *Öffne dich, lass es zu, wie die Künstlerin Inge Mahn sagte. Betrachte das, was in deiner Seele steckt. Nicht verkopfen, nicht widerlegen.*

So denke ich an die Verbindung zu meinen Gefühlen, an die Seelen, die Geister, die Vorfahr:innen. Den Chor der weisen Frauen, die ich besucht habe. Die Forscherinnen mit offenen Fragen, die Nachbarinnen am Anfang und am Ende ihres Lebens, die Heilerinnen, die Priesterinnen. Wenn ich es schaffe, ihre Weisheit, ihre Wärme und Ehrlichkeit zu spüren, dann komme ich vielleicht meiner eigenen ein bisschen näher.

**Ausatmen.** Es ist kein Wettbewerb. Keiner kann den weisen Frauenwettbewerb gewinnen. Es gibt keine weiseste von allen. Es gibt Töne. Trommeln. Konversation. Wissen, Banales und Expertise.

**Einatmen.** Ich spüre meine Knie im Schneidersitz viel stärker als früher. Sie schmerzen. Spannungen vom Nackenbereich ziehen in meinen Kopf. Mein Sohn wird groß. Meine Haut schlaff. Ich verstehe oder spreche immer noch kein Koreanisch.

**Ausatmen.** Zeit verläuft in diesem Teil der Welt nur in eine Richtung. Nur hier gibt es einen Anfang, eine Mitte und ein Ende. Ich sitze in der Mitte, alle Gestaltungsmöglichkeiten liegen in meinen Händen.

**Einatmen.** Wenn ich Fotos von mir betrachte, bevor ich Mutter wurde, sehe ich weniger erschöpft und leichter aus als heute. Ich besaß keine Dinge. Mein Leben passte in ein paar Kisten. Jetzt würde ich einen ganzen Umzugswagen füllen – voller Insignien meines Lebens, all dem Ballast und den Trostpflastern. Warum schleppe ich eigentlich so viel mit mir herum?

**Ausatmen.** Als ließe sich das so einfach kategorisieren. Die meisten Dinge sind vermutlich sowohl Ballast als auch Wertgegenstand. Warum muss alles belabelt und eingeordnet werden? Warum nicht Dinge und Inhalte ineinander verlaufen lassen, wie im *Ruka,* wo Hühnerfamilien, Kinder und Pferde während des Gesprächs vorbeischauen, wie beiläufige Gedanken am Nachmittag?

**Einatmen.** Tief einatmen, bis ins Becken. Kann ich das, was ich gesammelt habe, Weisheit nennen? Sind es die Spuren der Mütter, der Töchter, der Schwiegermütter, Schwägerinnen, Nichten und Tanten, die in *Mapudungun* immer nur Schwestern und Mütter heißen? Kann ich Weisheit verdauen, speichern und abrufen?

»Aus der Tiefe des Beckens entsteht ein Ton«, sagt Ayumi Paul.

Ich lasse die Luft nur ganz leise heraus, als fürchtete ich mich vor meiner eigenen Stimme. Zum Glück bin ich nicht allein im Raum. Zum Glück sind weise Menschen um mich herum, deren Gefühle, deren Weisheit, deren Schmerz, Lust und Freude in weniger verspannten Becken sitzen. Um mich herum erfüllt plötzlich ein Mehrklang den hohen Museumsraum. Die höchsten Wellen des Schalls tragen Trauer und Schmerz in sich. Weisheit schmerzt. Sie ist keine emotionale Intelligenz. Meisterschamanin Kim Keum-Hwa hat den Schmerz ihres Traumas, ihres Heimatverlusts in Energie, in Rituale umgewandelt. Erinnerst du dich an den Tanz im

*Ruka*? Wie frei du dich gefühlt hast? Trance, Schmerz, Heilung.

**Einatmen.** Jung werde ich nie wieder. Cooler letztendlich auch nicht – zumindest nicht mehr in diesem Leben. Nur interessiert mich Coolness nicht mehr. Als ich in Amsterdam Pilze genommen hatte, fiel es mir irgendwann schwer, Englisch mit meiner Therapeutin Jeanine zu sprechen. Ich befand mich emotional in meiner Kindheit, lange bevor ich Englisch gelernt habe. Ich fing an, Deutsch mit ihr zu reden. Dabei liebe ich die englische Sprache. Es ist fast so, als könnte ich im Englischen jemand sein, dessen Unsicherheiten und Selbstzweifel in der Muttersprache zurückbleiben. Jahrelang habe ich wie besessen daran gefeilt, möglichst akzentfrei Englisch zu sprechen. Mittlerweile ist es eingerostet, mein schlechtes Gehör und die weniger leistungsstarke Erinnerung haben Worte und Aussprache einfach verschluckt. In Amsterdam jedoch hatte ich eine Eingebung. Ich sah mit meinen Seelenaugen, ich verstand: Ich habe gar keine Muttersprache und keine Heimat. Das klingt traurig, ist es aber nicht – es ist erleichternd.

Jahrelang habe ich verzweifelt versucht, eine Antwort auf die Frage zu finden, wo denn nun genau meine Heimat läge, wo ich *wirklich* herkomme. Deutsch und Englisch musste ich, wie Stellvertreter für mein nicht vorhandenes Koreanisch, so perfekt wie nur eben möglich beherrschen. Endlich weiß ich, dass das nicht mehr notwendig ist. Ich kann aufhören, nach der einen Heimat zu suchen, aufhören, meine Sprachen so zu polieren, dass man mich am besten überall auf der Welt für eine Muttersprachlerin hält.

Die Muttersprache existiert für mich nicht, sage ich mir

immer wieder – entsprechend gibt es auch keinen Grund, sich zu schämen, dass ich kein Koreanisch sprechen kann. Meine Lebensgeschichte, die nicht von der Kosmologie, der Politik und Familienstruktur Südkoreas in den 70er-Jahren zu trennen ist, hat die Sprache meines Geburtslandes nicht vorgesehen.

Das Wort Muttersprache soll von Priestern im 12. Jahrhundert erstmals benutzt worden sein. Das Wort »Mutter« in »Sprache« bezog sich damals auf die katholische Kirche. Die sogenannte »Vatersprache-Hypothese« besagt, dass die Sprache über das Y-Chromosom vom Vater und nicht über die Mitochondrien von der Mutter vererbt wird.[2] Sicher ist auch, dass die Personen, mit denen das Baby am meisten Zeit verbringt, den stärksten Einfluss auf dessen Sprache hätten, mit anderen Worte: die Mütter. Vielleicht gibt es irgendwann eine Eltern- oder eine Tanten- und Onkel- oder Freundinnensprache. Ayumi Paul versteht Singen als universelle Sprache: Was, wenn wir uns freisingend begegnen, verständigen könnten?

**AAAAHHHAAHAHHAH** tönt es aus mir, ein voller, lauter, langer Ton. Mit dem Crescendo fließt die Suche, die Sehnsucht nach Zugehörigkeit aus mir heraus. Meine Wangen werden nass. Der Ton aus meinem Zwerchfell steht so deutlich vor mir in der Luft, dass ich ihn förmlich sehen kann.

Weise Menschen, so habe ich von Judith Glück gelernt, steigen auf Berge, um einen größeren Blick auf die Gegenwart zu werfen. Als ich in Südkorea war, folgte ich ihrem Rat und stieg auf einen Berg mitten in Seoul. Vom Namsan Mountain konnte man tatsächlich über die ganze Stadt blicken – ein spektakulärer Ausblick. Hier streckt sich der Fernsehturm in den Himmel, das Wahrzeichen der Stadt. Viele Wege führen zu Seouls bekanntestem Aussichtspunkt. Am bequemsten schwebt man von Downtown Seoul in einer Gondel in etwa 20 Minuten zum Gipfel – aber das wäre auf der Suche nach Weisheit natürlich viel zu einfach.

Stattdessen lief ich zu Fuß, noch komplett jetlagzerstört und mit viel zu wenig Wasser im Gepäck – nicht weise. Ich verirrte mich gleich mehrfach, folgte falschen Abzweigungen, suchte verzweifelt nach einem Café oder einem Kiosk und quälte mich die etwa vier Kilometer bis zur Aussichtsplattform hinauf. Als ich endlich oben ankam, war der Schmerz des Aufstiegs vergessen.

Vom Turm aus schrumpften die Häuser zu Spielzeuggröße, und die gigantische Stadt lag mir wie ein Kinderteppich mit Straßen, Bäumen und Häusern zu Füßen. An klaren Tagen kann man bis zum Gelben Meer blicken. Wie fühlte sich die Metropole von oben an? Wenn der Schmutz und Lärm, die hübschen Gebäude und Gärten, die Züge und Busse, die zehnspurigen Autobahnen und endlos sich windenden Gassen im Postkartenpanorama verschwinden? Von hier oben sah ich den Fluss, die Brücken, die über 100 grünen Hügel und Berge, die sich aus dem Grau der endlosen Betonhochhäuser erheben. Sie zogen sich bis zum Ende des Horizonts – ungleichmäßige Dreiecke, wie gemalt, auch dort, wo die Grenzen der schier endlosen Stadt sich in Natur auflösen. Von hier oben konnte ich weder den Schmerz noch die Glücksmomente der etwa zehn Millionen Einwohner:innen sehen, ihre einzelnen Leben verschwanden in einem Verbund von Straßen und Häusern. Die fein angezogenen Menschen, die vor allem zu Arbeitsbeginn, Mittagszeit und Feierabend in großen Gruppen durch die Stadt zogen, waren unsichtbar, wie ihre gebürsteten, geföhnten und bekleideten Hunde, die in extra für sie entworfenen Wägen durch die Straßen geschoben wurden, und endlose Kolonnen beiger und weißer Kleinwagen. Hier oben verstummten die niemals endenden Powerballaden, die aus jedem Innen- und Außenlautsprecher der Geschäfte schepperten, das Brummen der Straßen, die Fanfaren der U-Bahn. All diese Elemente wurden zum stummen Gesamtbild einer Stadt. Aber sie waren da. Ich konnte sie von dort oben fühlen. Ohne sie gäbe es kein Panorama. Ohne sie hätte ich auf eine Geisterstadt, eine Ruine geblickt.

**AAAAAHHHHHAHHAHAHAHA**

Der Raum vibriert. Mein Körper vibriert. Ayumi Paul bezieht sich unter anderem auf die Göttin Guanyin, die in ganz Asien als Göttin der Barmherzigkeit verehrt wird, denn sie ist »diejenige, die alle Klänge der Welt hört«. Ich höre die Klänge der Weisheit in der Musik ohne Noten, den Chor ohne Melodie oder Probe. Musiktheorie ist ein mathematisches, man könnte fast sagen, patriarchales System: Man muss es erlernen und praktizieren. Jemand gibt vor: 60 Metronomschläge in der Minute, in G-Dur. Nur dann ist es Musik, sonst ist es lediglich Lärm. Der Raum des Gropius-Baus ist randvoll mit Musik. Ohne Kontrolle, ohne Vorspielen, ohne Trennung zwischen Musiker:innen und Publikum.

Klingt so feministische Weisheit?

Wir besingen das abwesende Licht, die Historie des Raums, den Tee, die Schallwellen, die Sonnenstrahlen, die sich durch den grauen Winterhimmel kämpfen. Ich besinge die eine Milliarde Frauen auf der Welt, die in meinem Alter sind und sich an der Schwelle des Altwerdens fragen: Was kommt jetzt?

Ich spüre sie in meinem Becken, jede Einzelne von ihnen, wie Geister schwirren sie um mich herum, sie surfen auf meinen Soundwellen. Wie die Philosophin Im Yunjidang schrieb: Jede von uns trägt das Potenzial in sich, weise zu werden. Ob wir unsere Weisheit wie Frau Im intellektuell durchdringen oder wie die Mapuche-Frauen uns von anderen weisen Frauen erzählen lassen, ist gleichgültig. Es gab und gibt sie, die weisen Frauen. Ich habe sie besucht und mit ihnen gesprochen. Ich kann eine von ihnen werden, wenn ich aufhöre, mein eigenes Wissen und den Körper, der es transportiert, die Hände, die es tragen, als minder zu betrachten.

**AAAHAAHHANANHHAHAAH**

Beenden wir die Flüche. Keine Todeszonen, keine Höllenflüche, keine *Deadlines,* Stichtage und tickenden Uhren mehr.

**AAAAAAHAHAHHAHHAHHAAHAHA**

Ich kann mich umdrehen und unter Staubschichten in den Mülleimern der Geschichte nach den Überlieferungen meiner Schwestern suchen und hier von ihnen erzählen. Ich kann euch wissen lassen, dass wir niemals allein waren, dass wir mittelalten und alten Frauen auch in Zeiten schlimmster Unterdrückung Hüterinnen der Weisheit waren.

**AAHAHHHAHAHAHHAAAAA**

Und wie sähe die Welt aus, in der wir uns dessen bewusst werden? In der wir das, was wir in unseren Händen tragen, wertschätzen können, egal, ob die Gesellschaft es uns gleichtut?

Und was wäre, wenn nicht nur dieser Raum singt, sondern viele Räume und mehr und mehr Räume singen, hier und dort, in Riten, mit Trommeln und Zimbeln, mit *Kultrun* und Tröte?

Und was wäre, wenn wir Lieder und Gedichte auf unsere Pionierinnen Trotula und Fabiola, Puabi, Dr. Kate Campbell Hurd-Mead, Sue Mbaya und Dr. Jennifer Garrison erfinden würden? Wenn uns klar wird, wie laut und voll unsere Stimmen klingen, wenn man loslässt?

Wenn alle Frauen mit dem Potenzial, weise zu werden, auch weise Frauen werden? Wenn sie schützen *und* angreifen, kümmern *und* kämpfen? Wenn sie verbinden statt vereinzeln? Wenn sie erzählen statt verstummen, säen statt zerstören, Rücksicht nehmen statt rempeln?

Was dann? Stehen wir dann immer noch vor der größten »Bevölkerungsbombe« der Überalterung – oder vor einer Transformation, einer Evolution statt Revolution?

Ich kann sie sehen, diese Evolution. Bezeugen wir sie. Zusammen.

# Dank

Ganz bestimmt gibt es Autor:innen, die in der Lage sind, ein Buch komplett allein zu verfassen. Ich vermag das nicht. Meine Bücher sind wie Kinder – es bedarf eines Dorfes (einer Kleinstadt), um sie aufzuziehen.

Es gäbe kein Buch ohne die Gespräche mit Liv Heyden, Beate Krais, Saskia Straße von Ridder, Eui Ok Shu, Ubin Eoh, Dr. Jennifer Garrison, Angela Garbes, Dalad Kambdu, Sophia Rudolf, Luisa Weiss, Evke Rulffes, Ayumi Paul, Honor Westmacott, Dr. Judith Glück, Jeanine Souren, Hans van Wechem, Dr. Rosalind Watts und Anne Philippi. Ich gedenke der weisen Inge Mahn, die ich 2021 treffen durfte und die 2023 verstorben ist. Muchas gracias, Valentina Vasquez Standen, Barbara Eytel Pastor, Bertelina Huencullanca Millafilo, Sarela Curilen Lefimil, Celinda Antinao, Sara Carrasco y Dr. Lucy Ketterer Romero.

Ich danke meiner Agentur Graf & Graf, Franziska Günther, Heinke Hager und Stefan Lingg für die wirklich tolle Zusammenarbeit. Vielen Dank an das Team Goldmann: Elizabeth Bandulet, Steffi Taverna, Johannes Engelke, Susanne Grünbeck und Manuela Matella für die Unterstützung und das Vertrauen. Danke an Barbarella Entertainment, insbesondere Oyinda Alashe für ihre besondere – und geduldige – Form des Behütens. Danke an Politycki & Partner, vor allem Stefanie Stein, dafür, dass sie die weisen Frauen in die Medienwelt bringen. Danke an meine wunderbar haarspalterische Lektorin Doreen Fröhlich und an die Historikerin Leonie Schöler für ihre Expertinnen-Anmerkungen.

Ohne weise Frauen gäbe es keine *Weisen Frauen*: Danke an #wirsind9millionen für die unglaubliche Erfahrung, zusammen Veränderung anzuschieben. Meinen Freundinnen Heike Sperling, Annabelle Hirsch, Ute Joos, Karen Heumann, Birgit Schapow, Jenna Krumminga, Marlene Sørensen, Stephanie Hielscher, Julia Grosse, die mich durch diesen Prozess begleitet haben. Meinen Erstleserinnen Franzi von Kempis, Julia von Kanitz und Mosch Khanedani – danke für die klugen Gedanken! Danke an all meine Nachbarinnen. Dank an Regina Schilling für zwei wilde Wochen Frauengesundheitsrecherche an der Westküste.

Eine weise Frau werde ich nur im Bunde mit anderen, auch weisen Frauen-Männern. Danke an Camilo und Santi für jeden einzelnen Tag.

# Quellen

## EINLEITUNG

1 *Weisheit,* Metzler Lexikon Philosophie, https://www.spektrum.de/lexikon/philosophie/weisheit/2202#.
2 Holocaust-Überlebende Margot Friedländer: »So hat es damals auch angefangen«, WDR, 9. November 2023, https://www1.wdr.de/nachrichten/margot-friedlaender-102.html.
3 *Late Night with Stephen Colbert,* CBS, 6. Juni 2024, https://www.youtube.com/watch?v=4wVx-AfoDtQ.
4 Die Bezeichnung »westliche Welt« bezieht sich auf die Industrienationen. Man bezeichnet diesen Teil der Welt heute auch als »globalen Norden«, weil aus Südamerika, beispielsweise, Deutschland im Osten und nicht Westen liegt. Ich bleibe in diesem Buch bei dem Begriff »Westen«, weil er geläufiger ist, wissend, dass wir in Zukunft andere Worte finden sollten.
5 »Neue Bevölkerungsvorausberechnung der Statistischen Ämter«, Bundesministerium für Wirtschaft und Klimaschutz, 27. April 24, https://www.bmwk.de/Redaktion/DE/Schlaglichter-der-Wirtschaftspolitik/2023/05/06-neue-bevoelkerungsvorausberechnung-der-statistischen-aemter.html.
6 »Altersstruktur in Österreich bis 2024«, https://de.statista.com/statistik/daten/studie/217431/umfrage/altersstruktur-in-oesterreich/.

7 »Altersstruktur in der Schweiz im Jahr 2020 und Prognose für 2025 bis 2050« https://de.statista.com/statistik/daten/studie/712531/umfrage/prognose-zur-altersstruktur-in-der-schweiz/.

8 C. P. Estés, (2011), The *Power of the Crone: Myths & Stories of the Wise Woman Archetype.* Audio-CD, Sounds True Inc.

9 C. G. Jung im Gespräch mit der Londoner *The Sunday Times, Interviews, Reden, Begegnungen,* Daimon, 1960, S. 301/302.

10 https://de.statista.com/statistik/daten/studie/1112611/umfrage/weibliche-bevoelkerung-in-deutschland-nach-altersgruppen/.

11 https://www.bfs.admin.ch/bfs/de/home/statistiken/bevoelkerung/stand-entwicklung/alter.html.

## KAPITEL 1

1 M. Albright, »My Undiplomatic Moment«, *The New York Times,* 12. Februar 2016, https://www.nytimes.com/2016/02/13/opinion/madeleine-albright-my-undiplomatic-moment.html.

2 B. Artz, S. Taengnoi, »Do Women Prefer Female Bosses?«, 30. Dezember 2013, S. 5, https://papers.ssrn.com/sol3/papers.cfm?abstract_id=2796267. Übersetzung MS.

3 T. V. Pollet, T. K. Saxton, »Jealousy as a Function of Rival Characteristics: Two Large Replication Studies and Meta-Analyses Support Gender Differences in Reactions to Rival Attractiveness But Not Dominance.« Pers Soc Psychol Bull. 2020, https://www.ncbi.nlm.nih.gov/pmc/articles/PMC7493204/.

4 Philip Gunz, »Die ersten unserer Art«, Max-Planck-Gesellschaft, Forschungsbericht 2017, Anthropologie, https://www.mpg.de/11820357/mpi_evan_jb_2017.

5 R. Pierson, E. Hughes, »The Birth of Gossip«, *Journal of Obstetrics and Gynecology Canada,* The Art of Reproduction, Juni 2013, https://www.jogc.com/article/S1701-2163(15)30918-X/

fulltext#:~:text=In%20Early%20Modern%20England%20 the,relatives%20and%20neighbours%20would%20gather.

6 J. Konkolskaia, *Frauenberufe*, Das späte Mittelalter, Universität Hamburg, http://www.spaetmittelalter.uni-hamburg.de/spaetmittelalter/Lehre/Ergebnisse/Hamburg/themen/Frauenberufe.html.

7 M. Perlman, »Gossip and other words repurposed by Shakespeare«, *Columbia Journalism Review*, 26. April 2016, https://www.cjr.org/language_corner/gossip_and_other_words_repurposed_by_shakespeare.php.

8 S. Dieterich, *Weise Frau: Hebamme, Hexe und Doktorin. Zur Kulturgeschichte der weiblichen Heilkunst*, Lauinger Verlag, 2016, S. 111.

9 »Object of the Month« – Scold's Bridle, Museum of Witchcraft, https://museumofwitchcraftandmagic.co.uk/news/object-of-the-month-scolds-bridle/.

10 *Weisser geht's nicht.* Ausstellungskatalog Bergisches Museum für Bergbau, Handwerk und Gewerbe, Bergisch Gladbach, 2009.

11 W. Smith, *Dictionary of Greek and Roman Antiquities*, John Murray, London, 1875, http://penelope.uchicago.edu/Thayer/E/Roman/Texts/secondary/SMIGRA*/Fullo.html.

12 *The Laundrymen*, Neo Cha – Culture & Creativity in Asia, 1. Februar 2018, https://neocha.com/magazine/the-laundrymen/.

13 C. Kebekus, *Es kann nur eine geben*, Kiepenheuer und Witsch, 2023, S. 20 und S. 23.

14 b. hooks, *lieben lernen – alles über Verbundenheit*, HarperCollins, 2022. S. 167.

15 M. Lieflaender, »Hilfe, mein Pferd beißt! Ursachen und was man dagegen tun kann«, *Petbook*, 18. September 2022, https://www.petbook.de/pferde/pferd-beisst-ursachen-und-was-man-tun-kann#:~:text=Hengste%20und%20Wallache%20beißen%20sich,gegenseitigen%20Fellpflege%20in%20unterschiedlicher%20Intensität.

## KAPITEL 2

1 D. Graeber, *Bullshitjobs: Vom wahren Sinn der Arbeit,* Klett-Cotta, 2018, S. 18.

2 K. Severson, »Hey Look! Nonna and Her Pasta Are on YouTube«, *The New York Times,* 14. Oktober 2019, https://www.nytimes.com/2019/10/14/dining/pasta-grannies-youtube-cookbook.html.

3 E. Rulffes, *Die Erfindung der Hausfrau: Geschichte einer Entwertung,* HarperCollins, 2021, S. 23.

4 J. Ramirez, *Femina: Eine neue Geschichte des Mittelalters aus der Sicht der Frauen,* Aufbau, 2023, S. 29.

5 C. P. Estés, *Die Wolfsfrau: Die Kraft der weiblichen Urinstinkte,* Heyne, 2022, S. 20.

6 S. Federici, *Revolution at Point Zero: Hausarbeit, Reproduktion und feministischer Kampf,* Unrast Verlag, 2021, S. 39.

7 J. Ebener, *Radikalisierungsmaschinen: Wie Extremisten die neuen Technologien nutzen und uns manipulieren,* Suhrkamp, 2021, S. 58.

8 Rulffes, *Hausfrau,* S. 12.

9 »Au-pair in deutschen Familien«, Bundesagentur für Arbeit, April 2023: https://www.arbeitsagentur.de/datei/au-pair-merkblatt_ba031460.pdf.

10 L. Börning, »Stundenlohn einer Putzfrau: Das können Sie verdienen«, *Praxistipp Focus,* 26. Januar 2022, https://praxistipps.focus.de/stundenlohn-einer-putzfrau-das-koennen-sie-verdienen_141252.

11 https://www.betreut.de/magazin/alltagshelfer/stundenlohn-fur-babysitter/.

12 Börning, »Stundenlohn einer Putzfrau«.

13 https://www.manika.wien/stundensatz-reinigungsfirma/#:~:text=2024 %20liegt%20in%20 Österreich%20oder,und%20€%2013 %2C93 %20brutto.

14 »Stundenlohn Putzfrau Schweiz«, Suuberwoman 2023, https://suuber.ch/blog/putzfrau-stundenlohn-schweiz-2023/.

15 A. Garbes, *Essential Labour: Mothering as Social Change,* Harper Collins, 2022, S. 8.

16 M. Simons, »›They treat me like an animal‹: How Filipino domestic workers become trapped«, *The Guardian,* 26. Oktober 2023, https://www.theguardian.com/news/2023/oct/26/how-filipino-domestic-workers-become-trapped.

17 S. Boddenberg, »Sollte Hausarbeit bezahlt werden?« DLF, 13. Januar 2019, https://www.deutschlandfunkkultur.de/feministin-silvia-federici-sollte-hausarbeit-bezahlt-werden-100.html.

18 *Das Frauenstudium der Bildenden Kunst,* Universität der Künste Berlin, https://www.udk-berlin.de/universitaet/die-geschichte-der-universitaet-der-kuenste-berlin/die-vorangegangenen-institutionen-von-1696-bis-1975/vorangegangene-institutionen-bildende-kunst-und-gestaltung/das-frauenstudium-in-der-bildenden-kunst/.

19 L. Paul, »Lesewut, Lesesucht und gefährliche Romane«, *Lesen in Deutschland,* 27. September 2010, https://www.lesen-in-deutschland.de/journal/lesewut-lesesucht-und-gefaehrliche-romane-987.

20 A. Herbold, »Intellektuelle Frauen um 1800: Sie lasen viel, schnell und in mehreren Sprachen«, *Tagesspiegel,* 7. März 2019, https://www.tagesspiegel.de/wissen/sie-lasen-viel-schnell-und-in-mehreren-sprachen-6874528.html.

21 »Jura – immer weiblicher«, Jurcase, https://jurcase.com/jura-immer-weiblicher/

22 https://de.statista.com/statistik/daten/studie/200758/umfrage/entwicklung-der-anzahl-der-medizinstudenten/.

## KAPITEL 3

1 Merriam-Webster, »Your Deadline Won't Kill You – Or will it?« https://www.merriam-webster.com/wordplay/your-deadline-wont-kill-you.

2 *Das Jahr der Wörter*, Germanistische Sprachwissenschaft, Universität Vechta, Nr. 38, https://www.uni-vechta.de/germanistik/sprachwissenschaft/jdw/woerter/02#.

3 R. Waldinger, M. Schulz, *The Good Life – und wie es gelingen kann: Erkenntnisse aus der weltweit längsten Studie über ein erfülltes Leben*, Kösel, 2023, S. 162.

4 S. de Beauvoir, *Das andere Geschlecht: Sitte und Sexus der Frau*, 2000, Rowohlt, S. 725.

5 de Beauvoir, *Geschlecht*, S. 746.

6 R. Cohen, »The Clock is Ticking For the Career Women«, *Washington Post*, 15. März 1978, https://www.washingtonpost.com/archive/local/1978/03/16/the-clock-is-ticking-for-the-career-woman/bd566aa8-fd7d-43da-9be9-ad025759d0a4/.

7 T. Bücker, *Alle Zeit: Eine Frage von Macht und Freiheit*, Ullstein, 2022, S. 14.

## KAPITEL 4

1 »Why the women's health gap exists – and how to close it – according to experts at Davos«, 31. Januar 2024, https://www.weforum.org/agenda/2024/01/women-health-davos-2024/.

2 »Oma und Opa gefragt? Veränderung in der Enkelbetreuung – Wohlbefinden von Eltern, Wohlergehen von Kindern«, Bundesinstitut für Bevölkerungsforschung, 2022, https://www.bib.bund.de/Publikation/2022/pdf/Zusammenfassung-Oma-und-Opa-gefragt-Veraenderungen-in-der-Enkelbetreuung-Wohlbefinden-von-Eltern-Wohlergehen-von-Kindern.pdf?_blob=publicationFile&v=3.

3 C. Maggiori, *Ageism (Altersdiskriminierung),* Wörterbuch der Schweizer Sozialpolitik, Dezember 2020, https://www.seismoverlag.ch/de/daten-woerterbuch/ageism-altersdiskriminierung/#:~:text=Artikel%208.2 %20der%20Schweizer%20Bundesverfassung,Obwohl%20im%20Schweizer%20Recht%20das.

4 M. Iskander, »Altersdiskriminierung: Schutz nach wie vor nur in der Arbeitswelt«, Gleichbehandlungsanwaltschaft, 2. Februar 2024, https://www.gleichbehandlungsanwaltschaft.gv.at/aktuelles-und-services/gleichbehandlungs-blog/Altersdiskriminierung-Schutz-nach-wie-vor-nur-in-der-Arbeitswelt.html.

5 *Ageismus,* Studie der Antidiskriminierungsstelle des Bundes, Januar 2023, https://www.antidiskriminierungsstelle.de/SharedDocs/downloads/DE/publikationen/Expertisen/altersbilder_kurz.html?nn=305458.

6 »Bevölkerung nach Altersgruppen und Geschlecht«, 2020, https://www.bpb.de/kurz-knapp/zahlen-und-fakten/soziale-situation-in-deutschland/61538/bevoelkerung-nach-altersgruppen-und-geschlecht/#:~:text=In%20der%20Altersgruppe%20der%2060,Jährigen%20bei%2058 %2C6 %20 Prozent.

7 »Ältere Frauen sind in der Mehrzahl«, Statistisches Bundesamt, https://www.destatis.de/DE/Themen/Querschnitt/Demografischer-Wandel/Aeltere-Menschen/geschlechter.html.

8 »Frauen und Männer in Österreich«, Zahlen, Daten, Fakten, Bundeskanzleramt, 2020.

9 »Ständige Wohnbevölkerung der Schweiz nach Alter und Geschlecht«, 31. Dezember 2022, https://de.statista.com/statistik/daten/studie/412104/umfrage/bevoelkerung-in-der-schweiz-nach-altersgruppen-und-geschlecht/.

10 »Demographischer Wandel«, Statistisches Bundesamt, https://www.destatis.de/DE/Themen/Querschnitt/Demografischer-Wandel/_inhalt.html.

11 https://service.destatis.de/bevoelkerungspyramide/#!y=2030.

12 »Frauen und Männer in Österreich«, Bundeskanzleramt, 2020.
13 P. A. Fischer, »Wird die Demokratie zur Gerontokratie? Junge und Ältere, wacht auf!«, *NZZ*, 19. Februar 2024, https://www.nzz.ch/meinung/wird-die-demokratie-zur-gerontokratie-junge-und-aeltere-wacht-auf-ld.1777576.
14 »Zweite Weltversammlung über das Altern«, UN, https://www.un.org/depts/german/conf/altern/ac197-9.pdf.
15 »Wenn die Pflege selbst zum Pflegefall wird«, PwC Deutschland, 2022, https://www.pwc.de/de/gesundheitswesen-und-pharma/fachkraeftemangel-im-deutschen-gesundheitswesen-2022.html#:~:text=E%2DMail-,Wenn%20die%20Pflege%20selbst%20zum%20Pflegefall%20wird,werden%2C%20weil%20qualifizierte%20Kräfte%20fehlen.
16 M. Illner, »Alte neigen zu Starrköpfigkeit«, *FAZ*, 18. Juli 2018, https://www.faz.net/aktuell/politik/inland/klaus-hurrelmann-im-interview-ueber-junge-und-alte-politiker-15450410.html.
17 A. Diehl, L. M. Dzubinski, A. L. Stephenson, »Women in Leadership Face Ageism at Every Age«, *Harvard Business Review*, 16. Juni 2023, https://hbr.org/2023/06/women-in-leadership-face-ageism-at-every-age.
18 E. Bloom, L. M. Zucker, »Ageing is the real population bomb«, International Monetary Fund, 11. Juli 2023, https://www.imf.org/en/Publications/fandd/issues/Series/Analytical-Series/aging-is-the-real-population-bomb-bloom-zucker.
19 J. Glück, *Wisdom and aging*, ScienceDirect, 2023, https://www.sciencedirect.com/science/article/pii/S2352250X23001872.

## KAPITEL 5

1 M. Eliade, *Das Heilige und das Profane: Vom Wesen des Religiösen*, Suhrkamp, 1990, S. 151.
2 *Plan de Fortalecimiento Universidades estatales*, Gobierno de Chile, 2018, https://dfi.mineduc.cl/wp-content/uploads/sites/114/2023/03/FRO1899.pdf.

3 S. M. Culliney, M. Peterson, I. Royer, »The Mapuche Struggle for Land and Recognition – a legal analysis«, 2013, https://law.lclark.edu/live/files/18663-2-mapuche-reportpdf.
4 R. L. Segato, P. Monque, *Gender and Coloniality: From Low-Intensity Communal Patriarchy to High-Intensity Colonial-Modern Patriarchy*, Cambridge University Press, 10. Dezember 2021, https://www.cambridge.org/core/journals/hypatia/article/abs/gender-and-coloniality-from-lowintensity-communal-patriarchy-to-highintensity-colonialmodern-patriarchy/49486BFF99F3F1C23DA192144145089A.
5 Y.-J. Park, »The State, Mapuche Communities and Multicultural Social Policy – A Comparative Study of Three Intercultural Hospitals in Chile«, https://repositories.lib.utexas.edu/server/api/core/bitstreams/8bf1262b-ceba-49ce-887f-444731068e27/content.
6 J. Gavroche, R. Segato: »Reading patriarchy«, *Autonomies*, 8. März 2021, https://autonomies.org/2021/03/rita-segato-reading-patriarchy/

## KAPITEL 6

1 J. Rose, *Mothers: An Essay on Love and Cruelty*, Faber & Faber, 2018, S. 27.
2 Teile aus diesem Text wurden unter dem Titel »Einfach wegweisend« in *Harper's Bazaar* 02/21 veröffentlicht.
3 Garbes, *Essential Labour*, S. 10.
4 A. Žegarac, L .Winkelbach, J. Blöcher, et al., »Ancient genomes provide insights into family structure and the heredity of social status in the early Bronze Age of southeastern Europe«, *Nature*, Scientific Reports 11, 2021, https://www.nature.com/articles/s41598-021-89090-x.

## KAPITEL 7

1 A. Raiken, »Cindy Crawford reveals why she posed nude for Playboy after her agents advised her not to, *The Independent*, 21. September 2023, https://www.independent.co.uk/life-style/fashion/cindy-crawford-playboy-the-super-models-b2415955.html.
2 G. Meck, »Mein Job ist es, Katarina Witt zu sein«, *FAZ*, 27. September 2020, https://www.faz.net/aktuell/wirtschaft/wie-katarina-witt-donald-trump-einen-korb-gegeben-hat-16972972.html.
3 S. McCreesh, »Holy Cottontail! The Playboy Club is Back Again«, *The New York Times*, 6. September 2018, https://www.nytimes.com/2018/09/06/style/playboy-club-gloria-steinem-lauren-hutton.html.
4 Dieterich, *Weise Frau*, S. 17.
5 R. F. Kennedy, »Elite Citizen Women and the Origins of the *Hetaira* in Classical Athens«, Project Muse, 2015, https://muse.jhu.edu/article/590341/pdf.
6 Athenaeus, *The Learned Banqueters*, 2. Jahrhundert v. Chr. https://www.perseus.tufts.edu/hopper/text?doc=Perseus%3Atext%3A2013.01.0003 %3Abook%3D13 %3Achapter%3D60.
7 Athenaeus, »The Deipnosophists or Banquet of the Learned of Athenaeus«, Henry G. Bohn, 1854, https://www.perseus.tufts.edu/hopper/text?doc=Perseus:text:2013.01.0003.
8 de Beauvoir, *Geschlecht*, S. 701.

## KAPITEL 8

1 D. C. Dugdale, R. Epstein, S. Z. Pantilat, »Time and the patient-physician relationship«. *Journal of General Internal Medicine*, 1999, https://www.ncbi.nlm.nih.gov/pmc/articles/PMC1496869/.
2 J. C. Correia, A. Waqas, J.-P. Assal, M. J. Davies, F. Somers, A. Golay und Z. Pataky, »Effectiveness of therapeutic patient edu-

cation interventions for chronic diseases: A systematic review and meta-analyses of randomized controlled trials«, 2023, https://www.frontiersin.org/articles/10.3389/fmed.2022.996528/full.

3 L. Hillmann, »Dong Quai, Ashawangandha oder Kürbis: Wie Pflanzen die Gesundheit von Frauen und Männern unterstützen«, *Tagesspiegel*, 21. September 2023, https://www.tagesspiegel.de/gesundheit/dong-quai-ashwagandha-oder-kurbis-wie-pflanzen-die-gesundheit-von-frauen-und-mannern-unterstutzen-10505710.html.

4 A. Shahvisi, *Medicine is Patriarchal, But Alternative Medicine is Not the Answer*, University of Sussex, 22. Dezember 2017, https://sussex.figshare.com/articles/journal_contribution/Medicine_is_patriarchal_but_alternative_medicine_is_not_the_answer/23458466/2?file=41212320.

5 M. T. Chao, C . Wade, F. Kronenberg, D. Kalmuss und L. F. Cushman, »Women's reasons for complementary and alternative medicine use: racial/ethnic differences«, *The Journal of Alternative and Complementary Medicine*, 2006, https://www.ncbi.nlm.nih.gov/pmc/articles/PMC2673532/.

6 J. Ball, »Everything you've been told is a lie!«, *The Guardian*, 2. August 2023, https://www.theguardian.com/lifeandstyle/2023/aug/02/everything-youve-been-told-is-a-lie-inside-the-wellness-to-facism-pipeline.

7 Ebenda.

8 W. L. Minkowski, »Women healers of the middle ages: selected aspects of their history«, *American Journal of Public Health*, Feburar 1992, https://www.ncbi.nlm.nih.gov/pmc/articles/PMC1694293/?page=2, S. 289.

9 J. Achterberg, *Woman as Healer*, Shambhala, 2013, S. 27.

10 W. B Hafford, »A Spectacular Discovery« Expedition Magazine 60, Nr. 1, Mai 2018, https://www.penn.museum/sites/expedition/a-spectacular-discovery/.

11 S. Bali, M. S. Utaal, »Ancient origins of caesarean section and contextual rendition of Krishna's Birth«, *International Journal*

*of Scientific Reports*, Oktober 2016, https://www.researchgate.net/publication/309222786_Ancient_origins_of_caesarean_section_and_contextual_rendition_of_Krishna's_birth.

12 K. C. Hurd-Mead, *A History of Women in Medicine: From the Earliest Times to the Beginning of the Nineteenth Century*, Forgotten Books, 2017, S. 26.

13 https://www.vitalis-verlag.com/themen/medizingeschichte/agnodice/.

14 Achterberg, *Woman as Healer*, S. 59.

15 I. Kang, »›One Child Nation‹ is a haunting documentary about a Country's Attempts to Justify the Unjustifiable«, *Slate Magazine*, 2019, https://slate.com/culture/2019/08/one-child-nation-review-china-documentary-family-separation.html.

16 C. Neuberg-Wentz, »No Woman, so cry«, *Ipg-Journal*, 2020, https://www.ipg-journal.de/regionen/global/artikel/wenn-frauen-fehlen-4809/.

17 G. Kaiser, *Über die Zulassung von Frauen zum Studium der Medizin am Beispiel der Universität von Würzburg*, Band 14, 1996, S. 173.

18 »Johanna Kappes: Sie war die Erste des ›ordentlichen‹ Frauenstudiums«, Frauen & Geschichte, Baden-Württemberg e. V., https://frauen-und-geschichte.de/website.php?id=denktag/2102261341.html.

19 *Medical Women on Top*, Dokumentation des Anteils von Frauen in Führungspositionen in klinischen Fächern der deutschen Universitätsmedizin, 2022, https://www.aerztinnenbund.de/downloads/8/MWoT2022_Web.pdf.

20 *Rebecca Lee Crumpler*, Britannica, https://www.britannica.com/biography/Rebecca-Lee-Crumpler.

21 »Letter from Dr. Ripley to the *Minneapolis Times*«, 1. Oktober 1900.

22 B. Athreya, »Rising to the Challenge: Addressing gender-based violence in climate efforts«, *crossroads*, 8. März, 2024, https://iucn.org/crossroads-blog/202403/rising-challenge-addressing-gender-based-violence-climate-efforts.

## KAPITEL 9

1 Aristoteles, *Historia Animalum*, Buch IX, Teil 1, in englischer Sprache hier: http://classics.mit.edu/Aristotle/history_anim.9.ix.html.

2 I. Yungjidang, *Exposition on Overcoming the Self and Returning to the Rites of Humaneness*, übersetzt ins Englische von H. Y. Wang und P. J. Ivenhoe, in: *Korean Women Philosophers and the Ideal of the Female Sage*, Oxford University Press, 2023, S. 112.

3 https://www.duden.de/rechtschreibung/Feminismus.

4 *Gender Wage Gap*, OECD, https://data.oecd.org/earnwage/gender-wage-gap.html.

5 »Distribution of employment status of women during pregnancy and after childbirth«, South Korea, October 2023, https://www.statista.com/statistics/1412729/south-korea-mothers-employment-status/#:~:text=Employment%20status%20of%20pregnant%20women%20and%20new%20mothers%20South%20Korea%202023&text=According%20to%20a%20survey%20conducted,pregnancy%20or%20after%20the%20birth.

6 »69 % der Mütter minderjähriger Kinder waren 2022 erwerbstätig«, Statistisches Bundesamt, 16. August 2023, https://www.destatis.de/DE/Presse/Pressemitteilungen/2023/08/PD23_323_12.html.

7 https://usafacts.org/articles/how-many-mothers-are-in-the-labor-force/.

8 S. E. Gong, »Elections reveal a growing Gender Divide across South Korea«, *NPR*, 2024, https://www.npr.org/2024/04/10/1243819495/elections-reveal-a-growing-gender-divide-across-south-korea.

9 »Im Yungidang«, *Philosophy Talk: The Program that questions everything*, 24. Februar 2024, https://www.philosophytalk.org/shows/im-yunjidang.

10 K. Sungmoon, *Im Yunjidang – Elements on women in the History of Philosophy*, Cambridge University Press, 2022, S. 57.

11 I. Yunjidang, *Collected Works*, S. 174.

12 H.-S. Han, »Women's Life during the Choson Dynasty«, *International Journal of Korean History*, 2004, S. 139ff, https://ijkh.khistory.org/upload/pdf/6_05.pdf.

## KAPITEL 10

1 Glück, *Wisdom and aging.*

2 I. Ferenci, »Worin Weisheit besteht«, ORF, 27. Juli 2019, https://science.orf.at/v2/stories/2988898/.

3 E. Levinas, *Die Unvorhersehbarkeit der Geschichte*, Verlag Karl Alber, 2006, S. 173.

4 J. Glück, *Weisheit: Die 5 Prinzipien des gelingenden Lebens*, Kösel, 2016, S. 199.

5 C. Macdonald, »Monika Ardelt's Model of Wisdom«, *The Wisdom Page*, http://www.wisdompage.com/Ardelt01.html.

## KAPITEL 11

1 Teile dieses Kapitels erschienen unter dem Titel »Wie im Rausch« in *Harper's Bazaar* 07/23.

2 E. Guerra-Doce, C. Rihuete-Herrada, R. Micó et al., »Direct evidence of the use of multiple drugs in Bronze Age Menorca (Western Mediterranean) from human hair analysis« Nature, *Scientific Reports* 13, 2023, https://www.nature.com/articles/s41598-023-31064-2.

3 A. Jacobs, »Tripping in the Bronze Age«, *The New York Times*, 6. April 2023, https://www.nytimes.com/2023/04/06/science/psychedelics-bronze-age.html.

4 »Earliest evidence for magic mushroom use in Europe«, *The New Scientist*, 2. März 2011, https://www.newscientist.com/article/mg20928025-400-earliest-evidence-for-magic-mushroom-use-in-europe/.

5 Jacobs, *Tripping in the Bronze Age.*
6 B. Kast, Kompass für die Seele: *Das Fazit neuester Studien zu Resilienz und innerer Stärke,* C. Bertelsmann, 2023, S. 24.
7 C. Holm, »Folgen der Pandemie – Monatelange Wartezeit bei Psychologen«, *Tagesspiegel,* 18. Januar 2022, https://www.tagesspiegel.de/potsdam/landeshauptstadt/monatelange-wartezeiten-bei-psychologen-7988299.html.

## KAPITEL 12

1 Ausschnitte dieses Texts erschienen in einer Variante im Text »Ist da jemand?« in DIE ZEIT Nr. 07/2024 (7. Februar 2024).
2 https://www.precedenceresearch.com/direct-to-consumer-genetic-testing-market.
3 S. Durn, »Did Khutulun and Other Warrior Women Actually Fight in the Mongol Army?« *Atlas Obscura,* 12. Juli 2022, https://www.atlasobscura.com/articles/mongol-female-warrior-women-china.
4 S. Burn, »The Women Who Ran Genghis Khan's Empire«, *Atlas Obscura,* 26. Mai 2022, https://www.atlasobscura.com/articles/mongol-empire-women.
5 https://www.mpg.de/20962828/1013-nepf-der-hormonelle-zyklus-des-gehirns-149575-x.
6 https://eige.europa.eu/publications-resources/toolkits-guides/gender-equality-index-2019-report/women-live-longer-poorer-health?language_content_entity=en.
7 C. Farrelly, »Longevity Science and Women's Health and Well-being«, *Journal of Popular Ageing,* Januar 2023, https://www.ncbi.nlm.nih.gov/pmc/articles/PMC9885070/.
8 S. LaMotte, »Lengthening a woman's fertility may extend her life as well, research finds«, CNN, 21. August, 2022, https://www.cnn.com/2022/08/20/health/extending-fertility-aging-life-itself-wellness/index.html.

## KAPITEL 13

1 C. Kim, »Visit a Korean fortune teller to know what your future holds«, *Stipes Korea*, 10. November 2022, https://korea.stripes.com/travel/visit-a-korean-fortune-teller-to-know-what-your-future-holds.html.

2 M.-k. Jung, »Shamans, curses and superstitions in contemporary South Korea«, *The Korean Herald*, 28. März 2023, https://www.koreaherald.com/view.php?ud=20230328000549.

3 Y. L. Jung, *Concerning the Origin and Formation of Korean Shamanism*, Mouton Publisher, 1981, S. 8, https://api.pageplace.de/preview/DT0400.9783110811377_A33483020/preview-9783110811377_A33483020.pdf.

4 R .J. .Rummel, »Statistics of Democide«, University of Hawaii, https://www.hawaii.edu/powerkills/SOD.CHAP3.HTM.

5 Y. Yoshimi, *Comfort Women: Sexual Slavery in the Japanese Military During World War II*, Columbia University Press, 2002, S. 29.

6 W. Tschacher, S. Greenwood, S. Ramakrishnan et al., »Audience synchronies in live concerts illustrate the embodiment of music experience«, *Nature*, 2023, https://www.nature.com/articles/s41598-023-41960-2.

## KAPITEL 14

1 A. D'Alessandro, »How Sony Nochted A N. 1 $ 19M+ Weekend Win With ‚The Woman King' -Monday Box Office Update«, *Deadline*, 19. September 2022, https://deadline.com/2022/09/box-office-the-woman-king-viola-davis-1235120586/.

2 D. Paquette, »They were the world's only all-female army. Their descendants are fighting to recapture their humanity«, *The Washington Post*, 26. August 2021, https://www.washingtonpost.com/world/2021/08/26/amazons-dahomey-benin/.

3 *The Origins and the Influence of the Agodjie*, Princeton University, https://agodjieconference.princeton.edu.

4 A. Böhm, »Geschichte ist kein Schicksal«, *Die ZEIT*, 18. September 2023, https://www.zeit.de/kultur/2023-09/leonard-wantchekon-afrika-benin-forschung-migration.
5 R. Lankester, »Menopause in Africa with Sue Mbaya«, *Magnificent Midlife*, Folge 167, https://magnificentmidlife.com/podcast/167-menopause-in-africa-sue-mbaya/.
6 C. Caduff, *Zur Geschichte der weiblichen Bühnenpräsenz*, Schritte ins Offene, 06/1995, https://corinacaduff.ch/wp-content/uploads/2011/06/Zur-Geschichte-der-weiblichen-Bühnenpräsenz1.pdf.
7 C. J. Strusiewicz, »How Women Disappeared From Kabuki Theater«, *The Tokyo Weekender*, 10. Januar 2022, https://www.tokyoweekender.com/art_and_culture/japanese-culture/no-women-kabuki-theater-japan/.
8 M. Li, »Men as women in Peking opera«, *In Zhejiang*, 2. Juni 2020, http://www.inzhejiang.com/ZhejiangFocus/cd/202006/t20200602_12018628.shtml.
9 S. Parmar, A. Singh, »Women in Theater in India«, Allahabad University, https://epgp.inflibnet.ac.in/epgpdata/uploads/epgp_content/women_studies/gender_studies/02.women_and_literature/13._women_and_theatre/et/6547_et_13et.pdf.
10 M. S. Farvid, »Red Meat consumption and breast cancer risk«, Harvard School of Public Health, 9. Oktober 2014, https://www.hsph.harvard.edu/news/features/red-meat-consumption-and-breast-cancer-risk/.
11 »Todesursachenstatistik 2021:7 % aller Todesursachen gehen direkt auf COVID-19 zurück«, Statistisches Bundesamt, 2021, https://www.destatis.de/DE/Presse/Pressemitteilungen/2022/12/PD22_544_23211.html.
12 »Women are more likely to die after heart attack than men«, *European Society of Cardiology*, 22. Mai 2023, https://www.eurekalert.org/news-releases/989635.

## KAPITEL 15

1 I. Ramos, *What is Tantra*, The British Museum, 23. Januar 2020, https://www.britishmuseum.org/blog/what-tantra.

2 J. Rachels, S. Rachels, *Feminism and the Ethics of Care*, Chapter 11, Mc Graw Hill Education, 2015, S. 150, http://ethicsintroduction.weebly.com/uploads/4/4/6/2/44624607/james_rachels_and_stuart_rachels_feminism_and_the_ethics_of_care.pdf.

## EPILOG

1 Teile dieses Textes sind unter dem Titel »Ganz Ohr« in *Harper's Bazaar* 02/23 erschienen.

2 P. Fosters, C. Renfrew, »Mother Tongue and Y Chromosomes«, *Science*, Nr. 6048, 9. September 2011, https://www.science.org/doi/10.1126/science.1205331.

# Unsere Leseempfehlung

256 Seiten
Auch als E-Book
erhältlich

Als Miriam Stein von Hitzewallungen, Schlafstörungen und weiteren Vorboten der Menopause überrascht wird, muss sie feststellen: Die sogenannten Wechseljahre sind das letzte Tabu der Frauengesundheit. Bis zum heutigen Tag bestimmen Mythen und Fehlinformationen den Diskurs. In *Die gereizte Frau* verbindet sie unterhaltsam und klug persönliche Erfahrung mit feministischer Gesellschaftskritik. Ausgehend von häufigen klimakterischen Symptomen und den damit verbundenen misogynen Klischees und Behauptungen schreibt sie die Geschichte vom weiblichen Älterwerden neu.

GOLDMANN

goldmann-verlag.de

© Debora Mittelstaedt

**MIRIAM STEIN**, geboren 1977 in Südkorea, wuchs als Adoptivkind in einer deutschen Familie in Osnabrück auf. Sie hat mit Christoph Schlingensief und Rimini Protokoll Theater gemacht, war bis 2023 Kulturchefin der deutschsprachigen Ausgabe von *Harper's Bazaar* und schreibt unter anderem für *Spiegel Online* und *Die Zeit*. Miriam Stein ist Mutter eines Sohnes und lebt mit ihrer Familie in Berlin. Zuletzt erschien von ihr der SPIEGEL-Bestseller *Die gereizte Frau*. Für ihre zweite Lebenshälfte wünscht sie sich, stetig in die Rolle einer weisen Frau zu wachsen.